지속가능 하게 리드하라

Leading Sustainably

지은이 **Trista Bridges, Donald Eubank**   옮긴이 **정태용, 유연철, 김정훈**

리더의 지속가능경영과 기업의 ESG
그리고 UN SDG(지속가능개발목표)가 어떻게 세상 모든 것을 바꾸는지

박영사

지속가능하게 리드하라

오늘날 기업은 중요한 기로에 서 있다. 기후변화와 정치적, 사회적 변화가 겉보기에 물질적 번영으로 보였던 시간들의 의미를 완전히 바꾸면서 주주의 시대에서 이해관계자의 시대로 빠르게 대체되고 있다. 이 격변하는 시대를 성공적으로 헤쳐나가기 위해 기업과 사회는 지속가능하게 경영하는 것에 대해, 이윤을 내는 것과 동등한 중요성을 부여하고 배워 나가야 한다. 이를 위한 첫 번째 단계는 지속가능성의 의미와 지속가능성이 비즈니스와 사회에 어떻게 기회를 제공하는지 이해하는 것이다.

우리는 유엔의 지속가능개발목표(SDGs) 수립에 영감을 받아 이 책을 쓰게 되었다. 이 책은 기업이 생존, 번영, 기업의 이해관계를 사회적 이해관계에 맞추어 재정비하기 위한 전략의 핵심에서 지속가능성에 어떠한 역할을 부여하는지, 전 세계 100명 이상의 체인지메이커(변화 주도자)들의 아이디어들을 담고 있다. 이 책 "지속가능하게 리드하라(Leading Sustainably)"는 기업 내에서 지속가능 역량 구축, 임팩트 측정 및 관리, 지속가능성이 재무에 미치는 변화 및 기업의 중심 활동을 지속가능성 원칙과 연계하는 데 중요한 기타 주제들에 대해 강력한 통찰력, 핵심 사실 및 지침을 제공하여 기업경영 측면에서 지속가능성이 어떻게 진화해 왔는지 살펴볼 수 있다.

이 책은 지속가능성에 기반을 두어 처음부터 설립된 최고의 기업을 소개하는 5가지 기업연구 사례와 비즈니스 지속가능성 활동에 대한 국제 연구 사례를 소개하며, 관광, 호텔산업을 비롯해 폐기물 관리, 패션, 금융에 이르기까지 다양한 산업군을 다룬다.

또한 저자 Bridges와 Eubank는 지속가능한 비즈니스 모델로의 전환을 가속화하고자 할 때 활용할 수 있는 프레임워크와 심층적인 조언을 제공한다.

이 책은 빠르게 변화하는 비즈니스 환경, 지속가능성을 의사결정에 반영하는 방법, 오늘날 SDG(지속가능개발목표)가 사회의 전면적 변화를 가져온 이유를 이해하고자 하는 중간관리자 및 고위관리자를 위한 완벽한 안내서다.

[지은이]

저자 **Trista Bridges**는 소비재, 금융 서비스, 기술 및 의료를 포함한 다양한 부문 및 지역에 걸쳐 풍부한 경험을 가진 전략 및 마케팅 전문가다. Read Air(지속가능경영 자문기관)의 공동 설립자로서, 지속가능성에 대해 조직에 자문을 제공하고, 지속가능한 비즈니스 모델로 전환하는 데 필요한 통찰력과 솔루션을 제시하고 있다.

저자 **Donald Eubank**는 아시아의 IT, 금융 및 미디어 산업 전반에 걸쳐 근무한 노련한 관리자다. Read Air의 공동 설립자로서, 기업들이 지속가능성을 기업의 핵심전략에 통합하는 과정에 있어서 자문 역할을 담당하여 기업의 팀들이 지속가능경영을 수행하고 임팩트 관리를 위해 중요한 도구들을 적용하도록 안내하고 있다.

[옮긴이]

정태용은 연세대 국제학대학원 교수로 재직하고 있으며, 세계적인 국제 기후 · 경제학자다. 에너지경제연구원 연구위원과 한국개발연구원(KDI) 국제정책대학원 교수 등 관련 분야의 전문 학자로 연구했으며, 일본 글로벌환경전략연구소(IGES) 기후변화연구부장, 세계은행(WB) 선임 에너지 이코노미스트, 아시아개발은행(ADB) 주임 기후변화 전문가, 글로벌녹색성장기구(GGGI) 부소장 등 주요 국제금융기구와 국제환경기구의 핵심 고위직을 역임했다. 최근에는 녹색기후기금(GCF)의 Appeal 위원회 위원장도 역임하였다. 유엔 산하의 기후변화에 관한 정부 간 협의체(IPCC) 제6차 보고서에서 기후금융부문의 총괄주저자를 맡아 활동 중이다. 서울대 무역학과를 나오고 뉴저지주립대에서 경제학 석 · 박사를 취득했다.

유연철은 유엔글로벌콤팩트한국협회 사무총장으로 재직하고 있으며, 기후 · 환경 외교분야의 가장 저명한 외교관이다. 21회 외무고시를 거쳐 외교부 입부 후 환경협력과장, 에너지기후변화과장, 대통령 직속 녹색성장위원회 국제협력팀장, 환경부 국제협력관 등 외교부와 정부의 주요 기후 · 환경 직책을 거쳤다. 주제네바대한민국대표부 차석대사, 주쿠웨이트대한민국 대사, 외교부 기후변화대사, P4G 서울 정상회의 준비기획단장 등 고위급 외교직과 대사를 역임했으며, 한국인 최초 유엔기후변화협약 이행부속기구(SBI) 부의장에 선출되어 유엔기후변화협약, 교토의정서, 파리협정을 포함하는 유엔기후변화협약 체제 이행 전반을 다뤘다. 연세대 정치외교학, 영국 옥스퍼드대 외교관과정 및 레딩대 국제관계학 석사를 했다.

김정훈은 SDGs와 ESG분야의 글로벌 금융 및 사회문제 전문가로, 현재 유엔경제사회이사회 특별협의지위기구인 UN SDGs 협회 사무대표로 재직하고 있다. EU(유럽연합) 집행위원회가 위촉한 유럽기후협약대사를 비롯해 유엔의 씽크탱크인 유엔사회개발연구소(UNRISD) 협력연구원, 국제금융기관인 ICMA(국제자본시장협회)의 녹색채권(GB), 사회적채권(SB), 지속가능연계채권(SLB) 옵서버 겸 채권 그룹 위원을 겸직하고 있다. 또한 정부, 공공기관, 지자체 등에서 다수의 ESG 위원으로 참여하고 있으며, 50곳 이상의 대기업, 중견기업에 SDGs와 ESG를 전문적으로 자문하고 있다.

목차

01 어떻게 이곳에 왔는가
지속가능성과 지속가능개발목표(SDGs)에 대한 이야기 ································· 1

02 이윤, 목적, 생존을 위하여
왜 기업은 지속가능성을 수용하는가 ·· 41

03 ESG에서 SDGs로
임팩트의 측정 및 관리 방법 ··· 69

04 금융의 변신
지속가능한 투자, 주류가 되다 ··· 109

도움 주신 분들

데이터 수집, 분석 수행 및 인터뷰 지원 등을 도와주신 아래 분들께 진심으로 감사 말씀을 드립니다.

Y. Vivian Huang: SDGs의 상호연관성 분석, SDGs의 최근 동향 및 전개사항에 대한 분석, Shin Yi 인터뷰, TBM Co., Ltd.−LIMEX 인터뷰, 대만 WBCSD 인터뷰.

Hsiao−Hsuan Chu: 지속가능 시장 지수 접근법 분석, ESG(환경, 사회 및 거버넌스) 시장 성과 분석.

Chung−Hao Chen: 연례 보고서들에서의 SDGs 설문 조사, 금융 기관의 접근법 분석, ESG 시장 성과 분석, 대만 WBCSD 인터뷰.

Solène Schuster: 프랑스와 유럽의 지속가능성 정책 검토, 프랑스와 유럽의 지속가능성 접근법 검토.

Rehnuma Salsavil: 교육 기관들의 지속가능성에 대한 접근 방식에 대한 조사.

Maria Qazi Azmi: 아시아, 미국 및 유럽 시장의 지속가능성 정책 조사.

본 저서 편찬을 위한 이분들의 수고와 기여에 감사 드립니다.

줄임말

ASD	유엔에스디지에스협회(Association for Supporting the SDGs for the United Nations)
BOMA 360	국제 건물소유자 및 관리자협회 (Building Owners and Managers Association International)
BREEAM	건물 연구 시설 환경 평가방법: 영국의 친환경 건물 평가 및 인증제도 (Building Research Establishment Environmental Assessment Method)
CDP	탄소정보공개프로젝트(Carbon Disclosure Project)(CDP의 이전명칭)
CPG	포장 소비재(Consumer packaged goods)
CSR	기업의 사회적 책임(Corporate Social Responsibility)
DJSI	다우존스 지속가능경영지수(Dow Jones Sustainability Index)
ESG	환경, 사회, 지배구조(Environmental, social, and governance)
ETF	상장지수 펀드(Exchange−traded fund)
FFBB	퓨처 핏 비즈니스 벤치마크(Future−Fit Business Benchmark)
FMCG	일용 소비재(Fast−moving consumer goods)
GHG	온실가스(Greenhouse gas)
GIIN	글로벌 임팩트투자 네트워크(Global Impact Investing Network)
GRESB	글로벌 부동산 지속가능성 벤치마크(Global Real Estate Sustainability Benchmark)
GRI	지속가능경영보고서 국제 가이드라인(글로벌 리포티 이니셔티브)
ICT	정보통신기술(Information and communications technology)
IM4E	모두를 위한 임팩트 관리(Impact Management for Everyone)
IMM	임팩트 측정 및 관리(Impact measurement and management)(GIIN); or 임팩트 멀티플(impact multiple of money)
IMP	임팩트 관리 프로젝트(Impact Management Project)

IPCC	유엔 산하 기후변화에 관한 정부 간 협의체 (Intergovernmental Panel on Climate Change)
ISO	국제표준화기구(International Organization for Standardization)
KPI	핵심성과지표(Key performance indicators)
LEED	에너지 및 환경디자인 리더십 (Leadership in Energy and Environmental Design)
MDG	새천년개발목표(Millennium Development Goals)
OECD	경제협력개발기구(Organisation for Economic Co-operation and Development)
PRI	책임투자원칙(Principles for Responsible Investing)
ROI	투자수익률(Return on investment)
SASB	IFRS재단 지속가능회계기준위원회 (Sustainability Accounting Standards Board)
SBI	유엔기후변화협약 이행부속기구 (UNFCCC Subsidiary Body for Implementation)
SBTi	과학기반 감축목표(Science-based targets initiative)
SDGs	지속가능개발목표(Sustainable Development Goals)
SRI	사회적 책임투자(Socially responsible investing)
TBL	트리플 바텀라인(Triple Bottom Line)
TCFD	기후변화 관련 재무정보 공개를 위한 협의체/태스크포스 (Task Force on Climate-related Financial Disclosures)
UNCTAD	유엔무역개발회의(United Nations Conference on Trade and Development)
UNFCCC	유엔기후변화협약(United Nations Framework Convention on Climate Change)
UNGC	글로벌콤팩트(United Nations Global Compact)
UNSIF	UNDP의 SDG 임팩트 금융(United Nations Development Programme SDG Impact Finance)
UNRISD	유엔사회개발연구소(United Nations Research Institute for Social Development)
VC	벤처캐피털(Venture capital)
WBCSD	세계지속가능발전기업협의회(World Business Council for Sustainable Development)
Y Analytics	Y 애널리틱스

서문: 추천사

몇 년 전 필자가 대학원에 진학하여 기업과 지속가능성의 교차 접점에 대해 연구하고 있을 때 동료 대학원생 한 명이 다가와 현자(賢者)와 같은 말투로 경고성 조언을 했다. "지속가능성은 일시적인 유행에 불과해. 닷컴에 집중하는 게 좋을 거야." 그때가 1999년이었다.

지금 시점에서 냉정히 평가하자면 정보통신기술(ICT)은 비즈니스 세계에 거의 상상할 수 없었던 방식으로 영향과 변동을 초래한 것이 사실인데, 그러한 측면에서 지속가능성도 마찬가지였다. 유감스럽게도 사회·환경적 이슈가 (미래의 어느 시점이 아닌) 오늘날 우리 삶의 모든 측면에 영향을 미치고 있음을 고려할 때, 시간이 지날수록 그러한 영향과 관련된 지식 또한 필연적으로 그리고 기하급수적으로 증가할 것이다.

10년 전만 해도 사회·환경적 이슈가 경영 의사결정에 왜 영향이 있을 수밖에 없는지를 설명하려면 소극적인 태도를 보여야 했다. 당시 사회·환경적 이슈는 자선활동과 정부 정책의 영역이었으나 이제 시대가 변했다. 오늘날 "지속가능발전을 이루는 데 있어서 민간부문이 해야 할 고유한 역할은 무엇인가?"라는 질문은 무척 시의적절하기는 하지만 다분히 복잡한 물음이다.

기업이 기후변화, 빈곤, 생태계 파괴와 같은 대형 난제에 어떻게 영향을 미치고 또 영향을 받는지에 대해 지식을 축적하면 할수록, 사업과 지속가능성의 영역은 더욱 세분화되고 전문화되어 복잡성을 띠게 된다. 이는 소싱(sourcing)에서부터 마케팅, 운영, 투자에 이르기까지 경영의 모든 측면에서 더 핵심적인 요소가 되고 있다.

이러한 진화의 흐름에 발맞춰 온 지속가능성은 기업 내에서 더 이상 비주류

입장의 직원들로 구성된 소규모 그룹의 책임이나 열정적인 소수 인원의 틈새 관심사가 아니다. 지속가능성은 어떤 기업이 판매하는 제품 및 서비스를 비롯해, 그 기업이 채용하고 고용하는 직원, 그리고 기업 고객을 통해, 차별화된 가치를 창출하고 조직의 능력을 강화하는 토대가 될 것인지의 문제이며, 만약 된다면 어떤 방식일지, 혹은 그와 반대로, 지속가능성이 회사가 지닌 가치 사슬을 붕괴하고, 회사가 제공하는 제품·서비스·비즈니스 모델을 진부화시키고, 해당 산업이 성장해 온 경제적 기반의 침식을 통해 조직을 무너뜨리는 원인이 되지는 않을지를 놓고 최고경영자(CEO), 최고운영책임자(COO), 최고재무책임자(CFO), 최고정보책임자(CIO), 최고마케팅책임자(CMO) 및 고위 경영진들의 고심이 깊어지고 있다. 그리고 이 고민에는 노동자들의 고심도 포함된다.

『지속가능하게 리드하라(Leading Sustainably)』를 통해 Trista Bridges와 Donald Eubank는 과거 기업들의 모습에 대해 중요한 의견을 제공하고, 오늘날 지속가능성 분야가 가지고 있는 복잡성에 대해서도 있는 그대로의 내용을 직시하며, 리더가 조직과 시장 요인(기업이 사회·환경적 이슈에 대한 관심이 투기를 방불케 할 만큼 뜨거워진 현재의 시장에서 진화하고 성장할 수 있도록 영향을 주는 능력)을 관리하는 데 사용할 수 있게 성공적인 방법을 제시해 나간다.

'평상시처럼 경영을 계속하는 것'은 이제 더 이상 경영자의 선택지에는 없을 것이라는 게 이 책 전체의 함축 메시지이다. 그 까닭은 기업이 지속가능성 고민을 '당연히' 해결해야 하기 때문이라서가 아니라, 연구 결과 및 실적을 볼 때 투자업계가 최근 몇 년 동안 노력을 통해 깨닫게 된 사실이 지속가능성이 성장을 이루는 필수적인 요소이며, 자본이 모이는 이유라는 것을 속속 입증하고 있기 때문이다.

소득 불평등, 기후변화 및 생물의 대멸종 가능성이라는 현실 속에서 성장한 세대(MZ세대)가 세상을 지배하고 있다. 전 세계 사람들과 역사상 그 어느 때보다 더 잘 연결되어 있는 이 젊은이들이, 변화가 너무 늦은 세상은 이제 물려받고 싶지 않다는 점을 분명히 말하고 있음과 동시에 점점 더 목소리를 높여 변화를 요구하고 있다.

그들은 세계가 직면한 문제 해결에 있어서 기업이 해야 할 고유한 역할이 있다는 것을 알고 있으며, 기업이 그 역할을 맡아 책임을 다하는 모습을 보고 싶어한다. 그러므로 그들은 어떤 제품을 구입하고 어디서 일할 것인지를 본인의 선택을 통해 분명히 보여줌으로써 해당 기업에게 책임을 묻는 데 최선을 다할 것이다.

유엔의 지속가능개발목표(SDGs) 메커니즘이 대중적 인기를 끌면서 더 많은 사람들이 지속가능성 이슈의 복잡한 체계를 이해할 수 있게 되었다. 그러나 재계(산업계)에서 이루어지고 있는 지속가능성 논의에 대해 많은이들이 생각해 보고 적극적으로 참여하고자 하는 사람들이 늘었음에도 불구하고, 우리가 어떤 과정을 거쳐 지금 이 위치까지 왔는지 이해하는 사람은 거의 없는 것 같다.

이러한 상황을 개선하기 위해, Trista와 Donald는 SDGs가 (혼동을 일으킬 만큼) 단순히 수많은 지표와 많은 부분이 겹치는 목표의 집합이 아니라는 점을 설득력 있게 설명한다. 그들은 SDGs야말로 자본주의를 경제·환경·사회적 가치 추진의 유용한 엔진으로 만들기 위한 (100년에는 못 미치더라도) 수십 년 노력의 최고 정점이라는 이미지를 구체화 시키고 있다.

하지만 저자들은 지속가능성이 기업에 미치는 전략적 영향, 즉 모든 기업에 골고루 적용할 수 있는 단 하나의 해결책이란 없다는 것을 인식하고 있다.

기업경영을 하면서 접하게 되는 경쟁적 도전과제를 해결하기 위해, 경영자는 회사와 관련된 지속가능성의 중요성뿐만 아니라 소비자, 이해관계자 및 주주 모두에게 분명하고 강렬한 인상을 주는 궁극적 가치를 지닌 제품을 시장에 내놓을 수 있는 혁신적 부가성까지도 이해해야 한다. 이를 위해서 리더는 전략적 비전을 설정하고 필요한 기술과 자원을 투입함으로 변화와 혁신을 통해 비전을 실현하기 위한 방법을 모색해야 한다.

저자들은 광범위한 연구와 인터뷰를 바탕으로, 이 책에서 제시하고 있는 성공 사례나 이러한 과업이 최고 경영자나 개별 기업 혼자서는 절대로 할 수 없다는 메세지를 전달한다. 책 전반에 걸쳐 소개된 바와 같이, 효과적인 변화를 위해서는 리더의 리더십과 직원 모두의 참여를 통한 조직 내, 조직 간의 헌신과 협력이 필요하다. 더 나아가, 변화에 있어서 다른 기업, 정부, 시민사회, 학계 및 다자공동체와의 파트너십을 통한 헌신과 집단행동도 필요하다.

보다 나은 지속가능한 비즈니스 모델을 실현하기 위한 Trista와 Donald의 프레임워크는 자신이 속한 조직 내에서 변화를 이끌어 내고자 하는 독자에게 지침이 되어 줄 수 있다. 그들의 조언은 다음과 같이 분명하다: 회사입장에서의 중요한 문제 및 회사가 영향을 미칠 수 있는 문제를 모두 이해하고 있을 것, 경영진부터 신입직원까지 조직 내 모든 구성원이 참여하도록 함으로써 의욕적인 인재와 팀을 제대로 확보할 것, 행동에 전념하고 승리를 쟁취해서 추가적인 성공의 발판을 마련할 것, 회사 내 모멘텀 구축 방법의 우선순위는 신중하게 정할 것, 지속가능성을 적절히 조정하여 지속가능성이 일부 직원들의 틈새 관심사가 아닌, 회사 전체가 시장 경쟁에서 성공할 수 있는 기반이 되도록 할 것.

요약하자면, 더 이상 물러설 곳이 없이 앞으로 나아가야만 하는 상황에서, Trista와 Donald는 이제부터라도 시작하고, 배우고, 실험하고, 발견하고, 시도하고, 실패하고, 제대로 해낼 때까지 몇 번이고 다시 하라는 강력한 메시지를 전한다.

Mark Milstein 박사
지속가능한 글로벌 기업 센터 소장 겸
코넬대학교 경영학 연구교수
2020년 1월
뉴욕 이타카

머리말: 인류의 이익을 위해[1]

산업계는 지금 중요한 기로에 서 있다. '주주의 시대'에서 '이해관계자의 시대'로 빠르게 넘어가고 있다. 이해관계자라는 개념은 단순한 유행어를 넘어섰으며, 기업이 아무리 방대하고 물리적으로 멀리 떨어져 있어도 그 기업이 운영되고 있는 지역사회와 사업의 다양한 공급망에서 불가분한 부분으로 항상 존재해왔다는 점을 시사하고 있다.

이 모델은 주주 모델이 그간 보여줬던 것과는 다르다. 어떠한 사업상의 올바른 결정도 이익만을 염두에 두고 내려질 수 없다는 점을 분명히 하기 때문이다. 사회에 좋은 활동(따라서 당연히 환경에도 좋은)이 사업에도 좋다는 사실이 점점 더 명확해지고 있다. 이 새로운 사회적 책임 수용은 효율적이고 수익성 높은 비즈니스 모델의 설계와 배치되지 않는다. 사실상 제대로 수행하기만 한다면 정확히 그 반대 상황이 되기 때문이다. 사회적 책임을 다하면서 지속가능한 사업으로의 의사결정은 새롭고 흥미로우며 수익성 높은(그리고 모든 의미에서 지속가능한) 수익원(源)을 창출할 수 있다.

오늘날 이러한 판단이 가능하게 된 건 기업들이 내린 이타적 선택 때문만이 아니다. 수년 동안 다양한 시민사회 조직의 새로운 요구와 함께 유엔에서 합의된 이니셔티브가 회사 운영을 지속가능하게 만드는 데 필요한 변화를 이끌어 왔기 때문이다. 유엔이 설정한 17개 지속가능개발목표와 (기후변화대응과 온실가스 배출 감소를 위한)파리협정 이행을 통해, 전세계는(유엔 회원 193개국) 지속가능한 사회에서의 정부의 기능뿐 아니라 기업의 운영 방식에 대해서도 새로운 기대치를 제시했다.

(1980년대 정립된 지속가능개발 개념을 시작점으로 (미래를 포함)50년 넘게 진행 중

인) 지속가능개발목표(SDGs)는 사회·정치·비즈니스 활동의 모든 측면을 이해하기 위한 포괄적인 프레임워크를 제공한다. SDGs는 공정하고 정의로우며 지속가능한 사회에 대한 인류의 의지를 보여주는 강력한 선언이다. 오늘날 산업계 및 투자업계의 많은사람들은 SDGs를 '선물'이라고 부르는데, 그 이유는 사업 운영에 쏟는 기업의 노력이 사회가 원하는 의미 있는 목표와 방향으로 나란히 할 수 있도록 해주고, 신속하고 효과적으로 안내하는 프레임워크를 제공해주기 때문이다.

이제(오늘) 이 새로운 프레임워크를 수용하는 기업이 미래의 성공적인 기업이 될 것이다.

—

기업은 지속적으로 변한다. 세계 최초로 주식회사가 설립된 (네덜란드 동인도 회사가 주식을 발행했던 1602년이라는 데 대부분 동의함[2]) 이후로 많은 변화가 있었다. 산업혁명이 현대적인 조립라인의 생산 개발로 이어졌고, 1970년대 서비스 경제 기업의 부상은 마케팅과 소비재화(消費財化) 및 고객 서비스 집중을 통해 새로운 시장을 촉발시켰다. 또한 1990~2000년대에는 디지털화가 거의 모든 산업 분야를 변화시켰다.

지속적으로 성장하는 기업이 겪는 한계는 일반적으로 사회적 영역의 발전과 상호 관련되어 있지만, 반면 (환경을 포함한) 기업이 속한 사회와 산업계는 그 과정에서 엄청난 성장통을 겪어야 했다. 다양한 인위적 재해는 개인, 지역사회, 그리고 생태계에 실질적인 영향을 미쳤다.

1890년대까지만 해도 석탄 연기와 스모그는 단순한 사회 건강상의 문제로 인식되었으나, 20세기 후반에 접어들면서는 이러한 이슈가 일련의 광범위한 환경 재해와 보건 스캔들로 인식되었고, 이 문제들은 기업에게 개별적으로 분명히 책임이 있다고 보았다. 1949년 웨스트버지니아 몬산토(Monsanto) 공장[3]과 1976년 밀라노 외곽의 공업용 조미료·향료 공급업체에서 발생한 (제초제)다이옥신 유출 사고[4]와 같은 산업재해는 명백히 개별 기업에 의해 발생된 것으로 규정되었고, 이는 공식적으로 인정받은 최초의 산업재해에 속한다. 아모코(Amoco)와 엑손(Exxon)은 대규모 유조선 기름 유출 사고를 일으켰다. 아모코 카디즈(Cadiz)

호는 1978년 프랑스 연안에서 원유 유출사고를 일으켰으며[5], 엑손 발데즈 (Valdez)호는 1989년 알래스카에서 원유 유출사고를 일으켰다.[6] 1984년 인도 보팔(Bhopal)에 위치한 유니언카바이드(Union Carbide) 공장에서 메틸 이소시아네이트(methyl isocyanate) 저장 탱크가 폭발하는 바람에 유독가스가 누출되는 사고도 발생했다. 이 사고로 수천 명이 목숨을 잃었으며, 이후에도 잔류 독성물질 부작용으로 수만 명이 추가로 사망했다.[7]

어떤 위험은 회사가 판매하는 제품에 더 많이 내재 되어 있다. 대형 담배 회사를 상대로 한 공익 소송운동은 흡연의 위험성을 폭로했다. 만약 다음 소송의 표적 물질이 설탕이 된다면 전세계 수많은 식음료 회사들이 촉각을 곤두세울지 모른다.

산업화 초기에 의류(훗날 패션산업) 회사 같은 기업들이 직원에 대해 용납할 수 없는 처우를 하여 사회로부터 강력한 질책을 받았고, 이로 인해 근로자를 보호하기 위한 노동법이 제정되고 노동조합이 결성되었다. 그러나 1990년대에 소비자들은 기업의 노동 착취 관행이 근절된 것이 아니라 단지 그 관행이 해외 개발도상국으로 옮겨갔을 뿐이라는 것을 알게 되었다. 나이키(Nike), 갭(Gap)부터 아디다스(Adidas), 유니클로(Uniqlo), 심지어 애플(Apple)과 같은 최고의 브랜드 제품이 취약한 작업 환경과 노동 착취로 악명 높은 '스웨트숍(sweatshop)'에서 생산되고 있다는 보도가 나가자 기업들은 성난 여론을 달래느라 진땀을 빼야 했다. 시민들은 공정무역 캠페인을 통해 농업 생산에서도 유사한 문제점들을 발견했고, 그 행태는 착취적 임금 구조에서부터 인신매매, 노예노동, 강제 아동노동과 같은 끔찍한 인권침해 문제에 이르기까지 다양했다.

금세기 초만 해도 개인 소비재 산업에서의 비슷한 문제들은 기업은 물론 사회와 환경에도 큰 피해를 입혔다. 2008년 홍콩과 중국에서 판매된 네슬레 (Nestlé)의 유아용 조제분유 제품에서 신부전(腎不全)을 유발하는 독성 화합물인 멜라민이 검출되었다.[8] 2015년에는 인도에서 제조 및 판매된 마기(Maggi) 국수에서는 고함유량의 납 성분이 검출되었다.[9]

이런 내용들은 많이 알려진 몇 가지 예에 불과할 뿐이다. 인간과 환경이 경험한 이러한 비극은 기업 활동이 가져온 참담한 결과였다. 여러 면에서 이러한 비극들(홍보 재앙을 포함하여)은 기업으로 하여금 회사의 존폐가 결정될 수 있을 만큼 큰 위험에 빠질 수 있다는 것을 알게하였다. 이 사례들은 기업들에게 분명한 경종을 울리고 있다. (기업이 생존하려면 대중의 신뢰를 잃지 말아야 하며, 선량한 세계 시민이 되기 위해 더 잘할 수 있는 방법을 찾아야 한다는 의미로)

———

오늘날 우리가 생각하는 '지속가능성'의 개념은 수년에 걸쳐 변화와 발전을 거쳤다. 이 개념은 1970년대에 들어서 지구환경이 처한 상황에 대한 대중의 관심이 높아짐에 따라 의미 있는 첫 등장을 하게 되었다. 이 개념을 받아들인 유엔은 전 세계 생활환경 개선을 위해 발족된 일련의 회의(1972년 제1차 유엔인간환경회의 개최를 시작으로)에서 이를 국제적인 의제로 채택했다.

지속가능성의 개념이 '구제(救濟)'하는 원조 모델에서 '지원'하는 모델로 전환됨에 따라, 유엔 회원국들은 사회발전과 환경보호를 위해서는 사람들이 필요로 하는 부분과 가용 자원 간의 균형을 유지해야 한다는 점을 인식하기 시작했으며, 그 둘이 상호작용하는 방식을 점차 선순환적인 관점에서 바라보게 되었다.

1990년대에 접어들어 기업들이 보건·사회·환경적 위험에 직면하게 되면서, 기업가와 경영진, 그리고 투자자들은 새로운 작업 방식을 모색할 필요성을 느꼈고, 심지어 지속가능성이라는 단어가 그들이 즐겨 쓰는 어휘에 추가되었다. 이러한 때에 새로 설립된 세계지속가능발전 기업협의회(WBCSD)는 기업의 성과를 평가할 때 사회·환경·경제적 영향을 조사하고, 기업이 사회에서 보다 효과적이고 효율적이고 생산적으로 작동할 수 있는 방법을 찾는 데 도움이 되도록 지침(오늘날 많이 사용되는 ESG(환경·사회·지배구조)의 이전모델)을 제공했다. 이 시점에서 기업들은 밀튼 프리드먼(Milton Friedman)이 말한 주주 이익을 위한 최우선 모델에서 이해관계자의 참여를 고려해야 하는 현대적 기업 상황으로 전환되는 것을 보게 됐다.

이해관계자를 고려한 경영 방식은 자신의 구매 결정이 미칠 영향에 대해 기존과 다른 새로운 인식을 가지게 되고 기업의 행동을 보다 냉철하고 빈틈없는 시각으로 보는 현명한 소비자들이 많은, 더 복잡한 시장을 창출하는 데 큰 도움이 된다. 이 현명한 소비자들은 1990년대 이후 컨슈머리포트와 같은 기발한 구매 가이드의 지원을 받았을 뿐 아니라 열정적이면서 미디어에도 친화적인 민간

비영리 단체(NPO)(자발적으로 나서서 기업 관행을 조사하고 나쁜 행동에 대해 보고하는)로부터 다양한 정보와 교육을 받고 있다. 인터넷이 실시간으로 전 세계를 연결해 주는 시대에 고객이 자세히 살펴보기 힘든 기업 활동은 세상에 더 이상 존재하지 않는다고 봐도 무방하다.

—

저자들이 이 책을 집필하던 해에 지속가능성을 둘러싼 이슈들은 더욱 극적으로 전 세계 사람들의 의식을 좌우했고, 이러한 생각은 최전방이자 중심으로 옮겨갔다.

최근 유엔 기후변화에 관한 정부간 협의체(IPCC)는 지구온난화와 기후변화로 인한 최악의 결과를 피할 수 있는 시간이 10년 남짓 남았다고 결론지었다. 이러한 경고에 부응하여, (말 그대로) 수백만 명의 전 세계 젊은이들(기업의 고객)이 정기적으로 거리행진을 벌이고 있다. 거리행진 참가자들은 점점 더 분명해지고 있는 환경재앙 시나리오에 기성세대가 주의를 기울이고, 문제를 인식하고, 피해 완화를 위한 최적의 조치를 취할 것을 요구했다.

코로나19 팬데믹 발발은 전 세계가 공통의 위기를 겪게 될 경우 마주하게되는 무서운 현실을 가장 명확히 보여주었다. 그렇기 때문에 이 팬데믹 위기를 단순한 보건재앙으로 볼 것이 아니라 이를 반면교사 삼아 사회적 책임을 올바르게 평가해야 하고 만약 이를 해결되지 않을 때 어떤 일이 발생하는지에 대한 통찰을 얻을 수 있어야 한다. 경제학자들은 코로나19 팬데믹으로 세계 경제가 멈췄다고 말하지만(일부 국가와 정부들의 미흡한 대처와 마찬가지로) 그 이후가 더 중요하다. 기업이 모든 이해관계자와의 관계를 적절하게 관리하지 못할 경우 코로나 종식 후 경제 회복 속도는 생각보다 훨씬 더 느려질 수 있기 때문이다.

이 책은 기업이 실질적으로 앞서갈 수 있는 중요한 방법을 제안하고 있으며, 이를 통해 기업은 기후위기의 원인을 극복해 내고 이해관계자와의 관계도 재조정할 수 있다. 관련하여 기업이 취하는 조치는 해당 기업에도 상당한 이익이 될 것이다. 단 반대의 경우도 있다. 빠르게 일어나고 있는 변화를 무시하는 쪽을 선택한 기업은 사업 규모가 대폭 축소될 가능성이 높다.

—

오늘날 기업들은 "다양한 이해관계자를 고려해야 하고, 동시에 모든 분야가 빠르게 변화하는 비즈니스 세계에서 어떻게 하면 최고의 성취를 이룰 수 있을까?" 끊임없이 자문하게 된다.

지속가능한 비즈니스 모델로 전환하는 방법에 대해 답하기란 쉽지 않다. 기업의 실적을 측정할 수 있는 도구들 대부분이 전통적인 주주이익을 기반으로 사용하는 방법이기 때문이다. 예를 들어 투자수익률은 계산하기 매우 쉬우며 주주들에게 좋은 지표가 된다. 그러나 ESG(환경·사회·지배구조)를 비롯해 지속가능한 비즈니스 모델에 대해 논의할 때, 이를 측정하는 방법이나, 다양한 이해관계자들을 위해 전 세계가 공통적으로 상호 합의된 탄탄한 프레임워크가 아직은 충분하지 않은 상황이다.

깊이 들여다보면 결국 충분한 지식과 능력에 대한 논의라고 볼 수 있다. 단언컨대, 주주 모델에서 지속가능한 이해관계자 모델로 전환하기 위해서 우리가 첫 번째 겪어야 하는 단계는 지속가능성이 정확히 무엇인지 이해하고, 이를 기업에서 인지해 나가는 것이다. 즉 지속가능성이 어떻게 진화했고, 어떻게 진화하고 있는지, 기업은 무엇을 하고 있으며, 무엇을 할 수 있는지를 알아야만 지속가능한 비즈니스 모델로 옮겨갈 수 있다.

오늘날 일반적으로 지속가능성이라는 단어가 의미하는 바를 가장 효과적으로 빈틈없이 설명한 (그래서 널리 통용되는)것은 아마도 유엔의 지속가능개발목표(SDGs)일 것이다. 그러나 SDGs의 목표와 지표는 주로 정부나 공공의 정책 결정에 관한 것이다. 효과적인 비즈니스 도구 역할을 하려면 비즈니스 환경에 맞게 SDGs가 변형되어야 하는데 점점 이러한 형태가 가능해지고 있다. 의욕적인 학술·정책·사업 파트너십을 통해 경영진이 자기 기업의 운영 및 전략에 지속가능개발목표를 연계하여 사고할 수 있는 포괄적인 도구들이 점차 개발되고 있는 것이다.

현실적으로 말해서, 모든 기업이 지속가능한 비즈니스 모델의 가치를 인식하고 수용할 것(지속가능성을 실현하는 방법을 이해하는 것은 고사하고)이라고 생각하지 않는다. 몇몇(또는 많은) 사람들은 여전히 이 아이디어를 위험하다고 생각하고, 잠재적인 장점을 파악하지 못할 수 있다. 그러한 견해도 인정한다. 하지만, 분명한 사실은 현재 많은 기업이 비즈니스 모델을 전환하기 원하고 있으며, (아니면 적어도) 또는 전환해야 한다는 압박을 받는 경우가 점점 더 많아지고 있다는 사실이다. 우리(저자들은)는 최근 등장한 이 진화들이 일시적인 유행이 아니라고 믿는다. 그것은 오랜 역사를 가지고 있고, 테스트와 검증을 거쳤으며, 막을 수 없는 기세로 확산하고 있다. 이제 지속가능한 기업이 되는 것은 오늘날 사회에서 기업이 정상적으로 작동하기 위한 기본 요건이 되었다는 점은 분명해졌다. 비즈니스 세계라는 서바이벌 게임에 참여하려면 지속가능한 기업이라는 '최소한의 게임머니'가 있어야 하는 것이다.

우리는 다양한 시장 참여자들과 이야기를 나눴다. 다국적기업·중소기업·스타트업의 경영진, 운영 관리자 및 지속가능성 간부를 비롯하여, 소셜임팩트 종사자, ESG(환경·사회·지배구조)와 지속가능발전목표(SDGs)에 대한 투자자, 지속가능성 경영 서비스 제공자, 교수, 이론가, 정책 입안자, 국제기구 전문가, 비영리 단체 대표 등 기타 많은 이론가와 연구자들을 만나 대화를 나누었다. 이러한 과정에서 함께 만나고 일했던 기업 중 다수의 기업은 기존 경영 방식을 개선함으로써 지속가능성을 강화하고자 했으나, 아직은 다음 단계로 나아가기 위해 최선의 방법이 무엇인지 찾지 못했고, 여러 방법 중 여전히 결정하지 못하고 있음을 알 수 있었다.

이러한 토론과 대화에서 얻은 결론을 통해 현재 산업계에서 벌어지고 있는 일들을 투명하게 전달하고, 기업이 보다 성공적이고 지속가능한 비즈니스 모델로 빠르게 전환할 수 있는 방법에 대한 견해를 제시하는 것이 우리들의 바람이다. 하지만 무엇보다도, 이 책이 전 세계 모든 사람들이 기업의 지속가능성, SDGs, ESG에 대해 함께 고민하고 함께 노력하게 만드는 계기가 되기를 바란다.

이 책을 다 읽을 무렵, 여러분들은 지속가능한 비즈니스 모델로 전환하기 위해 공통적으로 필요한 것으로 입증된 다섯단계를 완전히 이해하게 될 것이라 믿는다. 측정 분야에서 진행되고 있는 변화와 영향의 보고, 관리, 그리고 관련성이 있는 재무상태 및 산업 전반의 변경사항에 잘 이해하게 될 것이다. 우리는 기업이 이러한 변화를 가속화하기 위해 취할 수 있는 구체적인 단계에 대한 통찰을 제시할 것이다. 이 책에 실린 '미션 중심' 사례연구들을 통해 처음 창립단계부터 지속가능성을 목표로 한 기업들에 대해 배우게 될 것이다.

이러한 통찰이 기업에 종사하는 독자들이 그 기업에서 수행하는 업무 활동에 영향을 주고, 또 소속된 팀 내 기여도를 높이는 데 도움이 되기를 바란다.

걱정스러울 정도로 불확실한 시대에 살고 있다는 느낌이 들 때도 있지만, 소비 패턴과 라이프스타일을 바꿔야 할 때라는 인식이 전 세계적으로 확산되는 것을 보면서 희망을 발견한 기분이 든다. 조사를 통해 오늘날 기업들이 어떤 일을 하고 있는지 알게 된 것은 상당히 고무적인 일이었다. 우리는 기업이 이러한 변화를 실현하는 데 중추적인 역할을 할 것이라고 믿는다. 그 이유는 기업이야말로 (많은 사람이 줄곧 말해 왔듯이) 이 지구상에서 변화를 주도하는 가장 강력한 엔진이 될 수 있다고 믿기 때문이다.

그러나 그럼에도 불구하고 일반적으로 기업이 지속가능경영으로 전환하는 것은 기념비적인 과업이며, 이 과정에서 어떻게 사업을 가속화할 것인가는 매우 중요한 문제이다.

이 책은 매우 시급하고 중요한 문제에 대해 몇 가지 해답을 주고 지속가능한 비즈니스 모델을 구축하는 과정에서 기업을 성장시키는 방법에 대해 솔루션을 제공하는 것을 목표로 한다. 기업이 작동하는 방식을 재구상하는 작업은 경주(競走)가 아니라 여정이라는 사실을 기억하는 것도 중요하다. 하지만 우리는 요즘 들어 변화 속도가 점점 더 빨라지고 있다는 사실을 알아야 한다. 이러한 기념비적인 도전과제에 부응하여 의미 있는 환경·사회적 변화가 진행 중인 점도 함께 기억해야 한다.

다음 내용에서는 기업들이 이러한 변화에 어떻게 발걸음을 맞춰 나가는지, 그리고 이 여정에서 어떻게 성공을 거두고 있는지 자세히 살펴볼 것이다. 여러분들도 이 여정에 부디 즐겁게 동참해주길 바란다.

집중 탐구: 미션 주도형 기업

연구를 진행하는 동안 우리는 인류 사회가 지속가능한 방향으로 나아가도록 지원하고 열정적으로 일하고 있는 다양한 사람들과 이야기를 나눌 수 있었다. 그들은 교육, 금융, 민간단체(NPO), 큰 기업과 스타트업 업계에서 다양하게 일하고 있었고, 지속가능한 경영으로의 전환에서 촉매제 역할을 하고 있었다.

특별히 이러한 전환에 100% '올인'하는 기업군이 있다. 이 미션 중심(mission-driven) 기업들은 지속가능성을 실현하기 위해 고군분투해왔고, 각 사업 부문에 지속가능한 혁신과 비즈니스 모델을 완전히 적용하기 위해 극도로 집중하고 있다. 이러한 기업들이 추구하는 비전이 지나치게 이상적으로 보일 수도 있지만, 우리가 인터뷰한 미션 중심 기업들은, 각 산업군에서 괄목할 만한 사회적 영향력(재정적 영향력까지도)을 발휘하고 있었다.

1994년 존 엘킹턴(John Elkington)은 '트리플 바텀라인(TBL)'이라는 용어를 만들어서, 기업이 '사람, 이익, 지구' 간의 균형을 유지하면서 전체 사업 비용을 고려하는 모델로 전환하도록 나아가야 하고, 경제시스템 자체의 근본적인 변화가 필요하다고 주장했다.[10] 최근 연구에 따르면, 기업이 TBL 모델로 옮겨가는 과정은 느리게 진행되고 있지만, '목적'을 가진 기업 또는 브랜드의 경우, 영국과 미국 같은 시장에서 그 산업군의 평균 부문 성장률과 평균 경제 성장률을 매우 크게 앞지르고 있는 것으로 나타났다.[11] 혁명처럼 불어 닥친 TBL이라는 용어가 어느새 동시대 기업들이(심지어 미션 중심이 아닌 기업들까지) 따라가야 할 주요한 비즈니스 모델로 떠오른 것이다.

설립한 지 15년 미만이 대부분인 미션중심 기업들은 신세대 기업들을 대표하며, 2030년 이후 기업의 선순환적인 모습을 그려 봤을 때 상상할 수 있는 개척자들이다. 2차 세계대전 이후 시장 주도형 경제 모델들이 성숙기에 도달하면서 엄청난 압박을 받게 되었는데, 이 기업들은 고객을 기쁘게 하는 제품을 제공하면서도 동시에 지속가능한 기업이 되겠다는 미션을 광범위하게 실현할 수 있는 모델을 제시한다. 그냥 단순한 믿음이 아닌, 눈부신 성장을 통해 생존가능하고 수익성 있는 기업으로 변신하겠다는 신념체계를 구축했다고 볼 수 있다.

이 책 전체에 걸쳐 등장하는 다섯 가지 사례 연구 시리즈는 '미션 주도형'이라는 제목을 통해 이 기업들이 인류가 꿈꾸는 미래 기업의 역할모델이 될 수 있는 이유를 설명해 준다.

프롤로그: '비전 2030' 우리는 어디에 있는가?

먼저 다음을 생각해보자. 모든 것이 순조롭게 진행되서, 2030년 우리가 어디에 있을지 상상해 보도록 하자. 만약 이 책에 제시된 아이디어가 실제로 구현된다면? 기업들이 유엔의 지속가능개발목표(SDGs) 가이드라인과 콜투액션(Calls to Action)을 적극 활용하고, 2020년 코로나19 위기에 대처하기 위해 다음과 같은 상황에서 중요한 역할을 했다고 가정해 보자.

- 사회 구성원 다수가 빈곤과 그로 인한 비극에서 벗어나게 함.
- 기업과 사회의 모든 영역에서 리스트를 줄이고, 이해관계자 전체의 이익을 추구하는 방향으로 사업을 전환함.
- 파트너십을 통해 국가, 국제기구, 산업계를 아우름으로써 기후변화를 해결하고 평화를 비롯한 정의로움과 강력한 제도를 실현해 나감.

전 세계 국가들이 (기후대응을 위한) 파리협정에 의거해 제출한 기후협약 당사국별 감축 공약을 이행하고, 지구온난화를 1.5℃ 상승 이내로 억제하기 위해 목표치를 높였다고 상상해 보자. 이후 그들이 대기로 방출하는 가스(기후변화를 초래하는 온실가스)의 부피 증가를 과거 수준으로 되돌리기 시작했다고 상상해 보자. 코로나19 위기에 대처하고자 수많은 이해관계자와의 관계 재조정 프로세스를 가속화했다고 상상해 보라. 그들이 이해관계자라는 핵심 관계에 직원, 도급회사, 공급업체, 고객, 그리고 사업체가 위치하고 있는 지역사회의 가치에 대해 새로운 인식을 불어넣었다고 상상해 보자.

단 유념해야 할 것은 이러한 상상이 순진함에서 비롯된 것은 아니라는 점이다. 우리는 이것이 전 세계가 전력을 기울여 추진하기 시작한 중대한 과업임을 완벽히 인식하고 있으며, 자기보존을 위해서 이러한 과정이 반드시 필요하다는 것도 알고 있다. 앞으로도 무거운 짐이 몇 개 더 얹어질 것이다. SDGs와 파리협정의 원대한 목표를 달성하기 위해서는 엄청난 노력이 필요할 것이다. 코로나19 팬데믹에서 회복하고 포스트 코로나 시대에 맞게 세계를 재구상하려면 헌신과 규율, 산업 전반 및 산업 간 노력이 필요하다. 비즈니스 수행 방식을 바꾸려면 대기업은 대기업대로, 소기업은 소기업대로 많은 도전과 작업과 헌신이 필요하다.

논쟁을 위해, 만약 그렇게 한다면 어떤 결과가 벌어질지 상상해 보자. 2030년 한 경영진이 느긋하게 앉아 회사의 연간 사업계획을 검토하며, 지난 10년 동안 회사가 이뤄낸 모든 진전과 도전과제, 발전, 긍정적인 결과 및 새로운 기업 지형에 대해 생각하는 장면을 떠올려 보자.

(지금부터 이어지는 이 장의 이야기는 미래를 상상하면서 기업경영을 성공적으로 지속가능하게 일구어 나간 가정적 이야기이다.)

—

이러한 과정을 성공적으로 거친 뒤 맞는 2030년은 얼마나 멋진 한 해이던가. 2030 의제 사업계획(2030 Agenda Business Plan) 종결 이후 우리는 많은 교훈을 얻었다. 어려움도 이겨냈고, 새로운 것을 알게 되는 계기가 됐다. 그 과정에서 방대한 목표치들을 달성했고, 우리의 입지는 더 단단해졌으며, 발전을 통해 새롭게 발견한 내용을 반영하기 위해 여러 목표들이 조정되기도 했다. 10년 전 이 계획을 처음으로 구상하기 시작했을 때 (10년 뒤) 2030년에 우리 회사가 존재한다는 것이 어떤 의미일지 연습 삼아 상상하곤 했는데, 전체적으로 보면 결과는 대성공이었다. 우리는 급변하는 비즈니스와 사회와 물리적 환경에 대해 기업으로서 해야하는 대응을 계획해 둔 덕분에 위기뿐 아니라 평상시에도 살아남을 수 있었던 반면, 그렇지 않았던 경쟁기업들은 적응하기 위해 고군분투하거나, 신규 업체들에 밀려나거나, 사업을 완전히 접어야 했다.

이 시기는 우리 회사가 위험을 인식하는 과정일 뿐만 아니라, 우리 회사가 보다 나은 지속가능한 비즈니스 모델로 전환하면서 새로운 비즈니스 기회를 찾는 이야기이기도 하다. 우리가 전환기간 동안 개발한 신규 사업 및 서비스 분야

중 일부는 이제 시장의 선두주자가 되었으며, 주요 수익 역할을 해 오던 사업 축 일부는 제품 포트폴리오에서 빠지게 되었다.

우리는 지난 2017년, 2018년, 2019년 회의를 기억한다. 우리가 미래의 기업 생존전략을 수립하는 데 사용했던 예측 및 '백캐스팅(backcasting)'에 대해 우리 팀원들 중 다수와 심지어 경영진마저 회의적이었다. 그들은 우리의 수치와 가정에 의문을 제기했지만, 지속가능한 생존전략 지지자들이 미래에 우리가 직면할 수 있는 시나리오를 명확하게 정의함으로써 승리를 거둘 수 있었다.

우리의 접근 방식은 인구 통계, 자원 가용성, 사회적 변화, 기후·보건 모델, 기술적 발전을 고려하는 것이었다. 이것은 세계 인구가 85억 명으로 증가하고 중산층이 계속 증가할 것이라는 가정(유엔이 2030년 세계 환경에 관해 내놓은 최신 예측을 기반으로 함)에서 시작되었다. (유엔의 지속가능개발목표(SDGs) 이행이 진전을 보임에 따라 이러한 인구 증가가 현실화 되었으며, 이는 일정 부분 의료 접근성의 증가와 출생률과 유아사망률 감소, 수명 연장에 기인한 것으로 보인다.) 우리는 변화하는 인구 통계에 따라 새로운 경제력을 가지게 된 사람(고객)들의 요구를 충족시켜야 하고, 제품 및 서비스 부문 전반에 걸쳐 수요가 증가하게 될 것이라고 예측했다. 또한 판매 수요를 충족하는 데 필요한 천연자원 확보를 위해 무한 경쟁이 벌어지게 될 것임을 인지했다.

미래를 상상하고, 이러한 과정과 가정을 분석하는 과정에서 우리는 물리적 환경이 기본적 필요를 채우려는 소비자들로 인해, 그리고 향후 늘어나는 수요를 어떻게 감당할 것인지에 대해 필연적으로 관심을 가지게 되었다. 이로 인해 농업 분야, 소재와 광물 자원 및 기타 천연자원 공급원과 관련 산업이 고갈되기 직전이거나, 심하게 훼손되었거나, 시대에 뒤떨어지고 환경적으로 해로운 관행을 기반으로 하고 있다는 것을 알게 되었다. 이런 상황을 인지하지 못한채 이전 세대와 똑같이 높은 물질적 생활 수준을 누릴 것(이전 세대만큼 오래 또는 더욱 오래)으로 기대하는 10억 명의 소비자를 감당하는 것은 지구환경과 생태계에 있어서 결코 쉬운 일이 아니다.

공급(또는 공급 부족)과 수요가 빠르게 진화하는 새로운 환경에서 경쟁하려면 완전히 새로운 운영 방식이 필요하다.

기후위기의 실제 영향이 가시화(기후위기에 큰 관심을 가지고 있었기 때문에 명백히 인식할 수 있었다)되면서 우리는 자체적인 기업 평가에 나섰다. 당시에는 이런 일이 일어나고 있다는 사실조차 부인하는 사람들이 많았다. '100년에 한 번 올까 말까 한 허리케인'이 매년 발생하고, 북극 빙하의 녹는 속도가 놀라울 정도로 빨라졌음에도 불구하고, 2019년 무렵에야 기후위기의 실질적이고 잠재적인 영향이 인식되기 시작했다.

기후변화 반대론자들은 여전히 대중의 관심을 분산시키기 위해 애쓰고(어떤 이는 순진한 나머지 정말 기후변화가 없다고 믿었겠지만 사실 대부분은 숨은 속셈을 가진 사람들이 더 많았다)있었다. 그들은 미국과 유럽의 남쪽까지 밀려 내려온 극 소용돌이(Polar Vortex)로 인해 극단적 저온 현상이 발생한 것을 (기후변화가 생기지 않는다는)반대 증거로 활용했다. 물론 얼마 지나지 않아, 극지방 얼음이 녹아내리면서 이 '소용돌이'가 그 지역의 붕괴에서 분출되었다는 사실이 명백해지며, 이들의 의견은 잘못되었음이 밝혀졌다.

2019년에는 일반시민의 인식을 180도 달라지게 만든 사건이 일어났는데, 바로 제1차 글로벌 기후파업과 미국에서 정식재판이 청구되었던 첫 번째 기후변화 소송이었다. 오늘의 학생 기후행동을 있게 한 것은 스웨덴 여고생 그레타 툰베리(Greta Thunberg)의 분명하고 분노에 찬 메시지로 촉발된 기후 학생운동이었으며, '멸종 반란(Extinction Rebellion)'과 같이 모든 연령대의 전문가에게 동참의 손을 내밀었던 환경운동단체도 이 학생의 기후행동을 지지했다. 이 단체들은 연합하여 전 세계에서 동시다발적으로 기후위기 대응을 촉구하는 최대 규모의 시위를 벌였다.

기후에 대해 별로 생각하지 않았던 전 세계 사람들이 갑자기 이 문제에 대해 의미 있는 논의를 (막중한 의무감을 가지고) 시작하게 되었을 뿐 아니라 기업들도 전에 없이 주의를 기울여야 했다.

시위대에게 공개적으로 비난을 받은 기업들은 사업에 대한 위협을 느꼈으며, (좀 더 '지속가능'해지기 위한 노력을 시작했든 안 했든) 독자적 생존을 위한 행동해 왔던 것에 부끄러움을 느꼈다. 시위대의 분노를 피해 간 산업은 거의 없었고, 우리는 이를 통해 모든 이슈마다 특정 시장의 주요 참여자가 책임질 부분이 없는지 추적하는 환경단체 또는 기타 시민사회단체가 있다는 것을 깨달았다.

이러한 운동이 수년에 걸쳐 형성되었듯이, 기후위기를 일으킨 당사자(정부와 기업을 가리지 않고)에게 책임을 묻기 위한 법적 노력이 활동가, 지역주민 단체, 청소년들에 의해 모색되었다. 그러한 노력은 석유회사에 손해 배상을 청구한 사건이나 기후 관련 법안의 통과를 가속화하려는 목적으로 국가와 정부에 제기한 소송으로부터 시작되었다. 석유회사 손해배상 청구소송을 통해, 이들 기업이 기후문제에 대해 몇 년 전부터 미리 알고 있었고 자사의 책임 범위를 회피하기 위해 허위 정보를 적극적으로 퍼뜨렸음이 드러나게 되었다. 기후변화의 영향과 원인을 연결해주는 새로운 도구인 '귀인(歸因)과학(attribution science)'은 기업이 더 이상 해안의 해수면 상승이나 농지의 사막화에 대해 책임이 없다고 주장하기가 어려워졌다는 것을 의미했다. 기업의 이사진들은 본인이 내린 사업상 선택으로 인해 발생할 수 있는 법적 책임으로부터 스스로를 보호해야 한다는 것을 깨달았고, 그렇게 하는 가장 쉬운 방법은 소송에 취약한 기업 활동을 과감히 정리하고 새로운 코스를 짜는 것이었다.

하룻밤 사이에 포괄적인 대응 방안이 구체화 되지는 않았지만 메시지는 접수되었고, 이후 파리협정 협상이 가속화되면서 서둘러 결론을 내려야 했다. 각계각층의 활동가들은 비협조적인 국가·산업·기업을 한쪽으로 몰아세워 놓고 최악의 정책이나 상업 활동으로 인한 기온 상승을 막아 현 상황을 역전시키기 위해 행동에 나서겠다는 실질적인 약속을 하도록 설득해 나갔다.

기존 기업들이 경영 여정을 시작했을 때와 달리, 오늘날 지리학을 공부하는 중학생들은 더 이상 북극과 남극의 차이점을 혼동하지 않는다. 꽁꽁 얼어붙어 영화 로케이션 장소로 인기가 높았던 북극 얼음평원의 면적은 걱정스러울 정도로 줄어든 반면, 남극의 얼음평원 면적은 상대적으로 덜 줄어들었다는 것은 명백하다. 농담삼아 하는 말이 아니라, 기업과 국가가 지구환경에 미치는 영향이 더 줄어들지 않는다면, 그래서 산타 할아버지와 작은 요정들이 기후재난 이주민 신세가 되어 일년 내내 얼어 있는 곳을 찾아 떠나야 한다면, 그 상황을 아이에게 어떻게 설명할 것인가?

어떤 면에서는 코로나19 팬데믹 발발로 인한 보건 의료에 대한 경각심이 높아지면서 기후위기와 관련된 모든 이슈가 묻혔다고 볼 수 있다. 전 세계적으로 코로나19 감염병이 들불처럼 퍼지면서, 팬데믹은 '평범한' 환경 이슈를 넘어 진화하는 최대의 사회적 이슈로 집중 조명을 받았다. 기업과 투자자는 보다 공정하고 지속가능한 비즈니스 모델로 전환하기 위해 노력했으나, "ESG(환경적·사회적·지배구조)" 개념에서 S(사회)를 이해하는 것을 항상 더 어려워했다. 일부 국가의 경우, 상상할 수 있는 가장 강력한 버전의 자유시장 자본주의를 시도하고 또 그러한 권한을 기업에 부여하려는 정치적 경향이 만연해 있는 상황이다 보니 더 어려울 수밖에 없었다.

팬데믹으로 경제가 갑자기 멈춰 서면서, 이 어려운 시기를 함께 극복하기 위해 기업이 직원·고객·지역공동체를 보호하는 데 얼마나 중요한 역할을 했는지가 확연히 드러나고 구분되었다. 이는 사회 안전망이 취약한 국가에서 가장 분명하게 나타났는데, 직원은 회사의 도움 없이는, (말 그대로) 살아남아 직장에 복귀하지 못할 수 있으며, 그 기업이 생존하려면 직원의 필수적인 역할을 인정하고, 존중하고, 소중하게 여기는 비즈니스 모델이 있어야 한다는 것이 핵심이다.

(사업적인 과정에서 확인해 본 것이지만) 그보다 앞서, 극지 만년설이 녹고 있다는 사실은 우리가 2030 의제 사업계획 수립 당시 운영 기준 시나리오에 설정해 놓은 기온 1.5℃ 상승을 이미 세계가 초과하고 있음을 분명히 보여주었다. 2030년 그리고 그 이후까지 존속할 수 있는 기업으로 작동한다는 것이 무엇을 의미하는지 이해하기 위한 주요 기준점으로 이 시나리오가 당시에 얼마나 중요했는지는 아무리 강조해도 지나치지 않다.

일반적인 기업 관점에서만 보면, 해수면 상승과 녹는 빙하가 눈에 띄는 문제일 수도 있었다. 그러나 농업 생산 의존성이 높은 사업 부문 입장에서는 기후위기가 농업과 운송의 모든 측면에 미칠 영향이 더 큰 관심사였다. 2℃ 상승, 3℃ 상승, 4℃ 상승 등의 시나리오를 추가로 평가함으로써, 생산량을 유지하는 데 필요한 것이 무엇인지 상상할 수 있었다. 신뢰할 수 있는 자원과 공급망을 확보할 수 없다는 생각이 들면 우리는 투입량을 줄이기 위해 혁신적인 대체품과 재설계된 제조 시스템을 찾아야 했다.

우리는 또한 1.5℃ 이상의 기온 상승으로 인해 생기는 환경변화가 무엇보다 인간에게 가장 큰 영향을 미친다는 것을 알게 되었다. 기후재난 이주, 기후 관련 공중보건 재난은 기업의 미래에 큰 혼란을 주는 요소가 될 것이므로 우리는 노동력 공급원인 지역사회와 어떻게 협력해야 하는지 고민해야 했다. 이는 우리가 단지 공급망과 비용 측면에 대한 예측을 기반으로 제조 현장을 이전한 것이 아니라, 이 이전이 거주자 커뮤니티에 미칠 영향과 해당 커뮤니티 위치까지도 고려해야 하는 것을 의미했다.

1.5℃ 상승 시나리오는 생산 설계에도 큰 영향을 미치는 것을 알게됐다. 2019년이 되었을 때 그동안 약 200년 가까이 산업화 시기 동안 인간이 대기 중으로 배출한 엄청난 양의 이산화탄소가 지구온난화를 야기했다는 사실은 환경에 조금만 관심이 있는 사람들은 모두가 확실히 알게 되었다. 과학자들은 지난 60만 년 동안 측정한 대기 중 이산화탄소 농도 그래프(비교적 일정하던 기온이 최근 몇 년 동안 갑자기 상승함으로써 한쪽 끝부분이 긴 모양을 나타냄. 그래서 '하키스틱 그래프'로 불림)를 발표했다. 지구는 지금과 같은 처참한 상황을 아주 오래전에 단 한 번 겪은 적이 있었다.

약 2억5200만 년 전 페름기 대멸종 때 거대한 화산이 분출하여 지하에 매장되어 있던 석탄과 석유를 불태웠고, 다량의 탄소를 함유한 화산 연기가 하늘을 뒤덮어 대부분의 육지·해양동물과 식물, 산호 등이 사라졌으며, 사상 최대 규모의 생물 대멸종이 이어졌다.

최악의 시나리오를 보고 싶다면 이처럼 '대멸종(Great Dying)' 시대로 불리는 페름기 이야기 속에 실재하는 역사적 사실을 살펴볼 수 있다. 인류세(Anthropocene)로 알려진 현 지질시대(인간활동이 지구 생태계에 지배적인 영향을 미친 시점을 기준으로 구분되었다는 점이 특징)에서는 아직 그 지점에 도달하지 못했지만, 2017년에 과학자들은 "현재 진행되고 있는 6번째 대멸종을 통해 생물학적 절멸이 이미 진행 중"이라고 경고한 바 있다. 그들은 기후변화의 부정적 영향을 역전시키고 유해한 사업활동을 중단하려는 노력으로 인해 (최소한 부분적으로나마) 피해를 복구하는 데 필요한 조건을 얼마나 만들어낼 수 있는지 알아내기 위해 지금도 노력하고 있다.

너무 극적인 전개 같지만, 우리는 기업의 독자생존 가능성에 대해 생각해야 할 뿐만 아니라, 대기 중 이산화탄소 및 기타 온실가스(GHG) 증가량 기여분에 대해서도 책임을 져야 한다는 사실이 점차 분명해지고 있었다. 그 결과, 2030년 의제 사업계획 수립 과정에서 우리는 우리가 생산하는 모든 제품이 제조 공정에서 탄소 중립적이어야 하며, 폐기를 포함한 수명주기 동안의 온실가스 배출량을 최대한 줄이고, 가능한 경우 생산 또는 가동 중 탄소를 실제로 포집하여 원료물질로 사용하기로 결정해야 한다는 사실을 알게 됐다.

이렇게 생각한 덕분에 각 국가가 파리협정에 따른 약속을 이행하기 위해 목표와 규제를 강화해 나가기 시작했고, 기업 외의 다른 조직들이 겪었던 많은 고통을 피할 수 있었고, 이는 우리에게 뜻밖의 기회가 되어 주었다.

지속가능개발목표(SDGs)의 등장은 우리로 하여금 이러한 위험을 피하고 새로운 사업 기회를 찾을 수 있게 해주는, 두 번째 강력한 동기부여 요소이자 도구였다. 2015년 유엔(UN)에서 박수소리와 함께 힘차게 출범한 프레임워크의 화려한 17개 아이콘과 열망을 담은 함축적 목표("빈곤 종식", "기아 종식", "건강")로 구성된 이 슬로건은 앞서나가는 기업들 사이에서 지속가능경영 노력을 이야기하는 최고의 방법으로 빠르게 수용되었다. 과대 광고에 대한 피할 수 없는 반발과 '레인보우 워싱(rainbow washing)'과 한데 묶어서 비난하는 회의론자들의 목소리도 들렸지만, SDGs를 사업활동에 의미 있게 만들기 위해서는 실질적인 노력이 이루어져야 한다는 사실을 어쩔 수 없이 인정하고 수용하는 사람들이 훨씬 더 많았다. 이러한 노력은 SDGs가 기업이 사회(기업이 어떻게 목표를 설정하고 달성할 수 있는지에 대한 다양한 아이디어와 그 아이디어를 실현함으로써 얻을 수 있는 기회를 제공하는 사회)속에서 어떻게 작동해야 하는지에 대한 실질적이고 적절한 지침이 될 수 있다는 것을 보여주었다.

유엔 유관기관들과 산업협회, 비영리연구소, 그리고 '지속가능성 서비스 제공자'로 알려져 있는 조직들은 기업이 SDGs의 핵심개념을 사업기회의 발견·개발·사용에 적용할 수 있도록 돕는 데 앞장선 공로를 인정받을 자격이 있다.

우리 회사(저자들의 회사인 Read Air)는 당시 우리의 기업활동이 SDGs에 어떻게 기여했는지 맵핑(연계)하는 것을 시작으로, 사업과의 관련성이 가장 높다고 생각되는 몇 가지 목표를 선택한 뒤 집중해 나갔다. 이는 2030 의제 사업계획의 핵심 요소가 되었다. 그러나 곧 이 지점이 시작하기에 적합하지 않다는 것이 명백해졌다. 첫째, SDGs 맵핑과 관련하여, 모든 회사가 일상적인 비즈니스 활동이 동일한 기여를 한 방법에 대해 동일한 주장을 할 수 있다는 점. 둘째, 프레임워크의 자연스러운 상호연계성(긍정적인 영향과 부정적인 영향을 미치는 목표 간 관계를 통한)때문에 모든 목표를 고려하지 않고서는 두 가지 목표에 집중할 수 없다는 점. 또한, 현실 세계에서 작동하는 조직으로서 보다 가까운 지역공동체와 먼

공동체(직원, 고객, 투자자 및 기타 다양한 이해관계자 등)에 동시에 관여하다 보면 결국 어떠한 목표도 무시할 수 없게 되어 버린다는 점 때문이었다.

결국 우리는 의사결정 과정에서 그들 모두를 고려할 수밖에 없는 입장을 받아들여야 했고, 이로 인해 더 강력한 계획을 가지게 되었다. 필연적으로 수용해야 했던 끝에서 끝을 바라봐야 하는 시각(end−to−end perspective)을 통해, 조직에 대해 더 많은 것을 알게 되었으며, 경쟁사보다 훨씬 앞서서 문제를 인식하고 가장 큰 성장을 주도한 사업 부문을 지원할 수 있었다. 이를 위해 저자들은 SDGs를 넘어 기업에 직접적인 사업전략 및 운영의 새로운 표준이 되거나 영향을 주는 다양한 보고, 관리 도구들까지 살펴보아야 했다.

당시 2018년까지 최소한 '1세대' 지속가능성 지표에 대해 보고하는 것이 당연시되었다. 이 지표에는 급여 형평성, 이산화탄소 및 기타 온실가스 배출량, 에너지 사용, 물 사용, 폐기물 생성, 직원 이직률과 직원 재해률이 포함되었다. 투자자들도 새로운 기대감을 내비치며 양질의 사업을 상징하는 이 지표에 힘을 실어주었다.

그 이후, 측정 및 비즈니스 모델 경향이 훨씬 더 복잡해졌는데, 예를 들어 국제회계기준재단(IFRS재단)으로 통합된 미국 지속가능회계기준위원회(SASB)가 제정한 중요 정보에 대한 새로운 국제회계 기준을 비롯해, 경영진이 수많은 위험 요소들(기후변화로 인한 물리적 위험, 과도기 경제 시스템의 시장·기술 위험, 그리고 평판·법률·정책적 위험)을 고려하고 있는지 여부를 밝히는 기후변화 관련 재무정보 공개 협의체(TCFD) 공개 요구사항, 퓨처핏 비즈니스 벤치마크(Future−Fit Business Benchmark) 및 임팩트 관리 프로젝트(Impact Management Project), 그리고 ICMA(국제자본시장협회)의 ESG채권원칙과 같이 사업활동의 영향을 측정 및 관리하기 위해 잘 설계된 방법론 세트가 그러한 경향의 예이다. 이러한 도구를 사용하는 요령을 터득하고 도구가 가지고 있는 통찰로부터 이득을 얻게 되면서 사회에서 기업이 차지하는 위치라는 보다 통찰력있는 비전으로 옮겨가게 되었다.

2030 의제 사업계획을 위해 우리는 천연자원에 대한 접근법과 사업활동이 가져온 환경 영향에 대한 특정 가정을 개발하기 위한 프레임워크로 스톡홀름 회복센터(Stockholm Resilience Center (SRC))가 제안한 행성 경계(Planetary Boundaries) 개념을 사용하기로 결정했다. 이 프레임워크를 통해 생산 공정뿐 아니라 사업 운영

전반에 걸쳐 투입량과 산출량을 최소화하도록 훈련해주는 순환 경제 모델로 전환할 수 있었다. 또한 예측 시 가정했던 미래 상황에 대비하는 과정에서 사회와의 관계를 근본적으로 재정비하는 것이 사업 생존에 있어서 필수적이라는 것을 깨닫게 되었다.

사회와의 관계를 재고할 때 우리가 사용한 방법 중 하나는 '자연자본(Natural Capital)', 즉 우리가 의존하고 있는 재생 가능한 자원과 재생 불가능한 자원(식물, 동물, 공기, 물, 토양 및 원자재 등)의 남아있는 부분을 살피는 측면에서 우리의 위치를 파악하는 것이었다. 번창하고 건강한 사회를 만들어가는데 필요한 자원에 대한 기업의 의존도에 대해 새롭게 알게 되면서 우리 회사는 비콥(B Corp) 인증을 받게 되었다. 비콥 인증은 환경·사회·재무 측정지표를 통해 기업의 성과를 검증한 후 임무와 운영 면에서 가장 높은 기준을 충족한 기업에게 인증을 부여하는 제도다.

하지만 사실을 말하자면, 우리는 2021년 내내 2030 의제 사업계획 발표회 개최를 준비하느라 고군분투했고 우리 비즈니스가 코로나19 팬데믹을 딛고 살아남을 수 있을지조차도 알 수 없었다. 다행히 지속가능성과 관련해 이미 많은 작업을 진행해 둔 덕분에 일부 경쟁사보다 유리한 위치에 설 수 있었고, 이것이 포스트코로나 시대의 새로운 패러다임에 작동할 수 있는 유일한 방법이라고 보며 이러한 활동을 두 배 이상으로 늘려 나갔다.

그러나 우리가 구축하고 있는 개념의 가치에 대해 조직 전체가 수용할 수 있는 아이디어를 개발하는 것은 여전히 어려운 일이었다. 지난 수년 동안 시장에 새로 진입한 대다수의 기업은 (당연히) 기업의 존재이유가 주주이익 극대화라는 솔직한 인식을 가지고 있었기 때문이다. 근로자 등 다른 이해관계자들은 그냥 그곳에 속하여 따라가는 것이고, 열심히 일하거나 운이 좋으면 이익 창출 기여도에 따라 큰 성과급을 받을 수 있는 상황이었다.

이러한 관점이 그동안의 비즈니스에 너무 깊숙이 박혀 있었기 때문에 회사 내에서 비즈니스 수행 방식에 의문을 제기하거나 개인과 조직 모두에게 부담스러운 희생을 요구하는 것, 즉 다른 방식으로 비즈니스를 수행할 수 있다고 상상하는 사람은 거의 없었다.

우리가 비교적 선도적으로 이러한 상황에 대해 그 가정이 틀렸다는 것을 증명하기 위해 나서게 되었다는 것이 자랑스럽다. 2030 의제 사업계획을 적용시키는 바람에 반발에 부딪히게 되었지만, 비즈니스 성공 사례와 지속가능한 조직으로의 전환이라는 장기적 가치를 중심으로 구축된 강력한 내부 커뮤니케이션 프로그램을 통해 전 부서 직원들에게 변화의 필요성을 납득시킬 수 있었다. 그리고 결국 직원 대부분은 변화로 인해 더 행복해졌다.

안타깝게도 우리 회사에서 일한 모든 사람이 우리와 뜻을 함께한 것은 아니었다. 이 새로운 비전을 함께할 방법을 찾지 못한 사람들은 '자기선택'을 했고, 대다수는 이 새로운 사업 수행 방식에 우리가 전념하는 것을 보고 스스로 회사를 그만뒀다. 하지만 그 이후로 고무적인 일들이 일어났다. 2030 의제 사업계획을 통해 우리의 새로운 아이디어를 전파하는 과정에서, 기업의 지속가능성 옹호자들이 (청하지도 않았는데) 다가오더니 프로그램 추진에 도움을 요청했다는 점이다. 우리의 계획들이 기존 패러다임보다 더 의미 있고 만족스러운 것을 찾고 있던 이들에게 일종의 자극제가 된 것으로 생각된다.

이러한 역동성 자체가 단기적으로도 실제 도움이 되었다. 새로 입사한 신세대 직원들이 어린 시절부터 지속가능성과 관련된 아이디어에(일부는 지속가능개발목표(SDGs)에도)노출되었다는 사실을 금방 알 수 있었기 때문이다. 고용주에 대한 그들의 기대는 우리가 1980년대부터 2000년대까지 보아 왔던 것과는 근본적으로 달랐다. 전략과 운영 방향을 수정하고, 변경사항을 공개적으로 전달하고, 사회적 가치에 따라 스스로를 재정립함으로써 우리는 가장 우수하고 뛰어난 인재를 유치할 수 있었다. 이제 그들은 우리가 사업전략 개발 및 추진 등 중요한 결정을 내려야 할 때 의지할 수 있는 관리자들이 되었다.

직원들의 달라진 사고방식, 우리가 적용한 새로운 도구와 방법이 사업계획 및 전략수립에 혁신을 이끌었다고 말할 수 있을 것이다. 물론 예전에는 연례 검토와 신규 프로젝트 확인 시 '지속가능성'이 프로세스 맨 끝의 체크박스(방아쇠를 당기기 전에 마지막으로 스스로에게 한 번 더 물어보듯)에 들어가 있곤 했다. 돌이켜보면 프로세스 마지막 단계에서 "좋아, 이제 시작할 준비가 됐어. 그런데 이게 지속가능할까?"라고 물을 수 있다고 생각하니 참 대단한 용기인 거 같았다.(용기가 아니라는 말) 짧으면 6개월, 길면 9개월 넘게 준비한 프로젝트를 다 엎어버리고 처음부터 다시 시작할 수 있는 사람, "이런, 아무래도 처음부터 다시 시작해야 할 것 같아"라고 말할 수 있는 사람이 이 세상에 과연 있을까?

이러한 과정을 통해 새로운 도구와 프레임워크를 통해 옵션의 지속가능성을 기반으로 처음부터 선택을 평가하고 결정을 내리는 방법을 가지게 될 수 있었다. 이 방법을 채택하기 시작하면서 순환경제, 행성 경계, 자연자본 모델과 같은 최상위 개념을 통해 닫혀 있던 생각을 열 수 있었고, 가치사슬을 전방위적으로 자세히 파고듦으로써 문제를 일으키기 전에 미리 조치를 취할 수 있었다. 도구와 프레임워크가 제공하는 엄청난 생산성 향상으로 인해, 지속가능성에 대한 질문은 새로운 벤처사업 전개 시 첫 번째 고려사항이 되었으며, 이러한 레이더망에 잡힌 수많은 위험요소를 피하고 다른 방법으로는 인식하지 못했을 새로운 기회를 발견하는 데 도움을 주었다.

새로운 개념에 대해 배우고, 훈련을 통해 배운 사업수행방식을 재고하고, 더 나은 운영방식을 발견할 수 있는 흥미로운 시간이었다. 이를 지속가능성 이니셔티브에 적용한 결과 우리 팀은 첫 번째 승리를 이끌어내게 되었고, 조직 차원에서 함께 노력한 결과라는 생각이 들어 기분이 더 좋았다. 회사의 전 직원이 지속가능성 경영의 수행 목적과 가치를 이해하도록 돕기 위해서는 내부적으로 많은 교육이 필요했지만, 노력은 결실을 맺었고 회사 전체가 달라진 것을 느낄 수 있었다. 그리고 사람들은 달라진 회사의 모습을 좋아했다.

2020년부터 우리는 '1세대' 지표 이상의 지속가능성 지표(앞서 언급했던 급여 형평성, 폐기물 생성, 직원 재해율 등의 지표)를 사업계획 활동에 완전히 통합하기 시작했다. 처음에 이 지표들은 항목 목록 안에서 '지속가능성 이슈'로 분류되어 있었는데 나중에 독립적인 섹션이 되었다. 오늘날 지속가능성 지표는 우리의 사업계획 요구사항 및 활동에 너무 광범위하게 통합하고 접목하는 바람에 어떻게 보면 자연스럽게 사라진 것이나 다름없다.

사실 요즘은 지속가능성에 대해 예전만큼 자주 이야기하지 않는다. 이 개념은 비즈니스 수행 방식에 깊이 뿌리박혀 있어서 '지속가능하다는 것'과 '사업이 되는 것'은 이제 동의어나 다름없기 때문이다.

지속가능성에 대한 개념이 기능적 역할(예 회계, 운영, 공급망 관리, 마케팅, 인사(人事), 영업)의 필수적인 부분이 되면서 독립형 지속가능성 '담당자'라는 개념은 더 이상 불필요해졌다. 기업들은 이제 이러한 개념이 회사로서의 근본 존재를 뒷받침한다는 것을 당연하게 받아들인다. 이제 '비즈니스'라고 말할 때는 지속가능한 조직으로서 사회에서 무슨 일을 하고 어떻게 운영되는지를 의미하는 것이기도 하다. 간단히 말해서, 좋은 목적과 유익을 위해 사업을 영위하지만, 오늘날에는 바로 그것이 그냥 "사업을 한다(do business)"고 말할 수 있는 상황으로 변화했다.

2015년 2030 의제 사업계획이 출범했을 때와 비교하면, 지금은 훨씬 나은 상황이다. 우리의 회사는 더 단단해졌고, 앞으로 15년, 30년, 50년 더 생존할 수 있는 위치에 있다. 회사는 분명 앞으로도 사회에 긍정적인 기여를 할 것이며, 새로운 활력과 이른바 확실한 '기업운영에 대한 사회적 허가(social license to operate)'를 가지게 되었다. 사업계획 활동 수행 시 불확실성이 적고, 고려해야 할 중요 이슈에 대해 깊이 있고 수준 높은 지식과 시야를 가지고 있기 때문에 사업적 의사결정이 쉬워졌다.

변화를 만들어내는 것이 항상 쉽지만은 않지만, 우리는 (사업을 위해, 경력을 위해, 스스로의 만족감을 위해, 그리고 저자들이 알고 있는 것을 위해) 의미 있는 방식으로 사회에 봉사하고 있으며 그것이 올바른 길이었다고 자신 있게 말할 수 있다. 2031년 그리고 그 이후까지 이 여정이 계속되기를 기대하고 있다.

Notes

1   "For the good of all humanity".

2   Stringham, Edward Peter (2015). *Private Governance: Creating Order in Economic and Social Life*. Oxford University Press, p. 39.

3   Rushe, Dominic (2012, February 24). Monsanto close to "Agent Orange" settle—ment with US victims. *The Guardian*. Retrieved from www.theguardian.com/world/2012/feb/24/monsanto—agent—orange—settlement—west—virginia.

4   Davis, Melton S. (1976, October 10). Under the poison cloud. *New York Times*. Retrieved from www.nytimes.com/1976/10/10/archives/under—the—poison—cloud—the—toxin—that—escaped—from—an—italian.html.

5   Walters, Joanna (2014, March 24). Timeline: most notorious marine oil spills in history. *The Telegraph*. Retrieved from www.telegraph.co.uk/news/earth/environment/10717493/Timeline—most—notorious—marine—oil—spills—in—history.html.

6   Taylor, Alan (2014, March 14). The Exxon Valdez oil spill: 25 years ago today. *The Atlantic*. Retrieved from www.usatoday.com/story/news/nation/2014/03/21/exxon—valdez—25th—anniversary/6707983/.

7   Taylor, Alan (2014, December 2). Bhopal: The world's worst industrial disaster, 30 years later. *The Atlantic*. Retrieved from www.theatlantic.com/photo/2014/12/bhopal—the—worlds—worst—industrial—disaster—30—years—later/100864/.

8   Wiggins, Jenny (2008, December 3). Nestlé defends melamine record. *Financial Times*. Retrieved from www.ft.com/content/599aa718—c16f—11dd—831e—000077b07658.

9   Ferreira—Marques, Clara, and Kalra, Aditya (2015, June 5). Maggi withdraws all noodles in India after state bans and lead scare. Reuters. Retrieved from www.reuters.com/article/us—india—nestle—idUSKBN0OL03720150605.

10 Elkington, John (2018, June 25). 25 years ago I coined the phrase "triple bottom line". Here's why it's time to rethink it. *Harvard Business Review*. Retrieved from: https://hbr.org/2018/06/25—years—ago—i—coined—the—phrase—triple—bottom—line—heres—why—im—giving—up—on—it.

11 B Lab (2018, March 1). B Corp analysis reveals purpose—led businesses grow 28 times faster than national average. Sustainable Brands. Retrieved from https://sustainablebrands.com/read/business—case/b—corp—analysis—reveals—purpose—led—businesses—grow—28—times—faster—than—national—average.

어떻게 이곳에 왔는가

지속가능성과 지속가능개발목표(SDGs)에 대한
이야기

지속가능하게 리드하라
Leading Sustainably

─ "21세기 인간과 지구를 위한 헌장"

앞서 상상해 본 이상적인 미래에서 이제 한발 물러서서, 지속가능개발목표 (보통 'SDGs'라는 약자로 알려져 있음)로 이어진 모든 흐름과 이를 자체 비즈니스 모델에 적용하는 데 힘쓰고 있는 기업들에 대한 소개로 다시 새로운 이야기를 시작해 보고자 한다.

솔직히 여러분이 이 장을 읽지 않아도 기업의 현재 위치와 기업의 성장 측정·관리 방법을 가늠해 보는 이 연구의 설문조사 결과가 어떻게 나왔는지, 저자들이 발견한 SDGs 관련 모범기업 사례가 무엇인지 알 수 있다. 여러분은 이 장을 건너뛸 수 있으며, 설령 건너뛰더라도 SDGs의 출범을 생각 해보고 감안할 때 자신의 경력이나 비즈니스에서 가장 중요한 것이 무엇인지 파악할 수 있다.

그러나 기업 환경에서 SDGs와 지속가능성이 단순한 유행어나 겉치레식 관행이 아닌 진짜 이유를 알고 싶다면, 『지속가능하게 리드하라(Leading Sustainably)』를 읽어 나가는 동안 어느 시점에선가 이 장을 다시 읽어보고 싶은 생각이 들 것이다. 이 장에서 우리는 두 가지를 간략하게 설명할 것이다. 정부, 국제기구, 시민사회 및 영리기업이 지구상의 지역공동체에 대한 책임을 이해하는 방식을 바꾸기 시작했고 이 변화의 정점을 보여주는 것이 SDGs라는 점과, 기업이 사업 운영방식과 성과를 개선하기 위해 지속가능성을 수용하고 있는 사례가 어떤 것인지 설명하는 내용이다.

지루해지지 않도록 노력하고 있지만, 잡초처럼 생겨나는 국제조약과 국제회의, 정부 간 조직을 샅샅이 살펴보며 지나간다는 것이 어떤 것을 의미하는지 여러분도 이해할 것이다. 혹시라도 "현재 위치까지의 변천사" 장을 읽지 않고 지나갔다가 이어지는 내용이 도통 무슨 말인지 모르겠다 싶으면 나중에 다시 이 페이지로 돌아와 내용 전체를 읽어 보기 바란다.

━ SDGs란 무엇인가?

먼저 SDGs의 실제 구조에 대해 간단히 설명하면, 지속가능개발목표(SDGs)는 사회를 위한 "포괄적이고 광범위하며 사람 중심적인, [17개의] 보편적이고 변화를 만드는 목표"[1]로서, 2015년 "세상의 변화와 혁신: 2030 지속가능개발의제"를 선언한 제70차 유엔 총회에서 회원국 대표들에 의해 만장일치로 공동 작성되고 합의된 국제 목표다. 이 목표는 구체적으로 다루게 될 분야에 따라 지구의 생물권(환경), 사회(보편적 사회문제) 그리고 경제 영역으로 구분할 수 있다.

SDGs는 합의된 우선순위에 따라 번호가 매겨지고 나열된다. 즉, 가장 시급한 것이 빈곤(1)과 기아(2)의 종식이라고 한다면, 평화, 정의, 강력한 제도(16)와 목표를 위한 파트너십(17)은 중요하지만 순서상 나중에(물론 우선순위가 더 높은 목표 달성에 도움이 될 수 있음)나오는 목표다.

또한, 이 목표에는 2030년이라는 기한이 있는데 유엔이 '2030 지속가능개발의제'라는 기치 아래 각각의 목표를 2030년까지 달성하는 것을 목표로 삼았기 때문이다.

이 목표들은 약 50년 전으로 거슬러 올라가는 일련의 회의에서 논의된 내용에 바탕을 두고 있으며, 5년에 걸쳐 진행된 포괄적인 유엔 협의 과정에서 최종적인 형태를 갖추게 되었다. 이 목표는 회원국 대표들의 합의를 통해 만들어졌으며, 만장일치로 채택되었다.

이제 조금씩 복잡해지기 시작한다. 17개 지속가능개발목표 아래에는 달성하고자 하는 바를 자세히 설명하는 169개의 세부목표와 진척상황을 측정하는 방법을 보여주는 232개의 지표가 있다. 이러한 세부목표와 지표는 국가 차원의 이행 의지를 표현하고 있으며, 모든 국가에 적용할 수 있는 공통의 표준화된 지표를 사용한다. 이 과정에서 국가가 내부적으로 개선해야 할 사항과 목표 진척을 위한 관련 정책 수립기관에 대한 가이드 역할을 한다.

유엔은 "지속가능개발목표(SDGs)와 세부목표가 다양한 국가 현실, 역량 및 개발 수준을 고려하며 국가 정책과 우선순위를 존중하므로, 통합적이고 불가분하며, 글로벌하고 보편적으로 적용 가능하다"고 명시하고 있다.[2] 유엔이 국가들의 목표 이행을 지원하기 위해 노력하고 있지만 SDGs를 달성하기 위한 정책 및 조치를 어떻게 마련할 것인지는 국가 스스로 결정해야 한다. SDGs는 법적 구속력이 없기 때문에 각국은 자체 목표를 결정하며, 후속 조치 제안과 검토 과정은 정부 주도 하에 자발적으로 진행된다. 의무나 처벌은 없지만, 국가 차원의 자발적 검토는 매년 여름 뉴욕에서 열리는 (지속가능을 위한) 유엔 고위급정치포럼(HLPF)에서 진행된다. 이 포럼을 통해 유엔의 활동이 거둔 성과를 평가하고, 각국은 원하는 바에 따라 목표에 대한 진척상황을 보고할 수 있다.

목표 달성 시한인 2030년이 채 10년도 남지 않은 시점에서 유엔은 의제의 전반적인 진척상황을 내부적으로 평가하게 될 것이며, 이 과정에서 얻은 교훈에 따라 SDGs의 구조를 업데이트하고 발전시켜 나갈 수 있다. 사실상 SDGs의 목적과 가치는 국가들이 우리 시대의 가장 심각한 인류의 문제를 어떻게 관리하고 있는지에 대한 공통된 이해를 뒷받침하는 일종의 프레임워크가 되는 데 있다.

각 목표에 대한 진척상황은 저명한 경제학자인 제프리 삭스(Jeffrey Sachs)가 이끄는 유엔 자문기관 지속가능발전해법네트워크(Sustainable Development Solutions Network) 사무국과 독일의 베텔스만 재단(Bertelsmann Stiftung) 간의 파트너십을 통해 매년 독립적으로 추적·보고되고 있다. 베텔스만 재단은 모든 목표에 대한 국내 진척상황을 국가별로 비교 분석하여 순위를 매김으로써 각국의 성과를 제시한다.

솔직히 말하면, 2020년 현재 국가들은 (개별적으로도, 전체적으로도) 2030년까지 목표를 달성하기 위해 수행해야 하는 SDGs 세부목표 측면에서 필요한 진전을 거의 이루지 못하고 있다. 국가들은 SDGs 이행을 위해 노력한 지 5년밖에 되지 않았다고 여유롭게 생각하겠지만, 상황을 직시하면서 자금 조달, 신기술 적용, 역량 강화, 무역·정책 개선을 통해 자국의 목표를 상향하고, 더 나아가 글로벌 목표 달성에 박차를 가해야 한다. 이러한 노력이 우리를 17번째에 기재된 마지막 목표인 글로벌 파트너십으로 이끌어 나간다.

17번째 목표는 "정부, 시민사회, 민간부문, 유엔 체계 및 기타 행위자들이 함께……모든 가용자원을 동원"해야 한다고 명시한 점에서 SDGs 전체 성공에 필수적인 것으로 여겨진다.[3] 이러한 파트너십은 지식을 공유하고, 실질적인 이행 노력을 지원하며, 2030년까지 목표를 달성하기 위한 비용을 분담하는 데 필요하다.

유엔무역개발회의(UNCTAD)에 따르면, 그 비용은 적게는 5조 달러에서 많게 는 7조 달러로 추산된다.⁴ 현재 개발도상국 내 투자 격차는 약 2조5000억 달러 에 달한다. 그 격차의 상당 부분이 해당 국가 내의 투자재원으로부터 조달될 수 있지만, 나머지(현재 연간 필요한 투자자금의 1/10 수준임)는 개인투자자 또는 해외 직접원조(Overseas Direct Aid)로부터 나와야 한다. UNCTAD의 제안에 따르면, 이 투자 격차는 개인투자자, 국유기업 및 국부펀드의 투자모국(母國)과 투자유치 국(誘致國), 다국적기업 및 다자개발은행 간의 파트너십을 통해 좁힐 수 있다.⁵

이 책을 위한 연구조사 과정에서 우리는 모든 분야의 투자자들(소셜임팩트 분 야 투자자, 보험펀드 매니저, 인프라펀드 매니저 등)이 지속가능개발목표(SDGs) 투 자 시 발견되는 기회에 대해 실제로 대화를 나누고 있으며, SDGs 투자를 타겟 으로 하는 펀드를 적극적으로 조성하고 있음을 발견했다. 그들이 얼마나 빨리 그 격차를 해소할 수 있을지는 아직 알 수 없지만, 그들은 투자 격차 해소가 목 표 달성 실패로 인한 사업 위험을 피하는 데 도움이 될 뿐 아니라 이를 기반으 로 수익성 높은 신사업 기회를 발굴하는 데 유리한 입지를 확보할 수 있다고 믿고 있다.

우리는 그러한 자본운용자들이 투자에 대한 관심과 의지가 높고, 투자자 입 장에서 현금 파이프라인에 포함시키고 싶어 할 만한 프로젝트도 상당수 있다는 것을 알게 되었다. 하지만 아직은 운용자와 투자자 사이에는 메워져야 할 약간 의 단절이 존재하는 것으로 보인다. 이것은 의사소통과 기대, 위험 수용의 문제 이며, 궁극적으로 자금 격차를 줄이기 위해서 이러한 문제를 탐색·이해·해결해 나가야 한다.

국가들이 정책 및 조치 수립에 있어 충분한 속도를 내지 못하는 와중에도, (그러한 투자자와 마찬가지로) 전략과 운영을 SDGs를 위한 기회와 비즈니스 사례에 맞춰 조정하는 데 앞장서고 있는 기업들이 있다. 이 책은 그러한 기업들을 소개하기 위해 쓰여졌으며, 현명한 자본의 지원을 받는 업계 리더들이 어떻게 지속가능성을 우선순위로 삼고 있고, SDGs의 이행과 성공을 견인하고 있는지 보여주고 있다.

솔직히 말하자면, 이 추세는 그리 새롭다고 보기는 어렵다. 지속가능성이 기업의 운영 방식을 개선할 수 있는 강력한 도구로 받아들여진 시점은 적어도 1990년대가 출발점이라고 볼 수 있기 때문이다. 하지만 지속가능성 사고의 중요성과 활용이 공공권(公共圈)에서 더 쉽게 인식되고 논의되기 시작한 것은 SDGs가 출범한 바로 지금이다. 우리가 어떻게 여기에 오게 되었는지 살펴보자.

一 지속가능개발목표(SDGs)에 이르는 길

국제적 합의, 환경의식, 사회발전을 이롭게 하는 기업의 부상

유엔에서 SDGs 아이디어가 처음 등장한 것은 1972년 스톡홀름에서 개최된 유엔인간환경회의(UN Conference on the Human Environment)에서였다. 이 회의는 원래 인간과 자연환경에 초점을 두고 계획되었으나 각국 대표단 간의 대화는 금세 인권 문제와 개도국·선진국 간의 관계에 집중되었다. 인간에 대한 이러한 관심과 환경에 대한 관심 사이의 긴장은 지난 2019년 칠레 산티아고에서 열린 유엔 파리협정 협상을 비롯해 (개발대상을 주제로 한) 이후의 모든 국가 간 대화의 핵심이었다.

1972년 인간환경회의의 마지막 세션에 참석했던 당사자들은 환경문제 해결 행동을 위한 26개의 원칙과 109개의 권고안을 구체적으로 개괄하고, 공정한 국제·국내 정책 개발을 지원하는 최종 문서를 작성했다. 본질적으로, 이러한 노력 안에는 SDGs에 대한 오늘날의 비전을 구성하게 될 주요 주제(예 환경·사회·경제·개발주제를 다루는 데 있어서의 진보와 포용, 공정성, 번영 등)가 압축되어 담겨 있었다.

그러나 SDGs 수립의 바탕이 되는 전체적인 배경은 20세기 사회·경제·환경·비즈니스 발전의 과정 중 하나로, 글로벌 차원에서 함께 모여 이 세계가 처한 상황을 파악하고 필요한 조치를 취하기 위한 새롭고 강력한 방법을 강구하는 것이다. 철학과 정치적 이상, 시장 이니셔티브, 환경운동, 새로운 경제·사회적 사고, 인본주의적 도덕적 의무, 제국과 식민지에 대한 역사적 재평가의 조합이 유엔 임무의 진화과정에 반영되었다.

일반적으로 이러한 진화는 유엔이 최우선 과제로 삼고 있는 국제 평화 유지를 넘어 모두를 위한 진보라는 공유된 비전으로 발전해 나가는 모습과 그 비전을 표현하는 세계적인 움직임을 나타낸다고 할 수 있다. 이 비전은 사회가 모든 사람에게 평등하고, 기업 및 지역사회가 환경 파괴를 막기 위한 선한 관리자가 되어야 하고, 천연자원을 감독하고 적절히 관리할 때에만 세계 평화가 가능하다는 인식에서 출발한다.

SDGs의 출범으로 대표되는 전 세계적 합의는 기업 철학과 관행의 진화, 특히 20세기 중반으로 거슬러 올라가는 기업의 사회적 책임에 대한 구체적인 이해와 얽혀 있다. 급속한 산업화에 대응하고자 기업은 내부 운영의 사회·환경적 원칙을 재수립하기 시작했는데, 이 원칙은 자본주의 메커니즘이 점점 더 확산해 나가던 20세기 중후반에는 우선순위에서 자주 밀려나곤 했다.

19세기 중반에 발현한, 기업의 책임에 대한 아이디어(오늘날 우리가 알고 있는 기업의 사회적 책임(CSR) 개념보다 훨씬 이전에 있었던)를 시발점으로, 환경 및 지역사회 문제에 초점을 맞춘 공개적인 논의가 산업혁명의 확장기 동안 이루어졌다. 1990년대 후반에 접어들면서 이러한 아이디어는 기업들이 자사의 ESG(환경적·사회적·지배구조) 입지를 파악·보고·개선하는 데 필요한, 잘 정의된 일련의 기준으로 통합되었다.

처음 등장한 2000년대 초반부터 지금까지 사회에 대한 기업의 의무를 확인하기 위해 사용되어 온 ESG 아이디어는, 보편적 합의를 이끌어내기는 했지만 정의가 확립되지 않은 개념이었다. 하지만 최근 기업 환경 내 ESG 이슈와 광범위하고 관련성이 높은 지속가능성 관행에 대한 전략이 이해·측정·보고·정의하는 원칙, 프레임워크 및 표준화기구로 구성된 강력한 생태계를 갖추게 되면서 보다 확실한 개념으로 변신했다.

지속가능개발목표(SDGs)의 수립과 SDGs가 기업에 미치는 영향을 이해하기 위해, 우리는 이 책에서 여러 아이디어의 기원을 관심 있게 다룰 것이다. 기업 환경에서 실행되는 지속가능성의 기원을 비롯하여, 국제 협약, 인권과 지속가능한 발전의 개념, 유엔과 산업계 간의 진정으로 의미 있는 파트너십 등을 살펴볼 것이다.

오늘날 우리로 하여금 세계를 색다른 관점으로 바라보게 만드는 대부분의 국제적 활동이 국제 거버넌스보다는 국제적 합의에 기반을 두고 있다는 점은 처음부터 주목할 가치가 있다. 그들이 시도한 것은 '세계정부'가 아니었다. 그들은 오히려 세계 여러 나라와 협력하여 규범처럼 다스려야 하는 규정이 아니라 그들 모두에게 매우 중요하고 함께 지켜야 할 원칙으로 정의되는 주제에 대한 합의를 이끌어냈다. 이는 SDGs가 채택된 오늘날에도 유효하다.

따라서 이것은 일방적으로 의무를 부과하는 것이 아닌, 자발적 합의 주도형 프레임워크다. 이 프레임워크의 저력은 바로 '합의'에 있다. SDGs는 본질적으로, 우리 모두가 같은 세상에 살고 있고 지구를 위한 전략이 필요하다는 인류 공통 가치에 대한 인정이다. 오늘날 기업들은 이러한 상호의존성을 이해하고 있고, 전 세계의 다른 많은 단체보다 빨리 개선하고 행동에 나설 수 있다는 것을 보여주려 노력하고 있다.

━ '연결되어 있는 세계'

과거로부터 살펴본 국제적 합의의 역사는 여기서 잠깐 멈추고, 18세기 말 독일 철학자 임마누엘 칸트(Immanuel Kant)가 펴낸 에세이 『영구평화론』으로 방향을 바꿔 보자.[6] 『영구평화론』은 국제연합의 철학적 비전, 즉 유엔 창설의 근간이 될 비전을 확립한다. 상비군 보유를 금지하고, 공화국으로의 체제 전환을 수용하는 등 다분히 희망적인 제안이다. 또한, 칸트의 이 저서는 우선적으로 적용되는 '국제법'을 수용하는 것을 각 국가가 두려워하고 앞으로도 두려워할 것이라는 점을 인정하면서 세계정부 대신에 자유국가연합을 제안한다는 점에서 현실적인 측면도 있다.[7]

시대를 앞선 이론이기도 했다. 19세기에 들어서자 비록 정치적이고 상업적이기는 했지만 최초의 국제적인 연합이 등장했고, 대부분 유럽과 북미에 국한되어 있었기 때문에 국제기구 발족에 탄력이 붙기까지는 상당한 시간이 걸릴 터였다.

1814년 비엔나회의는 200여 개 유럽 국가 대표가 참석해 국제조약을 공동으로 결정했던 최초의 집단 회합이었다. 이전에 국가들은 대표단과 친서(親書)를 통해 일대일로 그러한 협정을 체결했다. 비엔나회의는 나폴레옹이 패배한 후 유럽의 질서를 재편하기 위해 소집되었으며, 일반적으로 서양 근대정치 시대의 기원으로 여겨진다. 이 회의를 국제연합이라는 개념을 향한 최초의 실질적인 발걸음이라고 생각해도 무방하다.

하버드대 교수이자 역사가인 이리에 아키라(Akira Iriye)에 따르면, 비엔나회의에 참석했던 독일, 벨기에, 프랑스, 네덜란드, 스위스 대표들이 주축이 되어 라인강 항해 중앙위원회(Central Commission for Navigation on the Rhine)를 창설했으며, 이는 최초의 현대적 정부 간 협정이라고 표현하고 있다.[8]

그러나 여전히 전쟁은 계속해서 유럽을 괴롭혔고, 1863년 분쟁으로 인한 부상자 치료와 의료진을 보호하기 위한 방법을 결정하기 위해 국제부상자구호위원회(International Committee for Relief to the Wounded)가 소집되었다. 이 회의는 결과적으로 12개국 정부 대표가 서명한 제네바협약의 탄생으로 이어졌는데, 이는 전쟁 중 고통받는 군인의 인도적 처우에 관한 국제법 표준에 관한 최초의 국제 협정이었다. 국제부상자구호 상임위원회는 1876년 국제적십자위원회(International Committee of the Red Cross, ICRC)로 개명되면서 최초의 국제 비정부 기구 중 하나, 즉 독자적인 INGO가 되었다.

19세기 후반에는 이러한 국제적인 NGO형 단체가 급속도로 성장하였다. 이리에 아키라(Akira Iriye)는 "1850년 이전에는 그러한 국제 비정부 기구가 소수에 불과(한 조사에는 5개였다고 나와 있음)했지만, 1800년대 후반에는 더 많은 수의 비정부 기구가 설립되었다는 데 대부분의 연구자들이 동의하고 있다(예를 들어

1890년대의 경우 매년 10개씩 설립됨)"고 지적한다.[9]

적십자사 창립의 뒤를 이어, 사무적 관행을 다루기 위한 최초의 국제적인 정부 간 활동이 펼쳐졌고, 그 결과 1865년에는 국제전신협약(International Telegraph Convention)이, 1874년에는 만국우편연합(Universal Postal Union)이 설립되었다. 이 협정들은 굳이 국가 간 개별조약을 체결할 필요 없이 국제 상업표준으로 대체할 수 있도록 하기 위해 구상되었다. 의사소통을 위한 첫 번째 활동은 당연히 국경 너머를 조사하는 것이었으며, 두 기구는 창설 과정을 통해 국제단체 및 국제협약의 성장을 가속화하는 데 도움을 주었다. (두 기구 모두 지금까지 활동을 계속하고 있다.)

첫 번째 제네바 협약을 기반으로 한 1899년 헤이그 평화회의(Hague Peace Conference)는 전쟁 수행 시 용인될 수 있는 선을 정하기 위해 러시아 황제 니콜라이 2세의 주도하에 개최되었다. 1899년에 열린 제1차 헤이그회의와 1907년에 열린 제2차 헤이그회의는 세계의 모든 지역을 대표하는 '열강(列强)'의 선택에 의해 비준된 최초의 의미 있는 협정이었다는 점에서 매우 중요하다. 이 단계에 이르자 세계 협약은 서구를 넘어서는 양상을 보인다. 1888년 회합에는 중국, 일본, 그리고 지금의 태국의 대표자가 참석하고, 1907년에는 아프리카를 제외한 모든 대륙의 국가들이 각종 협약에 서명하게 된다.

제1차 헤이그 평화회의에는 26개국이 참석했으며, 제2차 회의에는 46개국의 대표단이 참석했다. 제2차 세계대전 전까지 약 50개국이 최종 협정의 일부분에 서명했다. 헤이그협약과 그보다 앞서 채택된 제네바협약은 국가와 지역 전반에 걸쳐 일반적으로 용인되는 '정치적' 행동을 결정하기 위해 만들어진 국제법에 대한 최초의 성공적인 글로벌 협정이었다.

1907년 브뤼셀에 (원래는 국제협회 본부였던) 국제협회연합(Union of International Associations)이 설립되었다는 것은 NGO와 유사한 국제기구의 수가 협회의 연간 활동 범위를 보장할 만큼 충분히 많았다는 명백한 증거라고 볼 수 있다. 이 협회는 오늘날에도 『국제기구 연감』 발행을 통해 NGO 활동에 대해 정기적인 보고를 하고 있다.

20세기 역사를 되돌아볼 때, 전 세계 국가에서 같은 생각을 가진 사람들, 그리고 국경을 초월한 기업들이 연결되는 것이 서로를 더 잘 이해할 수 있는 상황으로 이어지지 않았다는 것은 꽤 명백해 보였다. 오히려 그러한 연결은 국제적 폭력과 국내의 착취 및 불평등이 발생하면서 20세기 상반기를 위험한 시기로 만들었다.

제1차 세계대전의 여파로 창설된 국제연맹(League of Nations)은 헤이그와 제네바 협정 아이디어를 바탕으로 평화의 가능성을 높이려는 시도였다. 우선 국제연맹은 군비 축소를 통해 전쟁을 방지하는 데 주력했다. 알려진 바와 같이, 이 군축 활동 또한 실패로 돌아갔지만 그 과정에서 국제노동기구(ILO)를 탄생시켰다.

ILO는 당초 1차대전 이전에 구상되었으나 노동자의 생활·노동 환경 개선 임무를 수행하기 위해 1919년에 국제연맹과 같은 시기에 설립되었다. 정치적 활동에 초점을 맞췄던 연맹은 원래 의도한 바를 효과적으로 수행할 조직을 구성하지 못한 데 반해, ILO는 노동계 환경 개선 문제를 다룸으로써 더 큰 성공을 거두었다. ILO는 1946년 유엔 산하 기구로 편입되어 오늘날까지 활동하고 있다.

ILO는 국제연맹이 시도했던 것처럼 정치적 수단을 동원하여 분쟁 중인 국가들에게 무장해제를 요구하기 보다는, 만국의 시민들을 위한 공평한 경쟁의 장을 만드는 것이 평화를 확립할 수 있는 유일한 길이라고 믿으며, 노동자를 위한 인도적 조건을 보장하는 방향으로 국가를 안내하기 위해 노력했다. 국제노동기구 헌장 전문은 "보편적이고 항구적인 평화는 사회정의에 기초함으로써만 확립될 수 있다"고 천명함으로써 이 임무에 초점을 두고 있음을 명백히 하고 있다.[10] 사회적 대의에 초점을 맞춘 ILO의 미션은 지속가능한 발전을 통해 사회 전반에 걸쳐 공정성을 창출하고, 이를 갈등을 방지하는 수단의 하나로 활용하려는 유엔의 21세기 전신(前身)과도 같다.

이 무렵, 산업계는 1926년 만국규격통일협회(International Federation of the National Standardizing Associations)를 창립하는 등 시장을 통합하고 확장했다는 점에서 중요한 발걸음을 내딛고 있었다. 상업시장에서 제품 및 공정에 대한 표준을 설정하는 것을 목표로 했던 이 기구는 제2차 세계대전 때 국제표준화기구(International Organization for Standardization, ISO)로 이름을 바꿨다.

ISO는 여러 생산원(제조기업)이 만들어내는 다양한 제품의 품질과 안전성에 대한 공통 기대치를 보장함으로써 국가 및 지역 경계를 넘어 조화로운 시장의 개발을 지원해 왔다. ISO의 성장과 수용은 오늘날 세계화를 위한 발판을 마련했으며, 최고의 사업 관행을 바탕으로 예상되는 기준을 확립함으로써 시장의 지역적 특성을 배제하는 데 주력했다.

━ '선진국'과 '개도국'의 기본권에서의 하나의 전환점

역사학자 이리에(Iriye)는 자신의 저서인『글로벌 커뮤니티: 현대 사회 만들기에서 국제기구의 역할』에서 제2차 세계대전을 '초국가적 연결' 발달 곡선의 변곡점으로 묘사했다. 세계는 이 역사적 시기를 거쳐 연결에서 진정한 상호의존으로 변환하게 된다는 뜻이다.

이러한 변화는 기본적인 인권에 대한 특정 기준을 국제적으로 촉진하겠다는 생각을 내놓은 미국에서 시작된다고 가정할 수 있다. 1941년 미국이 제2차 세계대전에 개입할 무렵, 미국 제32대 대통령인 프랭클린 D. 루즈벨트는 이른바 '네 가지 자유'로 알려진 국정연설을 했다. 루즈벨트는 이 자유의 의미는 해외로 확장되어야 하고 국가의 정치·군사적 행동을 결정하는 데 사용되어야 하는 등 미국 민주주의의 핵심 가치를 설명하면서 '결핍으로부터의 자유'를 네 가지 자유 목록 중 세 번째에 포함시켰다.

루즈벨트 대통령은 결핍으로부터의 자유가 뜻하는 바를 '적절한 의료 서비스를 받을 수 있는 기회', 사회적 평등과 안전, 동등한 기회와 시민적 자유의 보호라는 말로 설명했다.[11] 그 연설은 유엔 설립에 영감을 주었으며, 영부인 엘리너 루즈벨트 (Eleanor Roosevelt)는 이러한 아이디어를 바탕으로 설립된 유엔 인권위원회(UN Commission on Human Rights)의 의장으로 참여하며 5년 동안 위원회를 이끌기도 했다. 1948년 그녀의 주도하에 세계인권선언문 문안 작업이 마무리되었고, 58개 유엔 회원국이 투표에 참여하여 48개국이 찬성(나머지는 기권)하여 정식 채택되었다.

루즈벨트 대통령의 후임인 해리 트루먼 (Harry Truman) 대통령은 1949년 두 번째 취임식(1945년 루즈벨트 대통령의 갑작스런 사망으로 부통령에서 대통령직을 승계한 뒤 1948년 연임에 성공)에서 세계의 거의 대부분이 '저개발' 상태라는 자신의 생각을 처음으로 공언했다. 트루먼은 선진 산업과 과학기술을 획득한 선진국과 그 반대에 있는 '비참에 가까운 여건 속에서 살고 있는' 저개발 국가들 사이의 간극을 설명했다. 그는 "그들의 식량은 충분하지 못하다. 그들은 질병의 희생자들이다. 그들의 경제적 생활은 원시적이고 정체되어 있다. 그들의 빈곤은 그들 자신과 더 잘사는 지역 모두에 장애이자 위협"이라고 설파했다.[12]

트루먼의 말과 마찬가지로 2015년 수립된 지속가능개발목표(SDGs)의 개념과 구조 역시 근본적으로 선진국과 개발도상국의 뚜렷한 차이에 대한 사고의 진화로부터 정보를 얻고 있다.

트루먼은 취임사를 통해 원대한 야망과 이상주의의 공평한 기회를 내세우며, 미국인들의 책무를 다음과 같이 제안했다.

> "우리는 평화를 사랑하는 사람들이 보다 나은 삶에 대한 열망을 실현하도록 돕기 위해, 우리가 갖고 있는 풍부한 기술 지식의 혜택을 그들이 받을 수 있게 하고, 다른 국가들과 협력하여 개발을 필요로 하는 지역에 자본 투자를 촉진해야 한다.
>
> 우리의 목표는 세계의 자유 국민들이 스스로의 노력을 통해 더 많은 식량·의류·주택자재 및 그들의 짐을 덜어줄 기계적 동력을 생산하는 것을 돕는 것이어야 한다. 우리는 이 과업에 다른 국가들이 자국의 기술 자원을 공동 출자하도록 권유한다. ...... 그러한 새로운 경제발전은 발전이 구현되는 지역의 국민들에게 이익이 되도록 고안되고 통제되어야 한다. *투자자에 대한 보장은 이러한 발전에 자원과 노동력을 투입한 사람들의 이익 보장과 균형을 이루어야 한다.*"[13]

이것이 실제로 어떻게 작동했는지를 놓고 의견이 엇갈릴 수 있다. 즉, 세계의 절반을 '수준 미달'로 분류한 것이 부당한 것인지, 그게 아니면 더 큰 공동 번영을 일구어 내기 위한 대담하고 관대한 활동인지, 아니면 선의가 남긴 뼈아픈 교훈이자 신식민주의의 시작이었는지 여부이다.

당시 현실은 이러했다. 식민제국의 해체와 제2차 세계대전의 영향으로, 식민제국들은 사회 기반 시설이 파괴되고 천연자원은 고갈되거나 부족해지고 외부 기관에 본국 경제를 의존하게 되는 등 미증유의 유산을 남겼다. 트루먼의 대응은 선진국과 기업들에게 사업을 하면서 사회에 도움이 되라고 공식적으로 요구한 것이었다.

　나중에 '개발이론'으로 정립된 이 요구는 지속가능성에 초점을 맞춘 현재의 접근방식을 취하기 전에 실제로 여러 단계를 거쳐야 했는데, 공식적으로 언급된 원대한 목표를 달성하기 위한 공정하고 효과적인 방법을 찾기 위해 고군분투해야 했기 때문이다. 처음에 선진국들은 개발도상국을 산업화하기 위해 때때로 마구잡이식 돌진을 조장하고 가능하게 했는데, 이는 선진국이 트루먼의 행동 촉구를 따르든, 자국 내 요구를 따르든, 현대 자본주의의 자연스러운 발전에 휩쓸리든 마찬가지였다.

　냉전 시대의 언어로 말하면, 산업기반이 없는 개발도상국은 처음에 '제3세계' 국가로 간주되었고, 이는 그들이 서구 자본주의와 소련 공산주의의 영역 밖에 있음을 의미했다. 실제로 제3세계 국가에서 계획된 대규모 인프라 프로젝트를 통해 현대 산업에 필요하다고 생각되던 도로, 공장 및 교통의 중심지가 증축되었다.

　하지만 그러한 프로젝트를 운영하거나 때로는 필요한 원자재에 접근할 수 있는 적절한 기관이 없는 나라도 있었기 때문에 이러한 전략이 항상 성공적인 것은 아니었다. 그래서 올바른 모델을 찾기 위해 구조주의, 의존성, 기본 욕구 및 신고전주의 이론을 포함한 일련의 다양한 이론이 적용되었다. 1960년대와 1970년대에는 프로젝트의 방향이 산업화에서 인적 자본의 개발과 경제·사회적 원조의 전달로 초점이 바뀌었다. 1980년대에 들어서 신고전파 경제이론의 입지가 강화되면서, 발전 방향은 (논란을 불러일으킬 수 있는) 무제한적 자유무역을 촉진하는 쪽으로 정해졌다.

　이 모든 과정이 2030 의제를 지지하는 현재의 합의에 힘입어, 지속가능한 발전이라는 SDGs의 개념으로 대체되고 있다. 선진국과 개발도상국의 개념(보통 '서구'와 나머지 국가들 사이의 개념으로 여겨지는)은 여전히 존재하지만, 새롭고 좀 더 정교한 이해를 바탕으로 전 세계 국가를 '북반구(Global North, 선진국을 지칭)'와 '남반구(Global South, 개도국을 지칭)'로 묶어 재정의하였다. 남반구는 일반적으로 식민 통치 경험을 가진 국가들로 구성되어 있으며, 식민주의 열강에게 빼앗겼던 이전 영토의 청산을 강력하게 요구하고 있었다.

　이러한 구분은 국가들이 서로 다른 출발점에 있고, 각기 다른 양의 영향에 대해 책임을 져야 하며, 일부 국가는 다른 나라에게 진 빚을 인정해야 (전체 또는 부분 상환은 받지 못한다 하더라도)한다는 것을 분명히 보여준다. 이러한 생각은 SDGs가 완성될 때까지 점점 강력해진 유엔 회의 선언문에 명시된 많은 원칙들에 들어 있는 언어를 알려주고 있는데, 그러한 언어를 통해 국가마다 임의의 권고안과 행동 촉구에 응답할 수 있는 능력과 책임이 다르다는 것을 알 수 있다.

따라서 파리협정 및 2030 의제와 같은 국제 프로젝트에 대한 대화의 배경에 이러한 발전 방향이 바탕이 되고 있으며, 그러한 프로젝트는 뒤쳐지는 사람없이 모두가 함께 활동에 동참할 것을 요구하고 있다. 1992년 채택된 '환경과 개발에 관한 리우 선언(Rio Declaration on Environment and Development)'은 "선진국은 그들이 지구 환경에 끼친 영향과 그들이 보유하고 있는 기술 및 재정 자원을 고려하여, 지속가능한 발전을 추구하기 위한 국제적 노력에 있어 분담해야 할 책임을 인정한다"는 생각을 공식 명문화했다.[14]

잠시 뒤로 물러나 전후 몇 년 동안 진화해 온 국제적 발전에 대해 생각해보자. SDGs의 진정한 기원은 1972년 스톡홀름에서 개최된 유엔인간환경회의(UN Conference on the Human Environment)의 구체적인 목표보다 앞선다고 할 수 있다. 17개 목표는 실제로 1945년 유엔 창설 시 최초 회원국이었던 51개국에 의해 비준된 유엔헌장 원칙의 논리적 결론이며, 현대 산업 세계 발전의 부정적인 측면에 대한 대중의 인식이 높아짐에 따라 함께 성장했다. SDGs의 기본 비전은 유엔의 세계인권선언(Universal Declaration of Human Rights) 25조("모든 사람은 식량, 의복, 주택과 의료 및 필요한 사회서비스 등 자신과 가족의 건강과 안녕에 적합한 생활수준을 누릴 권리를 갖는다"라고 규정함)에 포함되어 있다.[15]

지구, 인류를 위한 단 하나의 우주선: 한계가 보인다

여기서 잠시 유엔을 중심으로 한 사고의 진화에 대한 생각을 잠시 멈추고, 1950년대와 1960년대에 대중에게 널리 퍼진 환경의식의 출현과 환경운동의 시작을 살펴보자.

환경보전운동은 1800년대에 시작되어 20세기 중반까지 점차 탄력이 붙었다. 영국에서의 보전운동은 조류 보호로부터 시작되었고, 미국에서는 '개척시대의 황량한 서부'의 자연미에 대한 인식으로 시작되어 동식물을 보호하고 공기와 물의 오염을 방지하기 위한 정부 법안이 통과되었다. 자연에 대한 관심은 왕립조류보호협회(1889)와 시에라클럽(1892)과 같이 그러한 정책을 옹호하는 비정부 기구의 창설로도 이어졌다.

1948년에 이르러 세계자연보전연맹(International Union for Conservation of Nature)이 설립되면서, 환경보호 단체들은 전 세계적으로 진출했으며, 얼마 지나지 않아 1961년에는 세계자연기금(World Wildlife Fund)이 설립되었다.

산성비, 스모그, 오염된 식수 시스템 문제가 확인된 것은 1800년대 중반의 일이다. 제2차 세계대전 이후 미국에 급속한 산업화가 진행되면서 기업은 점차 야생 동식물과 인간이 살아가는 자연환경 악화의 원인에 들어가 있는 것이 기업 자신이라는 사실을 알게 되었다.

미국 해양생물학자이자 작가인 레이첼 카슨(Rachel Carson)은 1962년 저서 『침묵의 봄』에서 산업 관행의 환경비용에 대한 일차적 질문을 과감하게 던졌다.[16] 심도깊은 연구와 동료 과학자들의 평가를 거친 결과, 『침묵의 봄』은 미국에서 살포용으로 광범위하게 사용되는 화학물질 DDT와 기타 살충제가 환경과 인간에게 미치는 위해를 폭로할 수 있었다.

카슨은 화학산업에서 우군을 한 명도 만들지 못했다고 해도 과언이 아니지만, 그녀는 공개포럼을 통해 새로운 인식을 만들어냈고, 이는 다수의 풀뿌리 환경운동의 등장으로 이어졌다. 1967년에는 비영리 기관인 환경보호기금(Environmental Defense Fund)이, 1970년에는 미 환경보호국(EPA)이 설립되었는데 두 기관 모두 카슨의 연구 및 저서에서 영감을 받아 설립되었다고 할 수 있다.

1966년 뉴욕시 스모그 비상사태, 1969년 캘리포니아 산타바바라 기름유출 사고, 1969년 클리브랜드 쿠야호가(Cuyahoga)강 화재 등 (1952년 영국에서 런던 스모그 사건이 발생한 이후) 미국에서 발생한 일련의 환경재해는 억제하지 않고 놔둔 기업과 시민 관행의 위험을 보여주는 뚜렷한 증거의 또 다른 출처이다. 미 환경보호국 설립에 이어 유럽경제공동체(European Economic Community)의 첫 번째 환경행동 프로그램이 1973년에 창설되면서 정부의 법률과 규정은 환경보전과 살충제 사용뿐만 아니라 인간의 영향과 산업화로 인해 야기된, 당시의 긴급한 다른 문제들까지 다루기 시작했다.

다뤄야 할 문제의 범위로는 폐수 오염, 고형폐기물 정책, 차량 배기가스, 스모그와 대기질, 기름유출 오염, 산성비, 오존층 파괴, 화학물질 및 독성물질의 통제, 삼림·바다·어업 관리 등이 있었다. 이는 산업에 대한 통제로 이어져 최초의 환경 정책 및 규정을 통해 공식화되었다.

개발도상국을 산업화하기 위해 돌진하는 과정에서 직면하게 된 자연의 연약함에 대한 인식은 '우주선 지구호'라는 개념에 영감을 주었으며, 이 비유는 20세기 교육자이자 사상가인 케네스 에워트 볼딩(Kenneth Boulding)과 버크민스터 풀러(Buckminster Fuller)의 에세이에 언급되어 있다.[17] 이 두 학자들에 의해 사용된 '우주선 지구호' 프레임에는 원래 경제학에서 가정했던 관점(관리 가능한 인구 규모가 이용할 수 있도록 천연자원이 끝없이 공급되는 지구라는 관점)에서 인류는 유한한 자원을 가진 지구라는 행성 내에서 살아야 한다는 관점으로의 근본적인 변화가 반영되어 있었다. 개방형 시스템 관점에서 폐쇄형 시스템 관점으로의 전환, 또는 "카누는 섬이고, 섬은 카누"라는 하와이 원주민들의 말과 같은 사고 전환이었다.

세계 인구가 증가하고 모든 종류의 자원 수요 증가 속도가 점점 빨라지는 것을 보면서, 볼딩과 풀러는 현 세대와 미래 세대를 위한 가용자원의 양을 초과하지 않도록 환경과의 자연스러운 균형을 유지하는 지구의 관리인이 필요하다는 것을 깨닫게 되었다.

1968년, 로마클럽(Club of Rome)은 유한한 자원을 가진 행성에서 산다는 것이 무엇을 의미하는지에 대한 체계적인 탐구를 시작했다. 이 클럽은 지구의 유한성이라는 문제의식을 가진 학계와 재계 리더들이 모여 현대 사회·환경 문제의 상호관계를 이해하고 최선의 해결책을 찾기 위해 결성된 모임이었다. 로마클럽 회원들은 제이 포레스터(Jay W. Forrester)가 개발한 컴퓨터 시뮬레이션을 사용하였고, 이를 통해 천연자원의 유한성과 이 유한성이 인간활동에 미치는 영향을 설명하는 환경 시나리오를 연구했다. 그들의 연구 결과는 1972년에 발간된 그들의 획기적인 책 『성장의 한계』에 기록되어 있다.[18]

『성장의 한계』에서 로마클럽은 인류가 현재의 일상적인 생활방식을 고집하는 한, 100년 안에 '자원 고갈과 생태계 붕괴'를 겪게 될 것이라고 경고하고 있다.[19] 저자들은 생태학·경제적 안정성에 대한 논의에서 '지속가능성'을 (환경문제 맥락에서는 거의 처음으로) 설명했는데, 책 원문에는 "계획적으로 성장을 통제하는 정책에 기반한 세계 모형의 목표인 '전 지구적 평형 상태'"라고 되어 있다.

여기에 기인하여 우리는 다음과 같은 세계 시스템을 상징적으로 보여주는 모형 출력을 찾고 있다.

1. 갑작스럽고 통제 불가능한 붕괴 없이 지속가능하며,
2. 모든 사람들의 기본적인 물질적 요구사항을 충족할 수 있는 시스템.[20]

『성장의 한계』가 내놓은 무시무시한 경고를 읽은 독자들은 저자들의 방법론과 의도에 대해 비판적인 반응을 보였지만, 책이 담고 있는 근본적인 생각은 성장의 비용과 한계에 대한 공개 토론 활성화로 이어졌다. 이 책은 전 세계적으로 수천만 부 이상 팔렸고, 로마클럽은 여전히 그 메시지를 전파하고 있으며, 천연자원의 유한성 문제는 스톡홀름회복센터(Stockholm Resilience Centre)의 행성경계 개념을 통해 오늘날에도 계속 이어지고 있다.

같은 해, 논란이 많은 인구동향 연구원 겸 생태학자인 개릿 하딘(Garrett Hardin)이 『사이언스지』에 『공유지의 비극』이라는 제목의 논문을 발표함으로써[21], 공유지 관리라는 오래된 개념에 관심을 불러일으켰다. 영국의 경제학자 윌리엄 포스터 로이드 (William Forster Lloyd)가 처음 문서화 한 공유지 개념은 1500년대 유럽의 전통과 법에서 찾아볼 수 있으며, 더 거슬러 올라가 보면 이 개념이 전 세계 여러 지역의 공유자원 관리 시스템의 원형이었다는 것을 알 수 있다. 이를테면 발리에서는 강과 개울이 복잡한 관계와 규칙에 의해 관리되었는데, 그 이유는 가족들에게 농사를 짓고 일상생활을 하는 데 필요한 물을 공평하

게 분배하기 위해서였다.

『공유지의 비극』(공동 토지 관리는 실패하게 마련이므로 제목을 '비극'이라고 정함)에서 하딘의 논지(論旨)는 결국 받아들여지지 않았지만, 그의 경고는 환경주의를 둘러싼 대화에 새로운 활력을 불어넣었다. 공유지 개념은 유한한 세계 안에서, (그리고 가장 중요하게는) 제한된 공유자원을 가지고 살아가는 방법에 대한 역학을 다루고 있다. 오늘날 『성장의 한계』의 뒤를 이어 등장한 사고의 대부분은 이와 같은 공유지 개념을 사용하여 인구 증가와 세계경제 확장을 위한 지속가능한 모형을 만들어낼 수 있는 해결책을 찾기 위해 노력해 왔다.

『성장의 한계』와 『공유지의 비극』은 주로 환경의 맥락에서 지속가능성에 초점을 맞추었지만, 이 책은 다른 분야의 일군(一群)의 사상가로 하여금 지속가능한 사회가 어떤 모습일지에 대한 개요를 탐구하도록 영감을 불어넣었다. 여기에는 강력한 도덕적 주장을 내세운 현대의 종교사상가도 포함된다.

━ 아무쪼록 우리의 삶이 지속가능하기를
(그게 아니면 기업이 문제라는 걸 인정하자)

'철의 장막'의 시대였던 1970년대 초, 세계교회협의회(WCC)는 동독 전역에서 사회에서의 지속가능성의 역할에 대한 대화를 시작했다. WCC는 처음에는 루마니아 부쿠레슈티(Bucharest)에서, 나중에는 미국 보스턴에서 두 차례의 회의를 개최했고, 특히 그들의 활동은 지속가능성의 중요성에 대한 협의회의 이해를 요약한 보고서 『정치경제학·윤리학·신학: 몇 가지 동시대의 도전과제』가 발간되었던 1979년에 이르렀을 때 절정에 달했다. 이 보고서는 내용 자체가 매혹적이고 명료하며 통찰력이 있었을 뿐 아니라 기업이 사람들의 삶에 미칠 수 있는 부정적인 영향에 대한, 조금 일찍 도착한 고발장과도 같았다.

보고서 작성자들은 기업이 고객(소비자)들로 하여금 시장에서 최악의 자기 모습을 드러내도록 조장하고 있을 뿐 아니라, 지속 불가능한 관행과 태도를 수용하고 조장하고 있다고 판단했다.

유엔의 인본주의적이고 보편적인 비전을 상당 부분 반영하고 있는 WCC의 종교적 관점에서 보자면, WCC는 세 가지 개념(사회의 미래를 이해하는 데 필요하다고 믿었던 정의, 참여, 지속가능성)을 포함하는 일종의 '확대된 증거 프레임'을 발견했던 것이다.[22] '지속가능성'에 대한 자신들의 견해에 주목하면서, WCC는 자기수양이 부족하며 규제도 받지 않는 자본주의가 사회에 미치는 부정적인 영향을 다음과 같이 제시했다.

> 언뜻 보기에 지속 불가능성은 주로 소비 지상주의와 경제 성장률의 증가로 인해 발생하는 것처럼 보일 수 있다. 그러나 더 면밀히 조사해 보면, 자본이 사회적 통제 없이 개인과 국가의 수중에 계속 축적되는 방향의 시스템으로 몰아가는 세력의 지향점이 드러난다. 지역공동체에 의해 정의된 사회적 목표 없이 추진되는 경쟁적인 산업화는 과학과 기술의 오용을 증가시키고, 소비재(消費財) 수요의 지속적인 증가를 조장하는데 이러한 수요 증가는 실제적이고 인공적인 욕구가 혼합된 욕구에 부응하는 신제품의 끝없는 흐름에 의해 뒷 받침 된다. 이 모든 것이 합쳐져 협소한 경제주의로 이어지게 되고, 그 결과 사람들의 시야를 좁게 만들어 경제적 목표 한 가지에만 매달리게 함으로써 사람들 사이의 소외를 불러온다. 경쟁의 심화와 이윤 추구가 과학기술 관리의 향방을 결정할 때, 그 결과는 인류와 사회 전체의 이익에 부합하는 장기적 시야가 아닌, 자본(사적 자본이든 공적 자본이든)이익률 같은 단기적 시야를 가진 누군가에 의해 결정되는 천연자원(물질적 환경)의 남용이다.[23]

WCC가 세계정의, 참여 및 지속가능성을 높이기 위해 제시한 해결방법 중 하나는 '계속 진행되는 세계 경제 성장이 천연자원과 인간·물리적 환경에 미치는 영향'을 평가하는 것이었다. 이것은 『성장의 한계』가 제시한 분석을 심각하게 받아들이라는 도덕적인 행동 촉구였다.

종교학 교수인 로버트 스티버스(Robert Stivers)는 저서 『지속가능한 사회: 윤리와 경제성장』에서 WCC와 비슷한 맥락의 내용을 집필했다. 1976년에 발간된 이 책은 '자원과 인구, 새로운 정치 시스템, 새로운 윤리의 측면에서 무한히 지속가능한 경제'라는 비전을 제시했다.[24] 스티버스는 '생태신학자'로서 자신은 물질적 성장에 대한 물리적·인구통계학적 한계에 대한 지식이 없다고 주장하면서, 그대신 새로운 윤리적 사회가 어떤 모습일지에 관심을 쏟았다.

그는 지속가능한 사회에 대한 이 책에서 "기술 및 성장과 연계된 관리는 놀라운 이익을 창출할 수 있다"고 강조했고, '관리'는 적절한 규모와 한계, 전체론과 정의 등 다양성을 의미함을 말하고, 여기에 과학기반 솔루션 및 정책 결정에 대한 추가 연구가 필요하다는 점을 역설했다.[25]

━ 기업과 지속가능성에는 초창기가 있다

"지속가능한 사회에서 기업이 존립한다는 것이 어떤 의미인가?" 이 질문을 맨 처음 한 사람이 누구였는지가 이 연구 목적상 가장 흥미로운 질문이다.

1970년대 텍사스주 우드랜즈(Woodlands)의 석유회사 소유주이자 부동산 개발업자였던 조지 P. 미첼(George P. Mitchell)은 성장이라는 개념(로마클럽이 제기하고 미국에서 확장된)을 기반으로 일련의 컨퍼런스를 개최하기 시작했다. 세 차례 개최된 우드랜즈 컨퍼런스 중 첫 번째는 1975년에 '성장의 한계'라는 주제로 열렸으며, 2년 뒤인 1977년에는 '성장의 대안'으로 진행되었고, 1979년 열린 마지막 컨퍼런스의 주제는 '성장의 관리'였다.

우드랜즈 회의의 초기 후원자였던 아스펜연구소(Aspen Institute)의 할런 클리블랜드(Harlan Cleveland)는 다음과 같이 말했다.

> "15년 전만 해도 이곳 사람들에게 성장은 세속적인 종교나 다름없었기 때문에 성장을 주제로 우드랜즈에서 열렸던 대형 컨퍼런스를 똑같이 개최한다는 것은 상상조차 할 수 없는 일이었을 것이다. 무릇 성장이란 계획하고 실행하고 추구해야 하는 것이다. 성장이 시위와 플래카드로 중단되거나 "무엇을 위한 성장인가?" 또는 "누구를 위한 성장인가?"와 같은 질문으로 발목을 잡혀서는 안 된다."[26]

기업 관점에서 볼 때 성장은 바람직한 것이지만, 어떻게 하면 지속가능하도록 관리할 수 있을까? 요르겐 슈만트(Jurgen Schmandt)는 『George P. Mitchell과 지속가능성 개념』이라는 제목의 기사에서 "실제로 이 컨퍼런스에 참석했던 시위자들은 성장을 지지하는 사람들이었고 '우리가 성장을 멈추려고 하는 이유'를 알고 싶어 했다"고 전한다.[27] (하지만 걱정할 것 없다. 이 책의 목적상 저자들은 그 논쟁에 개입하지 않을 것이다.)

정치학 교수인 제임스 C. 쿠머(James C. Coomer)는 1979년 열린 우드랜즈 컨퍼런스에서 발표된 내용을 엮어 펴낸 책 『지속가능한 사회를 위한 탐구』를 통해 컨퍼런스의 결론을 이렇게 설명했다.[28] "이 책에는 유한한 자원을 가진 세계에서 사회를 재구상하는 방법이 자세히 설명되어 있다. 또한, 이 책에는 주제의 다양한 측면에 대해 해박한 지식과 경험을 가진 13명의 전문가의 연구가 포함되어 있으며, (이 책의 연구 목적상 가장 중요한) 딜라드 B. 틴슬리 (Dillard B. Tinsley)가 쓴 '지속가능한 사회에서의 기업 조직'이라는 제목의 장도 들어있다. 지속가능성의 실천을 기업 환경과 직접적으로 연결한 사람을 찾은 것은 이번이 처음이다."

텍사스에 있는 스티븐 F. 오스틴 주립대학교의 경영 및 마케팅 명예교수인 틴슬리(Tinsley)는 우리가 이 글을 쓰고 있는 바로 그 해에 '기업이 지속가능성 여정을 시작할 때 고민해야 할 것'이라는 완전히 똑같은 연구분야와 질문을 탐구하고 있었다. 틴슬리는 그 연구의 첫 번째 단락에서 다음과 같이 제안한다.

> 지속가능한 사회로의 성공적인 전환을 위해서는 사회의 모든 부문에서의 의미있는 참여가 필요할 것이다. 이 전환기에 산업계의 다양한 인재와 자원을 효과적으로 유치하려면, 지속가능한 사회에서 기업이 운영되는 방식에 대한 명확한 그림을 기업 경영자들에게 제시해야 한다. 전반적인 경제가 특정한 방식으로 구조화될 것이라든지 특정 우선순위에 따라 자원을 할당할 것이라고 주장하는 것만으로는 부족하다. 기업 경영자는 조직의 가치, 목표 및 운영이 어떤 영향을 받을지 알고 싶어한다. 기업은 고객과 어떻게 상호작용할 것인가? 경영자와 다른 직원들의 역할은 무엇인가? 직원의 성과를 판단하는 기준은 무엇인가?

혹시 이 질문들에 대해 아는 사람이 있으면 말해주기 바란다. 이것이 바로 오늘날까지 우리가 연구하며 씨름하고 있는 부분이며, 새로운 길을 개척하고 있는 기업 경영자와의 대화를 기반으로 이 책에서 탐구하고자 하는 것이다.

틴슬리는 "기업 경영자는 적어도 그러한 질문에 대한 답이 나올 때까지 지속가능한 사회로의 전환에 저항(반대)할 가능성이 매우 높다"는 말로 단호하게 정리한다.[29] 하지만 오늘날 기업 환경에서 기업 경영자는 누군가가 질문에 답해주기를 수동적으로 기다리기보다는 능동적으로 앞으로 나아간다. 그들은 지속가능한 사회로의 전환을 가속화하기 위해 상호작용, 역할 및 기준을 적극적으로 조사하고 명시한다. 솔직히 그들에게는 다른 선택의 여지가 없다.

1979년에 쿠머와 클리블랜드가 "지속가능한 사회를 위한 탐구란 상호의존성이 증가하고 있는 이 세계에서 복잡한 결정을 내릴 수 있는 방법을 찾음으로써, 다원적일 수밖에 없는 사회를 위해 정부가 거버넌스의 모든 측면을 직접 처리할 것을 요구하지 않는 것"이라고 썼을 때, 그들은 같은 생각을 하고 있었다.[30] 그리고 그때로부터 시간이 좀 걸렸지만, 미래지향적인 기업들은 몇 년 전 우드랜즈 컨퍼런스가 요구했던 리더십의 역할을 지금 맡기 시작했다.

1980년대 지속가능성과 기업에서 이루어진 진전과 관련하여, 이러한 컨퍼런스에서 얻어지는 에너지의 대부분은 경제성장의 본질에 대해 토론하고, (최상의 경우) 지속가능해져야 할 필요성을 정당화하기 위한 지적 프레임워크를 만드는 데 사용되었다.

천연자원을 보존하고 지속가능한 비즈니스 모델을 만들기 위한 실제 조치를 강구하려면 시간이 필요하다. 1982년, 제4차 우드랜즈 컨퍼런스가 '미래와 민간부문'이라는 주제로 개최되었으나, 학계가 아닌 산업계의 참가자들을 유치하려는 과정에서 행사는 교착상태에 빠졌고, 결국 주최측이 기업에 미치고자 했던 영향은 미미했다. 지속가능성에서의 기업의 역할에 대한 틴슬리의 기고문은 대화의 범위 밖에 있었고, 지속가능성과 기업의 만남을 위한, 공공부문의 의미 있는 다음 진전의 기회는 1992년 리우정상회의 때까지 찾아오지 않았다.

━ "글로벌 상호의존성"

잠시 이전으로 돌아가서 지속가능성 논의를 시작한 유엔(UN: United Nation)의 역사와 개념을 살펴보자.

유엔은 '평화와 진전을 추구(pursue peace and progress)'하기 위해 설립되었다. 이는 유엔보다 앞서 있었던 헤이그 평화회의(Hague Conference)와 제네바 협약(Geneva Convention)과 대조되는데, 두 회담은 명백히 전쟁으로 인해 불가피하게 발생한 일들을 '처리'하기 위한 노력이었다. 유엔 헌장 제1조에 첫번째와 두번째로 명시된 유엔의 목적은 "국제평화와 안전 유지" 및 "국가 간의 우호관계 발전"이다. 이것만 봐도 유엔의 미션이 평화유지라는 점은 단번에 알 수 있다. 그러나 미션의 이행은 예나 지금이나 대단히 복잡하고 어렵다.

냉전 시대에 유엔이 국제경찰로서 개입할 수 있는 범위가 어디까지인지, 그리고 서로 다른 아젠다를 표방하는 중국, 소련, 미국과 같은 국가 사이의 갈등을 어떻게 완화할 것인지에 대한 합의점을 도출하려는 노력은 헛수고였다. 유엔 소속의 군대가 없다는 점도 유엔이 분쟁지역에 직접 개입할 능력을 저해하는 요인이었다. 물론 군대 창설은 유엔의 존재 자체가 일종의 신식민주의라고 비판받을 우려가 있는 사안이기 때문에 없는 편이 최선일지 모른다.

1970년대에 들어서 유엔은 실질적인 '진전'을 추구하기 위한 노력을 증대하면서 유엔 헌장 제1조에 명시된 좀 더 복잡하고 모호한 세번째와 네번째 목적을 수용했다. 해당 목적은 각각 "경제적·사회적·문화적 또는 인도적 성격의 국제 문제를 해결함에 있어 국제적 협력을 달성하는 것"과 "이러한 공동의 목적을 달성함에 있어서 각국의 활동을 조화시키는 것" [31]이었다. 이에 따라 당시 유엔의 정상회담은 지구 환경, 식량공급, 여성에 대한 차별 등 환경 및 사회 문제의 규명과 논의에 중점을 두었다.

국제자연보전연맹(International Union for the Conservation of Nature)이 1980년에 발간한 '세계보전전략(World Conservation Strategy)'을 통해 "지속가능한 발전(sustainable development)"이라는 개념은 1980년대에 공식적인 화두가 되었다. 그러나 지속가능한 발전의 중요성을 공고히 한 것은 유엔 산하 세계환경개발위원회(World Commission on Environment and Development)가 1987년에 발표한 보고서 '우리 공동의 미래(Our Common Future)'이다.[32] '우리 공동의 미래'는 선진국에 의해 세계로 전파된 산업화와 그러한 산업화가 개발도상국에 미치는 영향을 4년에 걸쳐 연구한 결과이다.

유엔 내에서는 '브룬틀란 보고서(Brundtland Report)'로 더 잘 알려져 있는 이 보고서는 경제 이슈를 환경이라는 맥락에서 바라보고, 두 분야가 서로 양방향으로 영향을 주고받기 때문에 한 분야에서 발생한 문제가 다른 분야의 문제로 발전할 수 있음을 명시했다. 이를 위해 보고서 집필진은 오늘날 일반적으로 사용하는 '지속가능한 발전(또는 지속가능개발)' 정의의 초안을 작성했다.

지속 가능한 발전은 미래 세대의 필요를 충족시킬 능력을 저해하지 않고 현재 세대의 필요를 충족시키는 발전이다. 여기에 두 가지 핵심 개념이 포함된다.

1. 최우선권을 부여해야 할 "필요(needs)"의 개념, 특히 세계 빈곤층의 기본적인 필요.
2. 현재와 미래의 필요를 충족시킬 수 있는 환경의 능력에 대하여 사회 조직과 기술 수준이 보여주는 한계라는 이념.[33]

이 보고서는 환경적·사회적·경제적 발전에 대한 논의가 더욱 활발해지는 계기가 되어 이후 지속가능개발목표(SDGs: Sustainable Development Goals) 채택과 대기 중 탄소 배출 감축을 위한 전지구적 결의인 파리 협정(Paris Agreement)에 중요한 토대를 형성했다. 브룬틀란 보고서에 명시된 지속가능한 발전 개념과 환경과 연계하여 경제를 바라보는 새로운 관점에 힘입어 유엔은 1992년 리우에서 개최된 환경개발회의(UNCED: UN Conference on Environment and Development)에서 유엔과 기업이 취해야 할 다음 단계를 강력히 제시했다.

지구정상회의(Earth Summit) 또는 리우 정상회의(Rio Summit)로도 불리는 이 회의는 다음과 같은 세 가지 측면에서 기업 운영에 중대한 영향을 미칠 주요 진전을 보였다. 환경과 개발에 관한 리우 선언(The Rio Declaration on Environment and Development)과 의제21(Agenda21), 유엔기후변화협약(UNFCCC: UN Framework Convention on Climate Change) 채택, 지속가능발전기업협의회(BCSD: Business Council for Sustainable Development) 출범이다.

리우 선언은 세계의 지속가능발전 이행 방법에 관한 27개의 원칙을 천명했다. 그 첫번째 원칙으로 "인간을 중심으로 지속가능한 개발이 논의되어야 한다. 인간은 자연과 조화를 이룬 건강하고 생산적인 삶을 향유하여야 한다"[34]라고 제시하며 국제적인 발전 노력의 바탕에는 인본주의가 있어야 함을 강조했다. 리우 선언은 구체적인 목표를 포함하지는 않지만 함께 채택된 의제21에서 기본 원칙에 따라 이행할 다수의 자발적인 행동 강령을 제안하고 있다.

의제21은 권장 목표와 행동을 사회적·경제적 차원, 자원의 보존 및 관리, 주요 집단의 역할 강화, 실행 수단의 여러 부문으로 분류하여 제안한다. 리우 선언과 의제21은 17개 SDGs의 일종의 초안 역할을 하며 지역에 따라 정도의 편차는 있지만 이런 역할은 성공을 거두었다. 그러나 둘 다 (특히 의제21은 빽빽하고 관료적인 문서여서) 실제로 가능한 것에 대해서는 대중적인 상상력의 불을 지폈다고 할 수는 없다.

반면 유엔기후변화협약(UNFCCC)의 채택은 1997년에 교토 의정서(Kyoto Protocol), 2015년에 파리 협정 체결로 신속히 이어졌다. 교토 의정서와 파리 협정 모두 유엔기후변화협약의 상호 합의된 약속을 이행하는 실질적인 방안을 설명한다. 따라서 정책을 권고하고 온실가스 감축 목표를 설정하는 메커니즘으로 인해 궁극적으로 모든 기업들은 지속가능한 자연 환경을 조성하고 모든 형태의 에너지 사용과 관련하여 지속가능한 경영 환경을 구축하려는 이러한 시도에 영향을 느끼게 된다.

세 번째 주요 진전인 지속가능발전기업협의회(BCSD)의 설립은 기업 세계와 가장 직접적으로 연결되어 있다. 스위스 기업가 스테판 슈미트하이니(Stephan Schmidheiny)는 당시 유엔환경개발회의 사무총장이었던 모리스 스트롱으로부터 지속가능성과 환경에 관한 대화에서 기업계의 목소리를 반영할 위원회를 구성해 달라는 부탁을 받았다.

슈미트하이니는 해당 주제에 관하여 "기밀이 보장되고 경쟁 이전(pre-competitive)" 대화를 나눌 48명의 세계적 CEO를 한 자리에 모았고 이 대화의 결과는 리우 회의에서 '경로 바꾸기(Changing Course)'라는 제목의 보고서로 발간되었다.[35] 이 보고서는 시장, 무역, 에너지, 재무, 혁신, 기술, 변화의 리더십과 경영진 등 광범위한 경영 주제를 다루고 최적의 실행 사례를 소개한다. (이 책과 유사한 구성이다.)

이 보고서는 자원 고갈로 인해 성장의 한계에 도달한다는 로마 클럽의 가정에 반대하며 문제는 "폐기물을 안전하게 흡수할 수 있는 '흡수원'의 부족"이라고 주장한다.[36] 이를 해결하기 위해 기업은 에너지 효율을 높이고 오늘날 '순환 경제'라고 불리는 개념으로 전환하여 폐기물과 환경오염을 줄이기 위한 다방면의 노력을 기울이게 되었다.

'경로 바꾸기(Changing Course)'는 이러한 행동을 '에코효율성(eco-efficiency)'이라고 묘사하며 투자자와 은행이 지표로 삼을 수 있는 친환경(environment), 효율성(efficiency), 기업(enterprise) 요소를 평가한 'EEE' 등급을 사용할 것을 제안했다. 이는 현재 환경·사회·지배구조(ESG: Environmental, Social, and Governance) 보고서, 지속가능성 지표, 향후 논의할 기타 새로운 프레임워크와 벤치마킹에서 보는 것과 유사한 형태이다.

다우 케미칼(Dow Chemical)의 벤 우드하우스(Ben Woodhouse) 글로벌 환경문제국장은 그 당시에도 "기업이 지속가능성 문제 해결에 얼마나 긍정적 혹은 부정적인 참여자로 인식되는가에 따라 해당 기업의 장기적인 생존 능력이 크게 결정될 것"[37]이라고 믿었다. (물론 단순히 그런 '인식'만으로 생존여부가 결정되지는 않겠지만) 이는 현재 인류 신념의 근간이다. 이 장에서는 '경로 바꾸기(Changing Course)'의 발간과 현재에도 세계지속가능발전기업협의회(WBCSD)로서 200개 이상의 기업을 회원으로 두고 활동을 이어가는 조직의 설립 이후, 공공영역과 민간영역이 어떻게 변화했는지 간략히 살펴본다.

WBCSD의 기조는 1992년 경영과 환경에 있어 또 다른 중요한 분기점에 투영되었다. 이를 배경으로 영국왕립표준협회(BSI)가 세계 최초의 환경경영표준인 BS7750를 발표한 것이다. 이 표준은 후에 ISO의 ISO 14000 계열에 토대가 되었으며 이와 같은 표준은 "모든 종류의 기업과 조직이 환경적 책임을 관리할 수 있는 실용적인 도구"를 제공하고 있다.[38] 기업은 이런 표준을 통해 여러 이해관계자들에게 환경에 대한 약속의 진정성을 보여줄 수 있다. ISO 14000 인증을 취득한 기업은 인증을 취득하지 않은 기업보다 더 강력한 방식으로 기업의 활동을 점검할 수 있으므로 상대적으로 이점이 있다. ISO에 따르면 현재 171개국에 300,000건 이상의 ISO 14001 인증이 발급되었다.[39]

모두 함께 리스크 해결하기

ESG 개념의 창시자로 누구 한 명을 딱 짚을 수는 없지만 25년 전 창업가 존 엘킹턴(John Elkington)은 지속가능경영의 3대 축을 의미하는 'Triple Bottom Line (TBL)'이라는 용어를 최초로 사용하여 기업의 성과 평가 시, 사회적·환경적·경제적 영향(impact)을 검토해야 한다고 주장했다.[40] 엘킹턴은 1997년 발간한 저서 『포크를 든 야만인(Cannibals with Forks: The Triple Bottom Line of 21st Century Business)』에서 이 개념을 대중화하여 '인간(people), 환경(planet), 이윤(profit)'으로 제시했다.[41]

TBL은 두 가지 중요한 측면에서 지속가능성에 대한 인식을 바꾸어 놓은 핵심적인 역할을 했다. 첫째, 기업이 주주 중심보다 이해관계자 중심이 되어야 한다는 개념을 도입했다. 그 당시에만 해도 현대 기업계는 '주주의 가치 극대화'를 우수한 경영 성과의 전형적인 기준으로 삼았다.

엘킹턴은 온전히 주주의 가치 극대화에만 집중하는 기존의 사고를 전환하여 주주를 포함한 기업의 '모든' 이해관계자를 위한 가치를 창출할 수 있는 방법을 모색하는 데 중점을 두고자 했다.

둘째, TBL은 새로운 회계 방식, 통합 보고, 중요성, 임팩트 측정, 임팩트 투자, 기타 유사 제도의 토대가 되었다.

TBL 개념을 도입하고자 하는 기업이 직면하게 되는 문제점은 재무상의 입력과 출력은 계산하기 쉽지만 사회적·환경적 측면의 노력과 결과는 정량화하기 어렵다는 것이었다. 따라서 환경적·사회적 임팩트를 측정하기 위해 TBL 접근법에 기반한 새로운 프레임워크와 메트릭이 요구되었다.

미국 지속가능성 회계기준위원회(SASB: Sustainability Accounting Standards Board), 글로벌 임팩트 투자 네트워크(GIIN: Global Impact Investing Network), 글로벌 리포팅 이니셔티브(GRI: Global Reporting Initiative), 다우존스 지속가능경영지수(DJSI: Dow Jones Sustainability Index)와 같이 지속가능성을 원칙으로 삼고 지지하는 조직과 협회들은 그 기원을 엘킹턴의 TBL 개념과 연구에 두고 있다. TBL에서 기인한 많은 개념과 주체가 현재 지속가능성 노력에 핵심 동력이다. 이러한 영향으로 최근 기업은 '기업의 사회적 책임(CSR)' 전문가와 새로운 명칭으로 생겨나는 지속가능성 관련 전문가를 영입하여 전략, 재무, 마케팅과 같은 사업의 핵심 분야에 참여시키는 추세가 증가하고 있다.

유엔의 새로운 미션

유엔은 1990년대 후반 코피 아난(Kofi Annan) 사무총장 재임 시절을 기점으로 '진전'을 위한 노력을 다시 한번 확대했다. 코피 아난 前 사무총장은 전 세계 인구가 더 나은 삶을 살 수 있도록 유엔이 힘을 실어야 한다고 주장했다. 코피 아난은 그렇게 함으로써 전쟁의 원인, 일반적으로 말해서 불평등, 자원 부족, 합의된 법의 부재에 직접 대응할 수 있다고 믿었다.

코피 아난의 전략 중 일부는 '글로벌 콤팩트(Global Compact)'에서 윤리적 실천과 기준을 따르도록 기업, 노동계, 시민단체의 연계를 이끌어 내는 것이었다. 그는 1999년 다보스에서 개최된 세계 경제 포럼(World Economic Forum)에서 유엔의 창설에 참여했지만 냉전시대 중 끊겨버린 기업과의 관계를 되살리며 기업 총수들에게 글로벌 콤팩트라고 명명한 공식 협업체를 제안했다.

글로벌 콤팩트의 미션은 기업들이 10가지 원칙을 준수하고 SDGs와 기타 사회적 목표를 증진하도록 고무하는 것이다. 글로벌 콤팩트는 인권, 노동권, 환경에 관하여 기업이 지켜야 할 9가지 원칙을 바탕으로 출범하였고 이후 부패 방지를 위한 10번째 원칙이 추가되었다. 이 10가지 원칙은 기업이 기업시민으로서 취해야 할 행동의 기준점을 설정하며 SDGs의 선구자 역할을 한다. 현재 12,000개가 넘는 회원이 SDGs의 이행 방법에 관해 글로벌 콤팩트에 참여 하고 있다.

코피 아난은 글로벌 콤팩트가 발족된 해 9월에 개최된 밀레니엄 정상회의(Millennium Summit) 정책보고서를 발간하면서 유엔의 인권 정의에 새로운 '자유'의 개념을 추가하여 "미래 세대가 지구에서 삶을 영위할 수 있는 자유"로 명명했다. 이 정책보고서 '우리 시민들: 21세기 유엔의 역할(We the Peoples: The Role of the United Nations in the 21st Century)'은 조직의 미션, 도전과제, 안보 활동에 관하여 1990년대에 개최된 유엔 회의 결과의 절정을 보여준다. 이런 회의들을 거치며 새롭게 정의된 자유와 관련하여 코피 아난이 내린 결론은 "우리가 현재

우리의 지속 불가능한 행동의 대가를 치르기 위해 우리 아이들의 유산을 약탈하고 있다"는 것이었다.[42]

┃표 1.1 밀레니엄 개발 목표(Millennium Development Goals)

새천년 개발 목표, 2000-2015	
1	절대 빈곤 및 기아 퇴치
2	보편적 초등 교육 실현
3	양성 평등 및 여성 능력 고양
4	유아사망률 감소
5	모성 보건 증진
6	에이즈 등 질병 퇴치
7	지속 가능한 환경 확보
8	개발을 위한 글로벌 파트너십 구축

출처: 이미지 제공-Read the Air (www.readtheair.jp).

같은 시기 경제협력개발기구(OECD: Organization for Economic Co—operation and Development)도 자체적으로 국제개발목표(International Development Goals, IDG)를 고안했다. 이는 후에 유엔과 연계하여, 2000년에 훗날 SDGs의 효시가 되는 밀레니엄개발목표(MDGs: Millennium Development Goals)를 발표하게 된다. MDGs는 8개의 간단한 목표로 구성되어 있는데 가령 '보편적 초등 교육 실현'과 같은 합리적으로 달성 가능한 과제를 2015년까지 완료하도록 제시했다.[43]

2015년 MDG 프로그램을 종료하면서 반기문 사무총장은 "밀레니엄개발목표를 통해 10억이 넘는 인구가 극심한 빈곤에서 구제되고 빈곤을 타계하고 그 어느 때보다 더 많은 소녀들이 학교에 다니고 지구를 지킬 수 있었다"[44]고 발표했다.

유엔은 극빈 완화뿐만 아니라 말라리아로 인한 사망 방지와 식수원 개선 및 접근성 증대가 전 세계적으로 눈에 띄는 성과를 거두었으며 보편적인 교육은 목표 수준에 미치지 못했지만 초등 교육을 완료한 인구가 증가했다고 보고했다.

물론 국가별 성과는 일부 국가나 지역이 상대적으로 선전하며 8개 목표 전반에 걸쳐 다양하게 나타났다. 미국의 싱크탱크인 브루킹스 연구소(Brookings

Institute)는 2018년 MDGs의 성과를 검토하며 "저소득 국가와 사하라 이남 아프리카 국가는 대다수 지표에서 긍정적인 성장을 기록했고 이는 2000년 이후 세계적인 성장 가속의 많은 부분을 차지"한 반면 "중소득 국가는 저소득 국가에 비해 더 큰 누적 이익을 기록했지만 전반적인 성장 가속도는 더 낮았다"고 보고했다.[45] (브루킹스 연구소는 "진전의 가속화로 2천 1백만 인구를 구제"했다고 추정하면서도 어차피 달성 가능한 정도를 목표로 정하고 노력한다는 점에서 일부 MDGs의 가치에 의문을 제기했다.)

내부적인 목표 외에도 MDGs는 다른 두 가지 측면에서 중요한 성공을 거두었다. OECD 산하 개발원조위원회(DAC: Development Assistance Committee) 회원국이 공여하는 해외개발원조(ODA: Overseas Development Aid)의 내용을 보면, 1990년대에 들어 1996년 $800억의 원조에서 정점을 찍고 이후 계속 감소하여 1997년에는 가장 저조한 $620억의 원조를 기록했다. 그러나 MDGs 채택을 기점으로 해당 목표를 달성하기 위하여 총 ODA는 다시 증가 추세로 돌아섰고 2003

OECD 산하 개발원조위원회 회원국이 공여한 총 해외개발원조(ODA)

단위: 백만USD,
2016년 기준, 환율변동 제외

┃ 도표 1.1 MDGs 채택은 OECD 산하 개발원조위원회 회원국의 ODA 공여 감소 추세를 역전하는 계기가 되었다. 2015년 ODA는 $1,300억으로 역대 최고치를 기록했다.

출처: © OECD / 이미지 제공-Read the Air (www.readtheair.jp)

년에 $830억을 기록하며 이전 수준을 회복하고 2000년대 말에 $1,210억을 기록했다(도표 1.1 참고). 2015년 MDGs를 완료할 때 ODA는 $1,300억 규모였다.

MDGs의 성과 추적 또한 목표를 추진하기 위한 새로운 메커니즘을 구축했다. 당시 많은 이들이 국가의 이행도를 측정하는 것에 회의감을 나타냈는데 그렇게 하면 성과가 국가별로 비교될 수 있기 때문이다. 그런 방식이 타당한지, 사기를 진작할 것인지 혹은 의욕을 꺾을 것인지, 그리고 어떻게 하면 효과적으로 적용할 수 있는지에 대한 많은 의문이 있었다.

결과적으로 국가별 성과 비교는 각 국가가 더 높은 수준의 의지를 보이도록 고무시키는 긍정적인 피드백 루프를 만들었다. 본래 수행 등급을 매기기 위하여 시행된 측정이지만 같은 그룹 내 다른 회원국보다 못한다는 인상을 주고 싶지 않은 심리 때문에 프로젝트는 일종의 경쟁 무대가 되었다.

━ 이제는 SDGs도 경쟁력

본 장의 시작부분에 언급한 바와 같이, SDGs의 채택과 함께 국가 순위는 국가의 이행도를 추적하는 기능으로 자리매김했으며 베텔스만 재단(Bertelsmann Stiftung)과 지속가능발전해법네트워크(SDSN: Sustainable Development Solutions Network) 사무국이 매년 전 세계를 대상으로 'SDG 지표 및 대시보드(SDG Index & Dashboards) 보고서'를 무료로 제공한다.

보고서는 17개 SDG에 해당하는 각 국가의 이행을 개별적으로 평가하여 (산술 및 기하 평균에 기반하여) 1부터 100까지의 혼합 점수를 생성하고 최종 목록(master list)에서 모든 국가를 서로 비교하여 순위를 매기고 있다. 2017년에는 스웨덴, 핀란드, 덴마크, 노르웨이가 80점대 초중반 점수를 받으며 1위부터 4위를 차지했고 5위부터 10위까지는 유럽 국가와 일본이 차지했다. 하위 국가는 콩고민주공화국, 나이지리아, 차드였으며 라이베리아는 42.8점으로 최하위였다.

전체적으로 보고서는 2030년까지 달성해야 하는 SDGs에 관한 전 세계의 집단적 수행 역량을 보여주는 하나의 방식으로 기능하고 있다. 각 국가가 노력에 더욱 박차를 가하지 않는 한, 현재 기록은 별로 좋아 보이지 않는다.

바로 이 부분이 흥미로운 지점이다. 당신이 (어떤 이유에서건, 지금은 그 부분은 파고들지 않겠다) 사업 활동의 지침으로서 SDGs를 준수하는 조직에서 근무한다고 하자. 내부 목표를 설정한 후, 새로운 시설의 위치나 새로운 공급처 물색에 관한 사업 결정을 내리려고 한다. 당신이라면 어디를 선택할 것인가? 체코인가 슬로베니아인가? 아니면 아르헨티나인가 칠레인가?

이런 국가들에게 SDGs 지표에서 높은 점수를 받는 것은 큰 경쟁력이 된다. 요코하마에서 두번째로 개최된 세계 순환 경제 포럼(World Circular Economy Forum)에서 스웨덴 참석자는 일본이 핀란드가 아니라 스웨덴과 공동 주최를 했어야 한다며 개탄했다. 또한 스웨덴 대표단은 대만에서 열린 다른 행사에 참석하여 스웨덴이 다른 국가들의 지속 가능한 생산을 지원할 역량이 있음을 내세웠다. 이처럼 지속가능한 국가로 브랜드화하여 내세우는 것이 경쟁력이 되었고 이에 따라 국가의 무역 이니셔티브 기조도 변하고 있다.

━ 사업 발전 방안으로서의 SDGs

이제 비즈니스 세계로 돌아와 보자. 정부와 국제기구가 세계의 가장 시급한 문제를 해결하기 위한 노력을 확대하는 동안 기업들도 이와 병행하여 노력을 기울이고 있었다.

리우 회의에서 WBCSD이 출범하고 1990년대 엘킹턴의 TBL 이론이 발표된 후, 점차 기업들도 기업 전략과 운영에 있어 단순한 추가 기능이 아닌 '핵심' 기능으로서 지속가능성이 매우 중요하다는 것을 깨닫기 시작했다. 지속가능성 수용은 순환 경제라는 개념으로 공장과 생산라인에서 시작되었으며 기업의 사고 리더십(thought leadership)에 기반한 CSR 노력과 마켓 포지셔닝으로 현장에서도 드러난다. 이제는 경영 구조의 핵심층에도 적용되기 시작했다.

과거에는 기업이 자선 활동을 하기로 결정하면 이런 과정을 밟곤 했다. 그러나 이제는 아예 CSR 프로그램으로 발전하여 해당 사업 관리 인력과 예산을 더욱 긴밀히 통제할 수 있게 되었다. 이런 경로를 택하면 새로운 기회를 창출하고 비즈니스 리스크를 피하는 데 도움이 되기 때문에, 새로운 개념이 핵심 사업에도 이익이 될 수 있다는 인식을 낳는다.

이제 기업들은 지속가능한 사업으로 전환하기 위한 유익한 프레임워크로서 SDGs를 빠르게 수용하고 있다. SDGs는, 기업을 대상으로 고안된 것은 아니지만, 명확하고 포괄적이며 많은 지원을 받고 있고 전 세계적으로 장려되고 표준화 과정을 거쳐왔다. 다음 장에서는 기업과 투자자들이 SDGs을 뒷받침하는 신념이 지속가능성을 향한 여정으로 나아가는 길이라고 생각하는 이유와 그 방법을 제시한다.

마지막으로 이 책이 코로나-19 위기 가운데 완성되었으며 따라서 차후 몇년간 벌어질 일에 관하여 불확실성이 매우 높다는 점을 분명히 한다. 그럼에도 불구하고 독자가 이 책을 읽으며 발견할 배움, 개념, 생각은 새로운 세상에서 성공하기 위한 중요한 비즈니스 도구로 작용할 것을 확신한다.

📑 Notes

1 United Nations (2015). *Transforming our World: The 2030 Agenda for Sustainable Development*, Article 2.

2 Ibid., Article 55.

3 Declaration for the 2030 Agenda for Sustainable Development.

4 UN Conference on Trade and Development (UNCTAD; 2014). *World Investment Report 2014*.

5 UNCTAD (2014). *World Investment Report 2014 Overview: Investing in the SDGs: An Action Plan*.

6 Kant, Immanuel (1795). Perpetual Peace: A Philosophical Sketch (Zum ewigen Frieden. Ein philosophischer Entwurf).

7 Ibid.

8 Iriye, Akira (2005). *Global Community: The Role of International Organizations in the Making of the Contemporary World*. University of California Press.

9 Ibid., page 11.

10 International Labour Organization (1919). Constitution, Preamble.

11 Roosevelt, Franklin D. (1941, January 6). Four Freedoms. Available at www.our documents.gov/doc.php?flash = true&doc = 70&page = transcript.

12 Truman, Harry (1949, January 20). Inaugural Address. Available at https://avalon. law.yale.edu/20th_century/truman.asp.

13 Ibid. (emphasis added).

14 UN (1992, August 12). The Rio Declaration on Environment and Development of 1992.

15 UN (1948, December 10). Universal Declaration of Human Rights, Article 25.

16 Carson, Rachel (1962, September 27). *Silent Spring*. Houghton Mifflin.

17 Fuller, R. Buckminster (1969). *Operating Manual For Spaceship Earth*. Southern Illinois University Press; Boulding, Kenneth E. (1966). The Economics of the Coming Spaceship Earth, in H. Jarrett (ed.), *Environmental Quality in a Growing Economy*, pp. 3–14. Baltimore, MD: Resources for the Future/Johns Hopkins University Press.

18 Meadows, Donella H., Meadows, Dennis L., Randers, Jørgen, and Behrens,

William W., III (1972). *The Limits to Growth: A Report for the Club of Rome's Project on the Predicament of Mankind*. Potomac Associates, page 158.

19 Ibid.

20 Ibid., page 158.

21 Hardin, Garrett (1968, December 13). The tragedy of the commons. *Science*, Vol. 162, Issue 3859, 1243-1248.

22 Commission on the Churches' Participation in Development and the Department on Church and Society of the World Council of Churches (1978). *Political Economy, Ethics and Theology: Some Contemporary Challenges*. Pages 8. Retrieved from https://core.ac.uk/download/pdf/29409948.pdf.

23 Ibid., page 8.

24 Stivers, Robert L. (1976). *The Sustainable Society: Ethics and Economic Growth*. Westminster Press. Page 187.

25 Stivers, Robert (1979). The sustainable society: Religious and social implications. *Review of Religious Research*, 21(1), 71-86. doi:10.2307/3510157.

26 Coomer, J. (1980). Third Biennial Woodlands Conference on Growth Policies: The Management of Sustainable Growth, held at the Woodlands, Houston, Texas, during 28-31 October 1979. *Environmental Conservation*, 7(1), 79-80. doi:10.1017/S0376892900006858.

27 Schmandt, Jurgen (2010). *George P. Mitchell and the Idea of Sustainability*. Texas A&M University Press, page 51.

28 Woodlands Conference on Growth Policy & Coomer, James C. (1981). *Quest for a Sustainable Society*. Published in cooperation with the Woodlands Conference by Pergamon Press, page 164.

29 Ibid., page 164.

30 Ibid., Foreword, page xi.

31 UN (1945, June 26). UN Charter.

32 UN (1987). *Report of the World Commission on Environment and Development: Our Common Future*.

33 Ibid., page 41.

34 UN (1992, August 12). Rio Declaration on Environment and Development, page 1.

35 Schmidheiny, Stephan, Business Council for Sustainable Development, and Timberlake, Lloyd (1992). *Changing Course: A Global Business Perspective on Development and the Environment*, Volume 1. MIT Press.

36 Ibid., page 9.

37 Ibid., page 11.

38 ISO. ISO 14000 Family—Environmental Management. Retrieved from www.iso.org/iso−14001−environmental−management.html.

39 Ibid.

40 MindTools (n.d.). The Triple Bottom Line: Measuring your organization's wider impact. Retrieved from www.mindtools.com/pages/article/newSTR_79.htm.

41 Elkington, John (1997). *Cannibals with Forks: The Triple Bottom Line of 21st Century Business.* Capstone.

42 United Nations (2000). "We the Peoples: The Role Of The United Nations In The 21st Century" presented to General Assembly by Secretary−General. Retrieved from www.un.org/press/en/2000/20000403.ga9704.doc.html.

43 UN (2000, September). United Nations Millennium Declaration.

44 Jones, S. (2015, July 6). UN: 15−year push ends extreme poverty for a billion people. *The Guardian.* Retrieved from www.theguardian.com/global−development/2015/jul/06/united−nations−extreme−poverty−millennium−development−goals.

45 McArthur, John, and Rasmussen, Krista (2018, March 5). Taking stock (once more) of the Millennium Development Goal era. Brookings Institute. Retrieved from www.brookings.edu/blog/up−front/2018/03/05/taking−stock−once−more−of−the−millennium−development−goal−era/.

🔲 지속가능성에 대한 우리의 정의

비즈니스 맥락에서 '지속가능성(sustainability)'은 기업이 상업 활동을 하는 동안 이윤과 시장 성과를 유지하고 향상함과 동시에 사회적·환경적 자원에 대한 부정적인 임팩트를 줄이고 궁극적으로는 이를 근절하며 사회에 제공하는 이익을 늘리기 위해 부단히 노력하는 과정을 말한다.

지속가능성을 기업의 실제 운영에 적용하면 운영을 개선하고 생산성을 증대할 수 있으며 또는 독특하고 경쟁력 있는 포지셔닝을 통해 전략적인 차별화로서 활용할 수 있다. 지속가능개발목표(SDGs)[1]는 이처럼 지속가능한 비즈니스 모델을 위한 프레임워크를 구축한다.

📝 Notes

SDGs는 국제 사회가 합의한 글로벌 어젠다의 중심으로 우리 시대에 가장 시급한 사회·환경 문제를 규명하고 문제를 완화하기 위한 야심찬 목표를 설정하며 목표 달성 과정을 위한 높은 수준의 로드맵을 제공한다.

이윤, 목적, 생존을 위하여

왜 기업은 지속가능성을 수용하는가

지속가능하게 리드하라
Leading Sustainably

기업이 지속가능성을 수용하도록 만드는 다양한 압력이 혼재한다. 새로운 고객의 기대심리, 미션 중심 스타트업과의 경쟁구도라는 위협, 기업의 자본을 결정하는 투자 심리, 기후 위기와 이에 대한 저항력의 필요성, 비용 절감의 경쟁력과 잠재력, 인재 경쟁, 모든 범위의 이해관계자와의 올바른 관계 형성이라는 새로운 쟁점, 선한 활동을 하면서 재정적인 성과도 낼 수 있어야 한다는 새로운 이해의 증가. 이러한 몇 가지는 경영진을 잠 못 이루게 하는 것들을 열거한 것이다. 그러나 이렇게 경영진을 압박하는 요인들을 기업의 핵심 미션 수행의 방해물로 간주해서는 안 된다. 이를 위해서 오히려 이에 대처하는 것이 기업에 이익인 이유를 설명하는 실제적이고 긍정적인 사업성 사례(business case)가 있다.

최근 기업의 경영진과 임원은 통칭 VUCA로 불리는 시장의 새로운 변동성(volatility), 불확실성(uncertainty), 복잡성(complexity), 모호성(ambiguity)에 대응하느라 애를 먹고 있다. 이 혼란스러운 상황은 위 문단에서 언급한 대부분 오늘날 기업이 직면하는 시장의 새로운 요인에 의해 발생한다. 그럼에도 불구하고 긍정적인 점은 이런 압력의 원인에 잘 대응하면 조직이 훨씬 군더더기 없이 탄탄해지고 새로운 기회에 더 잘 대응할 수 있게 되며 경쟁자에 대항하여 더 나은 시장 점유율 및 위치 방어 태세를 갖추게 된다는 점이다.

지속가능성을 우선시하는 조직은 동종 기업보다 더 높은 성장률을 보이고, 운영의 가시성을 더욱 확보하기 위하여 ESG 기준을 활용하고 있고, 특히 이러한 기업은 주식 시장에서 경쟁자보다 우수한 성과를 내고 있다. 또한 기업이 속한 산업이 직면한 시급한 이슈를 대중에게 알리는 기업은 충성도 높은 고객군을 형성한다.

이런 과제를 해결할 때, 기업은 새로운 '이윤'을 창출하고 사회와 공유하는 '목적'을 발견하여 지속가능한 조직으로 거듭남으로써 '생존'을 위해 장기적으로 대비할 수 있다.

━ 시작점은 원인 해결에 바탕을 둔다

이론상으로는 기업이 지속가능성을 위한 (또는 SDGs에 기반한) 모델을 수용하기 위한 변화의 여정을 시작해야 함이 분명하지만, 현실적으로 기업은 우선 핵심 이해관계자들을 위하여 명확한 사업성을 제시할 필요가 있다.

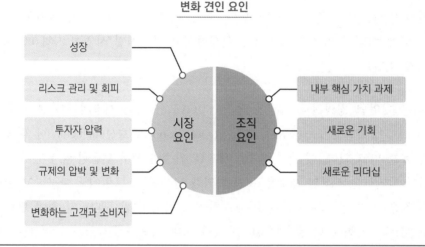

변화 견인 요인

시장 요인	조직 요인
성장	내부 핵심 가치 과제
리스크 관리 및 회피	새로운 기회
투자자 압력	새로운 리더십
규제의 압박 및 변화	
변화하는 고객과 소비자	

그림 2.1 본 연구는 기업이 변화하고 더욱 지속 가능한 비즈니스 실천을 채택하도록 만드는 8개 요소를 발견했다. 3개는 내부적, 조직 관련 요인이며 5개는 외부적, 시장 관련 요인이다.
출처: 이미지 제공-Read the Air (www.readtheair.jp).

많은 기업은 이런 펀더멘탈 전환이 기업의 비즈니스 모델에 미칠 재정적 영향(비용과 수익)을 정량화하려고 할 것이다. 그러나 사업성의 초석을 다지고 궁극적으로는 조직이 이런 전환을 해야하는 '이유'가 되는 다른 중요한 요인이 존재한다는 점을 주목해야 한다.

이 요인은 조직적 요인과 시장 요인으로 나뉜다.(그림 2.1 참고)

이 중 많은 요인이 기업이 비즈니스 모델의 펀더멘탈 전환을 결정하기 전에 제시되어야 할 것이다. 이 요인들이 어떻게 기업으로 하여금 최근 몇 년 사이의 고객의 변화를 살펴보고 그동안 해왔던 '일반적인 사업' 모델을 재고하게 만드는지 자세히 살펴보겠다.

"각 기업이 최근 실제로 끼친 유익이 있는가?"

인간이 살면서 진심으로 기업이 좋은 세력이라고 생각하는 적은 별로 없을 것이다. 물론 기업이 기아 인구에 저가의 영양 식품을 제공하거나 치료하기 어려운 질병에 대한 획기적인 치료법을 제공했을 수도 있지만 그렇다고 해서 기업의 생산방법이나 시장 행위도 이에 견줄만한 긍정적인 영향을 미쳤다고 할 수는 없다. 서문에 언급한 인류가 겪은 환경 재난과 의료 스캔들의 짧은 역사가 보여주듯이 일부 기업은 때때로 기업의 이해관계자인 고객과 근로자에게 피해를 입히는 충격적인 인재에 직접적인 책임이 있다.

근시안적인 결정, 부실, 운영 실패의 책임은 온전히 비즈니스 세계를 바라보는 주주 중심의 관점의 탓으로 돌릴 수 있다. 실제로 자본을 지속가능하게 보존하고 확충해 온 장기적인 관점은 분기별 성장으로 측정된 투자 수익을 최고의 가치로 여기는 비뚤어진 주주 중심 사고에 의해 흐려졌다.

이에 반대하여 새롭게 부상한 이해관계자 중심의 관점은 기업이 이윤과 사회적 목적 사이의 균형을 맞추지 못하여 결국 생존을 위협받게 된 실패에 대한 구제책이다.

그러나 오늘날 기업이 처한 위험은 단순히 고객에 서비스를 제공하고 환경오염을 줄이는 활동에 관한 깨끗한 기록을 유지하는 데 그치지 않는다. 역사상 그 어느 때보다도 사람들은 그 규모에 상관없이 기업을 주목하고 있으며 기업의 행동에 기대하는 바가 크다. 정부에 회의적인 태도가 증가함에 따라, 많은시민들이 기업을 사회적 변화를 위한 더 나은 행위자로 바라본다.

커뮤니케이션 회사 에델만(Edelman)은 거의 20년간 전 세계 다양한 기관에 대한 사람들의 신뢰도 변화를 추적해온 기업으로 신뢰도 지표(Trust Barometer)를 제공한다. 일반 인구를 대상으로 한 가장 최근 조사에서 기업 신뢰도는 52%였으며 이는 비정부기구(NGO)에 대한 신뢰도인 53%와 비등하다. 정부와 미디어에 대한 신뢰도는 43%에 그쳤다.[1]

"신뢰에는 그만한 책임이 따른다"는 말이 있다. 고객은 기업의 미션, 활동, 제품이 자신의 신념에 부합하는지 알아보기 위해 기업을 더욱 면밀히 주시한다. '목적을 가진 기업'을 지지하려는 태도는 밀레니얼 세대(1981년~1996년 출생)와

Z 세대(1997년~2012년 출생) 사이에서 더 뚜렷이 나타난다.

아메리칸 익스프레스(American Express)의 최근 조사에 따르면 밀레니얼 세대의 76%가 기업이 사람들과 공감할 수 있는 진정성 있는 목적을 가져야 한다고 응답했다.[2] 정부보다 기업에 대한 일반 대중의 신뢰도는 높아졌으나, 딜로이트(Deloitte)의 연례 글로벌 밀레니얼 세대 설문에 따르면 밀레니얼 세대의 47%만이 "기업 총수들이 사회발전에 공헌한다"고 생각했으며 이는 전년보다 15%p 감소한 수치라는 점에서 기업은 기업에 대한 밀레니얼 세대의 부정적인 시각을 신중히 고려해야 할 필요가 있다.[3]

같은 주제에 대해 Z 세대의 태도는 더욱 극명하게 드러난다. 콘 커뮤니케이션(Cone Communications)의 최근 조사에 따르면 기업이 사회·환경 문제를 해결해야 한다고 믿는 일반 응답자는 86%였던데 비해 Z세대는 무려 94%였다.[4]

이런 새로운 태도는 구매 결정으로 이어진다. 소비자가 제품이나 서비스의 비용과 지속가능성 추구 사이에서 어디까지 교환할 의지가 있는지에 관해서 더욱 많은 조사가 이루어져야 하겠지만 초기 시사점은 젊은 세대가 자신의 신념과 부합하는 곳에 돈을 지불할 의사가 있다는 점을 보여준다.

유명 호텔 기업 힐튼(Hilton)은 MZ 세대 고객이 비용을 더 지불하는 것과 좋은 일을 하는 것 중 어느 쪽을 선택할지 알아보기 위한 내부 설문조사를 진행했다. 비용이 많이 드는 휴가에 대한 거부감이 있을 것이라고 예상한 바와는 달리, 놀랍게도 MZ 세대가 높은 비용을 지불하더라도 지속가능한 관광을 선호하는 심리가 매우 강한 것으로 드러났다.

비단 젊은 세대만이 아니다. 어떤 영역에서는 시장 전체가 변하고 있다. 뉴욕대학교 스턴 지속가능경영센터(Stern Center for Sustainable Business)의 텐시 윌랜(Tensie Whelan) 교수와 랜디 크론탈-사코(Randi Kronthal-Sacco) 학자가 2019년 6월에 발표한 '실제로 소비자는 지속가능한 제품을 구매한다(Actually, Consumers Do Buy Sustainable Products)'는 제목의 연구에서 "2013년부터 2018년까지 포장소비재(CPG) 성장의 50%가 지속가능성 마케팅 제품에서 발생했다"고 밝혔다.[5] 두 사람은 "지속가능성을 내세운 제품이 그렇지 않은 제품보다 5.6배 빠른 성장을 보였다고 말했으며, 포장소비재 카테고리의 90% 이상에서 지속가능성 마케팅 제품이 기존 제품보다 더 빠르게 성장했다"고 보고했다.

스턴 센터는 새로 발표한 지속가능 공유 지표(Sustainable Share Index)에서 2018년 지속가능 마케팅 제품 매출이 2013년 매출보다 29% 증가한 $1,140억이라고 밝히며 2023년까지 $1,400억 이상으로 증가할 것이라고 전망했다. 월랜과 크론탈－사코는 (주주의 회의적인 시각에도 불구하고) 지속가능한 실천과 제품을 중심으로 비전을 수립한 유니레버(Unilever)와 펩시(PepsiCo)가 어떻게 보상을 받았으며 이와 대조적으로 지속가능한 제품 개발을 수용하지 않은 크래프트 하인즈(Kraft Heinz)가 현재 어떤 난항을 겪고 있는지 지적하며 새로운 환경의 승자와 패자를 논하고 있다.[6]

연구 결과를 볼 때, 주류 투자자들은 이러한 시장을 잘 파악한 기업의 리더십이 인정받고 있다는 경영 시각으로 전환할 필요가 있다. 새로운 선호에 부응하는 기업은 시장에서 승자가 될 것이다. 그러나 소비자가 주도면밀히 지켜보고 있기 때문에 전략과 운용에 있어 현실적이고 의미있는 조치를 취해야 한다.

사실 경쟁은 처음부터 유익하다

이런 부분을 걱정하지 않아도 되는 기업 형태 중 하나는 최근에 부상하는 '미션 중심 기업(mission－driven business)'인데 이들은 틈새시장을 노린 경쟁업체에서 이제는 위협적인 주류가 되어가고 있다.

미션 중심 기업은 지속가능성 수용이 근본적으로 어려운 업종에서 완전히 지속가능한 혁신과 비즈니스 모델을 선도하는 일에 전폭적으로 집중한다. 스턴 센터 연구에서 사례로 제시한 지속가능한 제품에 대한 수요에 불을 지핀 기업들이 여기에 속한다. 처음부터 모든 이해관계자를 공정하게 대하도록 기획되어 새로운 소비자 기대를 충족시킬 수 있는 완벽한 위치에 있다. (오히려 바짝 긴장해야 하는 쪽은 현재 시장을 주도하는 경쟁사이다.)

이전 장에서 다룬 존 엘킹턴의 TBL 접근은 애초에 이해관계자 친화적인 프레임워크를 기반으로 한 수많은 기업을 탄생시켰다. 이러한 기업은 사회적·환경적 영향을 평가하는 통합된 접근 방식을 성공적으로 적용했으며 갈수록 해당 업계의 평균 성장을 능가하고 있다.

많은 미션 중심 기업이 B코퍼레이션(B Corporation) 또는 B콥(B Corp)이라 불리는데, 이는 기업의 환경, 사회, 재무를 측정하여 수행 기준을 최고 수준으로 충족하는 기업에게 부여하는 미국의 비영리 기관 B랩(B Lab)이 개발한 인증이다. B콥 인증을 받으려면 B임팩트 평가(B Impact Assessment)를 거쳐 임팩트 점수(Impact Score)를 받아야 하는데 이 부분에 대해서는 다음 장에서 자세히 다루겠다. 일반적으로 인증은 기업이 직원, 고객, 공급원, 지역사회, 환경에 관하여 그들이 내리는 결정과 행동의 영향(impact)을 고려할 것을 요구하고 있다.

최근 B콥 인증을 받은 기업을 분석한 결과, 2017년 기준 '일용소비재(fast-moving consumer goods)' 영역에서 해당 기업들은 평균 27% 성장한 반면, 전형적인 일용소비재 기업은 전국 평균 3% 성장세를 보였다. 스턴 센터의 분석을 보완하여 2017년 닐슨(Nielsen)이 실시한 조사에서는 고객이 이런 제품에 지대한 관심을 가질 뿐만 아니라 이 중 73%가 긍정적인 영향을 미치는 제품과 서비스에 비용을 더 지불할 의향이 있다고 밝혔다.[7]

이들이 모두 스타트업은 아니다. 다수가 훨씬 전에 스타트업 단계를 지나 규모가 크고 견고한 다국적 회사로 성장했다. 다양한 업종의 기업들이 이들을 가까이서 주시하고 있으며 일부 기업은 수년에 걸쳐 이런 신생 이단아들을 인수하기 위한 움직임을 취하고 있다.

미션 중심 기업이 시장의 터줏대감의 성장세를 앞지르는 현상은 새로운 경쟁 환경 속에서 안이하게 대응하는 기업이 안고 있는 리스크를 보여준다. 또한 이는 근본적으로 이해관계자 친화적이며 지속가능한 입장을 바탕으로 조직을 운영하기 위한 견고한 사업성과 지속가능성을 수용하는 것이 실질적인 이점이 있음을 시사한다. 즉, 지속가능성은 시장의 주요 변화로 인해 기업이 큰 VUCA('변동성(Volatility)', '불확실성(Uncertainty)', '복잡성(Complexity)', '모호성(Ambiguity)')를 겪고 있는 상황에서 기업의 생존 능력을 좌우할 수 있다.

― 투자 결정으로 이어지는 새로운 리스크 민감도

좀 더 하향식 관점에서 보면 투자계의 변화는 기업이 사회적 영향을 개선하도록 큰 압력을 가한다.

　오늘날 투자자가 타겟 기업에 접근하는 방법에는 두 가지 추세가 있다. 첫째, 주류 자산 운용사는 투자가 기후에 미치는 영향과 기타 중요한 사업 리스크를 진지하게 고려하고 있다. 둘째, 새로운 부류의 투자자는 경제적인 성과만큼이나 '사회적 영향', 즉 목적을 위한 이윤과 관련된 성과를 기대한다.

　두 부류 모두 각자의 투자 방식에 우려를 제기하기 시작한 것은 ESG에 집중한 관점이 부상하면서부터이다. ESG라는 용어는 2006년 유엔 전 사무총장 코피 아난의 주도하에 발간한 보고서 '먼저 고려하는 자가 이긴다(Who Cares Wins)'에 처음 등장했다. 2년 뒤 코피 아난은 세계 주요 금융기관 55곳에 "자산 운용, 증

┃〈표 2.1〉 존 엘킹턴의 TBL 접근법에 영감을 받은 다수의 기업을 포함하여 업종별 미션 중심 기업은 좀 더 이해관계자 친화적인 프레임워크에 기반하여 설립되었다. 이 중 많은 기업이 해당 업종의 평균 성장률을 상회하는 성과를 보이고 있다.

기업	업종
에일린 피셔(Eileen Fisher)	의류
파타고니아(Patagonia)	의류
킥스타터(Kickstarter)	크라우드 펀딩 플랫폼
벤앤제리스(Ben & Jerry's) 유니레버가 인수함	유제품
킨(KEEN)	신발 및 액세서리
메서드 홈(Method Home) SC 존슨이 인수함	자택 요양
미시즈 메이서스(Mrs. Meyers) SC 존슨이 인수함	자택 요양
바릴라(Barilla)	포장 식품
다농 노스 아프리카(Danone North America)	포장 식품(유제품, 생수)
볼튼 푸드(Bolton Food)	포장 식품(통조림)
아베다(Aveda) 에스티로더가 인수함	개인 미용, 화장품
나투라 코스메티코스(Natura Cosméticos)	개인 미용, 화장품
엣시(Etsy)	수공예 및 골동품 전자상거래
푸카 티(Pukka Teas)	차 및 보조식품
레이근 셀스(Ragn-Sells)	폐기물 관리

출처: 제공-Read the Air (www.readtheair.jp).

권 중개업 및 관련 연구에 있어 환경적(Environmental), 사회적(Social), 기업 지배구조(Governance) 이슈를 더 잘 통합하는 방법에 대한 지침과 권고안을 개발하는" 이니셔티브에 동참하도록 촉구했다. ESG 이슈에 대한 인지가 더 나은 경제적 성과로 이어진다는 신념에 기반한 최초의 투자 펀드 등이 등장하면서 2000년대에 이 개념이 첫발을 내딛었다.

자산 운용사는 기업의 내부적인 초점을 ESG에 두는 것이 기업 운영에 더 나은 시각을 제공하기 때문에 이는 비용 절감, 수익 개선, 새로운 사업 기회 발굴로 이어지며, 내·외부 요인으로부터 비즈니스 리스크를 줄이고, 직원과 고객에게 더 좋은 기업 이미지를 심어 줄 수 있다고 생각하게 되었다.

따라서 ESG 필터를 적용하면 목표한 투자로부터 자본 리스크를 줄이고 시장에서 우수한 성적을 거두거나 동종업계를 능가할 수 있는 기회가 될 것이라고 믿었다. 이런 믿음 덕분에 ESG 필터를 이용하여 기업 성과를 보고해야 하며 운영의 위험 조짐이 있는 부분을 개선해야 한다는 기대가 기업에 서서히 정착되었다.

ESG 개념이 도입된 초창기에는 기관 투자자들이 프레임워크의 환경과 사회적 측면보다 본인들이 기존에 더 잘 이해하고 있던 지배구조(governance)를 강조하는 경향이 있었다. 따라서 가장 익숙한 개념이었던 지배구조를 성과와 가장 직접적인 연관이 있는 요소로 보았다. 이런 경향은 기업도 마찬가지였는데 그 이유는 지배구조가 사회와 환경과의 접점에 변화를 주기보다는 기업 운영에 대한 시각 개선을 다루기 때문이었다.

그러나 기후 위기가 더 심각한 문제가 되면서 기관 투자자의 관점도 변하여 근 몇 년간 기후변화를 경영의 핵심적인 중요 리스크로 주시해오고 있다. 파리 기후변화협정은 과학적인 근거를 제시하고 있고, 우리가 기후변화를 막기 위한 실질적인 조치를 취하지 않는다면 기후 위기는 인간 사회와 지구 환경에 심각한 위협을 가할 것이라는, 전 지구적으로 시급한 문제라는 점을 명확히 했다.

투자자들은 기후 위기가 초래할 잠재적인 재앙과 그로 인해 농업, 음료 및 식수 관련 산업, 양식, 보험 등 업종이 직면할 리스크를 깨닫게 되었다.[8]

이런 이유로 이제는 투자자 사이에 투자할 기업이 어떤 환경적 리스크 및 기타 중요 리스크(식량난 및 사회적 불안정 등)에 노출되어 있는지, 그리고 그러한 리스크를 피하거나 감소하기 위한 전략이 무엇인지 파악해야 할 시급성이 높아졌다. 이에 따라 ESG에서 환경은 지난 20년간 단순히 환경오염을 해결하는 차원에서 시작하여 이제는 기후 위기로 범위를 확장하며 재조명 받고 있다.

기후 위기 리스크에 대한 노출이 자산 배분의 기준인 자산 운용사는 ESG 보고서를 활용하여 투자처를 선별할 수 있으며 금융기관 역시 최근 몇 년 동안 ESG 관련 투자 도구를 개발하여 기후 관련 재앙에 더욱 잘 견디는 기업을 보상하는 데 도움이 되는 투자 솔루션을 제공하고 있다.

더 작은 규모로 보면 젊은 세대의 시장 참여와 업계에 여성 근로자의 비중이 늘면서 투자계의 인구 구성이 변하고 있다는 점이다. 소비자 시장에서와 마찬가지로 이런 세대 변화는 재정적 결정에 있어 다른 형태의 우려를 의미한다. 많은 MZ 세대 투자자들은 투하자본이익률만큼이나 더 나은 세상을 만들기 위한 가치와 희망을 중요시하며 제품을 선택 한다. 선량한 X세대는 젊은 세대가 이런 투자 철학을 적용할 수 있도록 이끌 수 있다.

기관 투자자나 개인 투자자 모두 ESG 관련 자산 보유량을 늘리고 있고, 이와 함께 기업 가치 평가에 대한 투자자의 접근법이 달라지고 있다는 것을 보여주는 강력한 증거가 있다. 자산이 $1.1조에 달하는 세계 최대 연·기금인 일본 공적연·기금(GPIF: Government Pension Investment Fund)과 네덜란드 연·기금(Dutch National Civil Pension Fund)과 같은 기관 투자자들도 ESG 포지션을 늘리거나 특정 ESG 또는 기후 관련 목표를 확대하고 있다.[9] 현재 전 세계 총 운용 자산(AUM) 중 ESG 투자는 약 $20조이다.[10]

지역별로 봤을 때 그동안 아시아는 기후와 환경 측면에서 뒤쳐지는 것으로 간주되었으나 몇몇 국가들이 지속가능한 교통 인프라와 재생 에너지 전력을 공급할 기술을 주도하고 환경 문제에 대한 해결을 요구하는 중산층이 늘어나면서, 아시아 내에서 상당한 진전이 있을 것이라는 강한 조짐도 보인다.[11]

이런 역학은 필연적으로 아시아 투자자 계층에도 긍정적인 영향을 미칠 것이다. 이전에는 기업들이 이러한 리스크에 대하여 조치를 취하고 있다는 것을 보여주는 정도의 제스처만 취해도 되었던 반면, 이제 투자자들은 기업이 다양한 주요 리스크를 제대로 처리하기 위한 견고한 계획이 있음을 입증하는 구체적이고 심지어는 야심찬 행동을 보아야 한다.

이처럼 ESG 기준을, 그리고 이제는 SDG 기준까지도 높은 수준으로 충족하는 기업에 대한 관심과 투자가 증가함에 따라, 투자자와 기업 모두 정량적으로 평가하기 어려운 문제에 대해 더 나은 도구, 방법, 프레임워크를 찾고 있다. 이에 관해서는 다음 장에서 논의할 것이다.

기후 위기가 기업에 미치는 영향

온실가스 감축 및 온난화 방지를 위한 행동 결의인 파리 협정에서 이끌어낸 국제적 합의는 해수면 상승, 담수 부족과 비옥한 토지의 사막화, 기상 패턴의 변화, 기상 이변 증가, 기후 변화로 인한 이주 증가와 같은 '행동하지 않을 때(inaction)' 인류가 겪게 될 위험에 대한 과학적인 합의에 근거하고 있다.

환경의 현 상태와 변화가 가져올 영향을 이해하기 위해 대대적인 과학적 조사가 이루어지고 있으며 과학계 대다수가 이런 움직임에 의문을 제기하지 않는다. 이런 예측을 무시하는 태도는 기업의 사활이 걸린 대단히 큰 리스크를 용인하는 것과 같다.

향후에도 지속적인 세계화와 인구 증가에 더하여, 공급망, 자원 이용 및 비용, 핵심 재료 수급 측면에서 기업 환경이 상당한 곤란을 겪을 소지가 있다. 프롤로그에서 그린 장밋빛 미래와 정반대되는 경우다.

선 넘지 않기

스톡홀름 회복탄력성 센터(SRC: Stockholm Resilience Center)의 지구 위험 한계선(Planetary Boundaries) 모델은 오늘날 인류가 환경에 미치는 영향이 생태 균형을 회복 불가능한 수준으로 손상하지 않는 한계선을 제시한다. 비즈니스 맥락에서는 조직이 회복탄력성을 유지하기 위해 명심해야 할 점이다.

스톡홀름 회복탄력성 센터는 회복탄력성(resilience)을 "개인, 숲, 도시 또는 경제 등 하나의 시스템이 변화에 대처해 나가고 계속 발전할 수 있는 능력"으로 정의한다. 또한, 과학기반 접근에 입각하여 지구가 "인류 발전을 위한 안전한 공간"으로 유지되는 9개의 지구 위험 한계선을 규명하고 있다.[12]

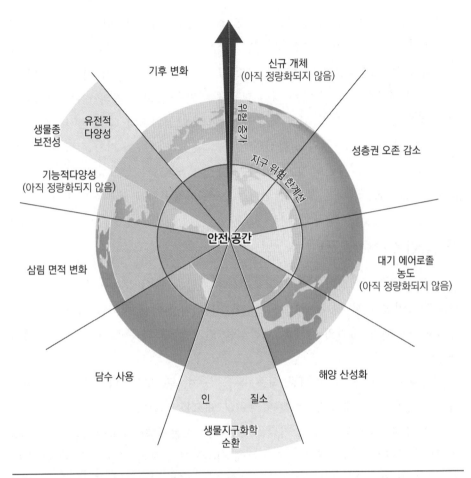

그림 2.2 지구 위험 한계선(Planetary Boundaries)
출처: J. Lokrantz / Azote, 근거 자료-Steffen et al. 2015.

최근 연구는 인간의 활동으로 인해 9개 영역 중 이미 4개 영역에서 한계선을 넘었다고 보고 있다. 4개 영역은 기후변화, 생물 종 보존성 상실, 삼림 면적 변화, 생물지구화학 순환(인과 질소 생산)이다. (그림 2.2 참고)

스톡홀름 회복탄력성 센터는 민간 영역이 사회 전체를 위해, 부차적으로는 자체적인 생존을 위해 새로운 제품과 서비스를 개발하고, 또 직접적인 투자를 통해 현재의 흐름을 역전할 수 있는 생태적으로 건전한 실천에 앞장서야 한다고 주장한다.

식품, 음료, 식자재, 농업 부문 기업은 이 주장에 쉽게 공감한다. 생물 다양성 보존과 질소와 인을 생산 면에서 지구 위험 한계선을 넘는 행위(곧, 기업의 기본적인 비즈니스 모델에 위협)에 따르는 리스크는 명백하며, 따라서 이와 관련된 기업이 현재 한계선을 넘게 만든 기업 활동에 대안을 찾고 최악의 경우를 막기 위해 조치를 취하는 동기가 되기 때문이다. 이 프레임워크의 상호 연관성은 다른 산업 분야에 해당하는 기업도 자신의 활동이 환경에 영향을 미치는 방식을 비롯해, 언뜻 보기에는 관련이 없어 보이는 활동과 SDGs의 연관성을 이해하는 데 도움이 되는 접근방식을 취해야 한다는 논리를 강력하게 뒷받침한다.

자연스러운 수순(흐름)

의류, 식음료, 임산가공제품, 금융, 기타 수많은 산업 분야에서 기업은 일반적으로 알려진 자본 형태(금융, 사람, 제조, 사회, 지성)에서 벗어난 시각을 가지고 자연자본에 대한 기업의 절대적 의존성을 인지할 때 더욱 또렷한 상황 파악이 가능하다.

자연자본(natural capital)이란 식물, 동물, 공기, 물, 토양, 원자재와 같이 인간에게 이익이 되는 재생 및 비재생 자원의 재고를 말한다.

WBCSD와 그 밖의 다수의 지원을 받는 자연자본연맹(Natural Capital Coalition)은 '모든' 기업이 어떤 식으로 자연자본에 의존하고 있으며 기업이 자연자본에 미치는 긍정적 혹은 부정적인 영향의 결과에 따라 어떤 기회나 위험이 있을지 설명하고 있다(그림 2.3). 기업 활동을 위한 지구 환경이 점점 더 복잡해짐에 따라 기업이 운영을 지속하기 위해서는 자연자본에 미치는 영향과 의존도를 이해하고 방어적으로 조정하는 과정이 반드시 필요하다는 의미다.

기후 위기에 관하여 마지막으로 언급할 점은 ESG와 마찬가지로 기업이 운영 면에서 내부적인 부담을 느낄 뿐만 아니라 그보다 더 앞서 이런 리스크를 이해하려고 애쓰는 투자자로부터 외부적으로 압박을 받을 공산이 크다는 점이다. 이와 관련된 가장 최근 사건은 기후변화 관련 재무정보 공개 협의체(TCFD: Task Force on Climate-related Financial Disclosures)가 기업의 기후 위기 대응에 대한 구체적인 현황 보고를 요구하고 있는 것이다.

마이클 블룸버그(Michael Bloomberg)가 의장을 맡고 있으며 주요 투자 펀드, 국제 상업은행, 기타 자산 운용사, 다국적 기업으로 구성된 이니셔티브인 TCFD는 기후변화 리스크가 기업의 사업에 미치는 잠재적인 위험을 측정하고 공시하는 방법에 대한 권고안을 마련했다.

ESG와 마찬가지로, 이런 요인을 측정한 후, 논리적으로 이어질 다음 단계는 해당 요인을 어떻게 관리할지 결정하는 것이다. 기업은 물리적 환경의 변화가 사업에 미치는 영향 뿐 아니라 기후변화를 해결하기 위해 진행 중인 에너지 전환 기조에 맞추어 어떤 조정이 필요할지 진지하게 고려해야 한다. 스스로 하지 않더라도 투자자의 기대에 따른 압박 때문에 어차피 그러한 흐름으로 가게 될 것이다.

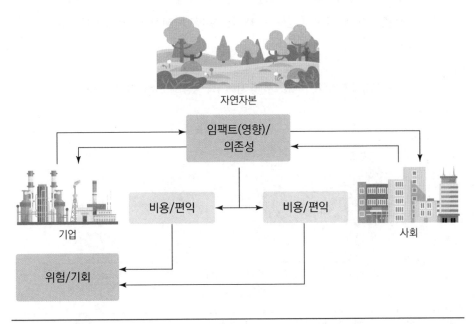

그림 2.3 자연자본 모델

출처: 자연자본연맹(CC BY-NC-ND 4.0)

"[금융업계는] 대규모 에너지 전환의 필요성을 인식하고 있다. 다만 현존하는 기업의 에너지 전환 또는 현존하는 기업의 배출 축소나 신생 기업의 배출 증가에 따라 어느 정도의 에너지 전환이 일어날지는 정확히 모른다."

책임투자원칙의 의장이자 TCFD 금융안정위원회(Financial Stability Board) 위원인 마틴 스켄케(Martin Skancke)는 2019년 도쿄에서 열린 TCFD 회의에서 이렇게 말하며 다음과 같이 덧붙였다.

"두 가지 경우가 혼재할 수 있다. 비즈니스 모델을 전환하여 저탄소 경제에서 수익 창출이 가능한 사례도 있고 그렇지 못한 사례도 있을 것이다. [...] 나는 TCFD 프레임워크가 실제로 투자자가 결정에 근거로 삼아야 할 정보를 제공한다고 생각한다."

행간을 읽어보라. 메시지는 분명하다. 투자자는 기업이 환경문제에 주목하고 있는지 알고 싶어 한다. 왜냐면 그들은 에너지 전환 또는 기후 위기에서 살아남기 위한 극적인 전환 의지가 없는 기업에 투자할 생각이 없기 때문이다.

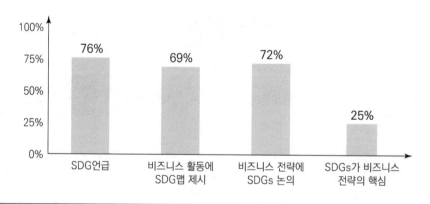

그림 2.4 SDGs에 대한 글로벌 기업의 접근의 표본
출처: 이미지 제공-Read the Air (www.readtheair.jp).

갈 길이 멀다

그렇다면 기업은 어떤 방식으로 이러한 사례를 이해하고 지속가능경영으로 가기위한 여정을 준비하고 있을까?

우리의 대화에 참여한 기업은 대부분 SDGs(좀 더 일반적으로 말해서 지속가능성)를 폭넓게 수용하고 있다고 말했다. 물론 지속가능 비즈니스 모델을 달성하기 위해서 어떤 대단한 성과가 있었는지 딱히 밝히지는 않았지만, 대화를 나누면서 이 분야에 대한 그들의 작업이 기업의 발전 과정의 초기 단계에서 발생하는 경향이 있다는 인상을 받았다.

이번 책에서 진행된 연구에서는 지속가능경영의 선두주자로 간주되는 다양한 기업의 연차보고서를 조사했는데 연차보고서야말로 조직의 미션과 전략을 알 수 있는 가장 중요한 문서라고 생각했기 때문이다. 조사한 대다수의 기업이 연차보고서에 지속가능성과 SDGs를 언급하고 사업 활동에 대한 SDGs 맵을 제시하며 전략 수립에 있어 관련 주제를 논의하고 있음을 밝혔다(그림 2.4 참고).

이를 평가하기 위해 기업이 개발 중이거나 이미 제공하는 '지속가능한' 제품과 서비스가 있는지, 공급망 조정, 공급업체 검증, 기타 이니셔티브를 통해 전략과 운영에 지속가능성을 적용하기 위한 변화를 꾀하는 중인지, 지속가능성을 성장과 비용 효율화의 동력으로 보는지 함께 조사했다. 우리는 그중에서 조사 대상 기업의 25%만이 조사 내용을 실천하고 있다는 징후를 보였다.

이는 기업과의 대화를 통해 알 수 있었다. 지속가능성 분야의 많은 리더와 이야기를 나누고 그들의 야심찬 비전과 계획을 논의하면서도 그중 누구도 완전히 지속가능한 조직을 운영하고 있다고 볼 수 없었다. 분명한 것은 지속가능성은 아직 비즈니스 모델의 펀더멘탈이 아니라는 점이다. 이는 많은 기업이 시작은 했으나 아직 아무도 완료하지 못한 여정이다. 대다수 기업이 기껏해야 지속가능성 전략의 우선 과제나 비전을 수립하는 단계에 있으며 다음 단계로 나아가는 데 어려움을 느끼는 상황이다.

이를 포함하여 기업을 관찰한 바에 따라 본 연구는 9가지의 주요 시사점을 정했다. 현주소에 대한 전체적인 평가를 말하자면 '아직 갈 길이 멀다.'

9가지 핵심 시사점

지속가능성과 관련하여 기업계에 큰 변화가 '있다'는 점은 인정한다. 그러나 기업과 대화를 통해 산업 전반에 걸쳐 (공통으로) 어려움을 겪는 이슈가 많다는 점도 금방 알 수 있었다. 이런 어려움 중 일부는 오늘날 변혁의 성과가 어디에 있는지 간략히 보여주고, 지속가능한 비즈니스 모델을 추구하기 위한 주요 동기를 드러내며, 기업이 중점을 두고 노력해야 하는 핵심 분야를 강조하고 있다.

다음은 아시아 지속가능성 에너지 및 환경 회의(Asian Conference on Sustainability, Energy & the Environment)의 공식 자료집에 게재한 글에서 설명한 9가지 주요 시사점이다.

1. 지속가능성은 아직 비즈니스 모델의 펀더멘탈이 아니다. 많은 기업이 시작은 했으나 아직 아무도 완료하지 못한 여정이다.
2. 기업은 지속가능성 '비전' 수립을 넘어서 이니셔티브의 완전한 '시스템화'로 나아가려고 노력 중이다.
3. 기업은 지속가능성 및 SDGs 이행의 측정과 평가에 어려움을 겪고 있다. '널리 합의된' 프레임워크와 도구가 부족하여 완전한 지속가능 경영으로 전환하지 못하고 있다.
4. 투자자는 지속가능경영의 길을 밝히고 채택을 유도하는 계몽된 자산 관리사 역할을 하고 있다.
5. 그린워싱(Greenwashing, 환경과 사회에 부정적인 영향을 미치는 주요 활동은 변하지 않았음에도 불구하고 친환경 이미지로 기업을 홍보하는 얄팍한 상술)은 갈수록 불가능하며 새로운 프레임워크와 기준 덕분에 적발하기가 쉽고 시민단체와 관련 기관이 기업의 언사와 실제 행동에 촉각을 곤두세우고 있다.
6. 지속가능에 대한 기업의 입장에 대하여 더욱 까다로운 관점을 지닌 인재를 영입하기 위한 경쟁이 있다.
7. 기업 내부적으로 직원들은 지속가능성과 그것이 자신의 업무에 어떤 영향을 미칠지 이해하고자 하는 욕구가 있다.
8. 공급망은 지속가능성을 달성하기 위한 노력의 주된 쟁점이다.
9. 협업과 파트너십은 성공에 필수 요소이다. 독자적인 행동을 하기에는 너무나 복잡한 노력이 필요하다.[13]

첫 번째부터 세 번째 시사점은 기업이 얼마나 잘하고 있는지 보여준다. 다양한 형태의 진행 과정이 있으며 지속가능경영이라는 여정 속에서 각 기업은 서로 다른 지점에 서 있는 것을 볼 수 있다.

그러나 비즈니스 모델에 지속가능성을 통합하는 부분에 관해서 많은 기업이 아직 갈 길이 멀다. SDGs와 관련해서 17개 목표 중 무엇이 가장 중요한지 정하고 2030 목표의 일부 혹은 전부에 맞추어 비전을 수립한 회사는 많지만, 다음 단계인 수립한 비전을 중심으로 전략을 세우고 조직 내에 유의미한 방식으로 전달하려는 노력은, 이미 최고의 위치에 있는 기업을 제외한 다른 기업에는 걸림돌로 느껴질 수 있다. 관련 지식이 부족하며, 지속가능성을 이해하고 수용하고 팀 내에서 기치를 두며 실행할 수 있도록 메시지를 생성하는 일은 가장 선구자적인 기업조차 어려워하는 과제이다. (아래에서 지속가능성에 관한 조직 내 지식 전달에 대하여 논할 것이며 다음 장에서는 지속가능성과 SDGs 이행도를 측정하고 평가하는 방법 및 고려해야 할 프레임워크에 대해 다룰 것이다.)

그렇지만 지속가능성 이니셔티브의 추진 동기가 부족하지는 않다. 투자자의 기대, 그린워싱 위험, 인재 경쟁은 기업이 해결해야 하는 긴급한 문제이다.

이 장에서 앞서 투자자와 그린워싱에 관하여 언급했던 것처럼 인재 경쟁도 잠시 짚고 넘어갈 필요가 있다. 소비자가 까다로워지는 것만큼 직원도 까다로워지고 있다. 새로 고용되는 젊은 세대는 환경적·사회적 영향에 관하여 더 높은 수준의 가치를 두는 기업에서 근무하고자 한다. 게다가 조사를 진행하고 얼마 지나지 않아 위에서 언급한 조직 내 지식 부족과 명백히 관련된 요인도 발견했는데, 바로 기업의 내부적 요구를 충족시키는 기능을 수행할 지속가능성 관련 전문가가 턱없이 부족하다는 점이었다.

회사는 이런 지식을 가진 근로자, 즉 회사의 발전을 위해 반드시 필요한 인재가 원하는 기업상이 스스로를 지속가능경영의 선도기업으로 전망하는 기업, 즉 환경적·사회적 문제 해결에 진심으로 나서는 기업이라는 점을 알아야 한다. 이러한 개념을 이미 이해하고 있고 그러한 기업에서 실행하고자 하는 지속가능성 담당자는 성공적인 지속가능경영에 필수적이다. 이 분야에서 뒤처지는 기업은 새로운 인재를 영입하지 못하는 리스크를 감수해야 한다.

지속가능경영 추진의 방해 요인을 극복하고자 하는 기업은 목록의 가장 마지막에 제시된 세 가지 원칙에 집중해야 한다. 첫째, 조직 내에 선행 지식을 널리 확산하여 직원이 지속가능성에 기초한 결정을 내릴 수 있도록 장려해야 한다. 이를 위해서 조직과 관련된 지속가능성 개념이 무엇인지 알 수 있도록 직원 교육이 필요하며 이를 통해 기업 전체가 발전하는 기회를 마련할 뿐만 아니라 최고의 인재를 확실히 붙잡는 것이다.

본 조사를 위한 기업과의 대화 중 공급망이 지속가능성 패러다임의 승자가 될 수 있는 커다란 기회를 의미한다는 것도 알 수 있었다. 공급망 조정은 마지막 시사점인 파트너십과 긴밀한 연관이 있다. 이런 작업은 혼자 할 수 없기 때문이다. 지속가능경영 협력사, 공급사, 고객, NGO와 다양한 시민단체, 지자체 및 정부 등 그 대상이 누가 되었든 간에 파트너십은 성공에 필수적이다. 파트너십의 중요성은 앞으로 나올 장에서 더 자세히 다루겠다.

앞으로 나아갈 길

그렇다면 '갈 길이 먼' 시사점을 바탕으로 어떻게 앞으로 나아갈 수 있을까? 이를 위해 기업이 지속가능한 비즈니스 모델로 전환하기 위해 거쳐야 하는 5단계를 제시한다(그림 2.5 참고).

지속가능 비즈니스 모델의 5단계(Five Steps to a Sustainable Business Model)에는 기업이 다음 단계로 넘어가기 위해 달성해야 할 것으로 보이는 뚜렷한 각 단계별 이정표가 존재한다(아래 '지속가능 비즈니스 모델의 5단계' 상자 참고).

지속가능 비즈니스 모델의 5단계

1. 기초 수준의 이해
    - 고위 관리직의 인식
    - 지속가능성 담당 팀 구성
    - 높은 수준의 목표 설정

2. C-레벨 임원의 개입 및 초기 선택
    - CEO의 비즈니스 모델 전환 지지와 승인
    - SDGs에 맞추어 현재 활동을 정렬
    - 지속가능성 우선순위 파악을 위한 중요성 분석
    - 우선순위 영역에서 초기 목표 설정
    - 보고(GRI, ESG 등)

3. 이행 및 첫 결실
    - 이니셔티브 발표 및 개시
    - 이행을 위한 파트너십(협회, 국제기구 등)
    - 적극적인 커뮤니케이션(대내외)
    - 산업 내 및 산업 간 개입과 인식
    - 초기 목표에 대한 성과 추적

4. 조직 간 우선순위 설정 및 승인
    - 현재 위치와 방향에 관한 명확성(업계 내 최고 기업 및 경쟁사와 비교)
    - 모든 SDGs의 영향 이해(일부 목표에 집중한 우선순위 설정 가능)
    - 명확한 핵심 성과 지표(KPIs: Key Performance Indicators) 발표
    - 제품 및 서비스 포트폴리오에 지속가능성 통합
    - 리더십 개발과 직원 교육을 통하여 조직 간 지속가능성 지식과 역량 배양

5. 정렬 및 과정 통합
    - 지속가능성 전략 = 비즈니스 전략
    - 전략을 지지하기 위한 명확한 이행 계획 – 납품, 시기, 책임
    - 공통 플랫폼
    - 가치 및 원칙
    - 비즈니스 선택, 기획, 제품 개발, 보고에 대한 통합적인 접근
    - 새로운 KPIs를 정기적으로 추적할 수 있는 (기술 및 과정) 시스템
    - 직원 리뷰 및 인센티브 시스템에 새로운 KPIs 반영

지속가능 비즈니스 모델의 5단계

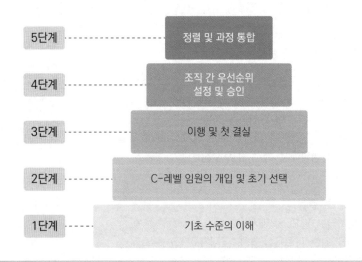

5단계	정렬 및 과정 통합
4단계	조직 간 우선순위 설정 및 승인
3단계	이행 및 첫 결실
2단계	C-레벨 임원의 개입 및 초기 선택
1단계	기초 수준의 이해

그림 2.5 지속가능 비즈니스 모델의 5단계는 경영 과정을 지속가능성과 통합하고 SDGs에 맞추어 정렬하고자 하는 기업이 경험하는 공통적인 조직 구조의 변화를 나타낸다.

출처: 이미지 제공-Read the Air (www.readtheair.jp).

SDGs 및 지속가능성과 관련하여 기업이 논의해야 할 점이 너무 많다는 회의적인 시각도 있을 수 있으나 우리는 기업의 의지에 진정성이 있다고 믿는다. 세계적으로 점점 많은 기업이 위에 제시한 과정 중 5단계에 이르고자 하는 진실된 열의를 가지고 있다. 그러나 이 장에서 앞서 언급한 변화를 촉진하는 많은 요인 중에서도 중요한 걸림돌이 몇 가지 있다.

1. 측정: 비즈니스 맥락에서 지속가능성과 SDGs 성과를 어떻게 측정할 수 있는가? 이해관계자와 사회라는 더 넓은 측면에서 회사의 영향을 어떻게 이해할 수 있는가?
2. 금융: 어떻게 하면 단기 성과를 강조하고 보상하는 기업 특유의 금융 시스템하에서 지속가능한 비즈니스로 전환할 수 있는가? 금융 시장은 지속가능성을 가치의 동력원으로서 수용하고 있는가? 어떻게 하

면 지속가능한 금융을 주류로 만들 수 있을까?

3. **조직 역량과 목표 달성**: 지속가능한 비즈니스 모델이 요구하는 역량은 무엇인가? 영감을 얻을 수 있는 우수 사례와 성공 사례는 무엇인가? 전환을 가속하기 위한 실용적인 팁은 무엇인가?

이 걸림돌은 앞으로 몇 장에 걸쳐 더 자세히 다룰 것이다. 그러나 그전에 지속가능한 비즈니스 모델 수용을 위한 비즈니스 사례에 관하여 마지막으로 언급할 일화가 있다. 위에서 열거한 압력에 대응하는 기업이 실제로 동종업계 경쟁사보다 성과가 좋은지 논의하는 동안 동일한 사례가 계속해서 언급되었다. 2009년 유럽의 유틸리티에 투자했다면 현재 투자 가치는 달러 당 약 $0.20일 것이다 (유럽 전력 시장의 전반적인 상황이 그렇다)[14]. 이 회사들은 전력 시장에서 재생가능에너지에 부정적인 영향을 미치며 '환경을 중요시하는 시장의 대세'를 따라가지 못하여 장기적인 경쟁에서 패했다. 기업계에 자리 잡은 새 환경적·사회적 대세를 무시하고 이런 실수를 저지른 기업과 투자자는 동일한 위험에 처하는 것을 보여주는 사례다.

어떤 메트릭을 선택하는지, 또는 현시점에서 지속가능한 비즈니스 모델의 가치를 정량화할 방법을 찾느냐 못 찾느냐에 상관없이, 더 큰 그림은 비즈니스 발전의 현재 방향에 주목하고 당장 행동하는 자가 내일의 승자라는 것을 말해준다.

압력이 실제로 존재하지만 이를 해소할 방법이 있다. 다음 장에서는 기업의 사회적·환경적 영향 측정을 시작하는 방법을 살펴봄으로써 기업이 미치는 영향을 관리하고 새로운 조직 및 시장 세력을 통제할 수 있도록 도울 수 있을 것이다.

ᴇ̲ Notes

1   Edelman (2018). 2018 Edelman Trust Barometer. Retrieved from www.edelman.com/sites/g/files/aatuss191/files/2018 − 10/2018_Edelman_Trust_Barometer_Global_ Report_FEB.pdf.

2   American Express (2017). Redefining the C − Suite: Business the millennial way. Retrieved from www.americanexpress.com/content/dam/amex/uk/staticassets/pdf/AmexBusinesstheMillennialWay.pdf.

3   Deloitte (2018). 2018 Deloitte Millennial Survey. Retrieved from www2.deloitte.com/content/dam/Deloitte/global/Documents/About − Deloitte/gx − 2018 − millennial − survey − report.pdf.

4   Cone Communications (2018). Cone Gen Z CSR Study: How to speak Z. Retrieved from www.conecomm.com/research − blog/2017 − genz − csr − study.

5   Whelan, Tensie, and Kronthal − Sacco, Randi (2019). Research: Actually, consumers do buy sustainable products. *Harvard Business Review*. Retrieved from hbr.org/2019/06/research − actually − consumers − do − buy − sustainable − products.

6   Ibid.

7   Nielsen (2017, October 12). Nielsen Global Survey of Corporate Social Responsibility and Sustainability. Retrieved from www.nielsen.com/us/en/press − releases/2015/consumer − goods − brands − that − demonstrate − commitment − to − sustainability − outperform/.

8   Viles, Aaron (2016, April 9). Climate change by industry: Who is most at risk? *DeSmog*. Retrieved from www.desmogblog.com/2016/04/09/climate − change − industry − who − most − risk.

9   Bernow, Sara (2017). From 'why? to 'why not?' Sustainable investing as the new normal. *McKinsey*. Retrieved from www.mckinsey.com/industries/private − equity − and − principal − investors/our − insights/from − why − to − why − not − sustainable − investing − as − the − new − normal.

10 Kell, G. (2018, July 31). The remarkable rise of ESG. *Forbes*. Retrieved from www.forbes.com/sites/georgkell/2018/07/11/the − remarkable − rise − of − esg/#1f7d29c16951.

11 Girvan, C. (2018, July 13). Why change is expected in Asia's ESG profile. Fund Selector Asia. Retrieved from https://fundselectorasia.com/why − change − is − expected − in − asias − esg − profile/.

12 Stockholm Resilience Center (2014, April). What is resilience? An introduction to social—ecological research. Retrieved from www.stockholmresilience.org/down load/18.10119fc11455d3c557d6d21/1459560242299/SU_SRC_whatisresilience_ sidaApril2014.pdf.

13 Bridges, T.S., and Eubank, D.M. (2019). Far to go: Nine takeaways from a survey of businesses' progress on the journey to achieving the Sustainable Development Goals. *The Asian Conference on Sustainability, Energy & the Environ—ment (ACSEE2019) Official Conference Proceedings.* Retrieved from https://papers. iafor.org/submission50531/.

14 Based on authors' notes taken while attending the TCFD Summit in Tokyo, October 2019.

토드앤코(Toad&Co)
의류에 접근하는 더 나은 방식

의류 산업은 사회적으로 해로운 관행에 오랫동안 시달려 왔지만, 지속가능성을 위한 가장 신뢰 있고 중요한 목소리를 낸 의류 브랜드(특히 아웃도어 부문)가 많다.

이들은 의류업계에서 지속가능한 비즈니스를 구축하고 지속가능성에 관한 담론과 생활 임금 및 근로자의 권리 개선과 같은 '깨끗한 옷 운동(Clean Clothes Activism)'을 지지하는 목소리를 낸 선두주자이다. 여러 가지 면에서 이러한 운동의 창시자로서 의류 산업을 정화하기 위한 연대를 처음으로 주장하기도 했다. 이 분야에서 잘 알려진 파타고니아(Patagonia)같은 기업 외에도 토드앤코(Toad&Co) 역시 현재와 같이 좀 더 깨어있는 의류(패션)업계를 만들기 위해 지속가능한 길을 닦은 초기 선도기업 중 하나다.

1991년 미국 콜로라도주 텔루라이드(Telluride)에서 호니토드(Horny Toad)라는 이름으로 시작한 토드앤코는 초창기 의류업계에서는 보기 드문 독특한 아이디어를 중심으로 성장했다. 토드앤코는 제품과 모든 활동에 환경적인 지속가능성을 깊이 반영하고 있으면서도 창립 이래 토드앤코의 옷이 활동적인 라이프 스타일과 시각적인 패션을 모두 충족할 수 있다는 확실한 신념을 단 한 번도 버린 적이 없다. 그동안 지속가능을 표방하는 브랜드는 일반적인 브랜드와는 매우 다른 영역으로 분리되어 존재했기 때문에 이와 같은 생각은 지속가능 의류업계는 물론이고 일반 패션업계 및 아웃도어 브랜드 사이에서도 매우 독특한 발상이었다.

이런 요인을 통합한 전략은 그동안 아웃도어 및 스포츠웨어 업계에서 자주 간과되었던 새로운 소비자층, 특히 여성을 고객으로 끌어들이는 현명한 선택이었다.

토드앤코는 새로운 소비자층의 발굴 외에도 의류 산업에 혁신적인 변화를 가져오고자 했다. 파타고니아가 이미 환경 영역에 성공적으로 발을 내디딘 상황에서 토드앤코의 경영진은 비즈니스에 더욱 강력한 사회적 요인을 적용하기로 한다. 처음에는 제조하고 남은 플리스(fleece) 자투리를 재활용하여 노숙자를 위한 담요를 만들기로 했다. 그러나 당시는 순환 경제가 부상하기 훨씬 전이어서 이런 활동을 지원할 마땅한 NGO나 기업이 없었기 때문에 이 아이디어는 실행할 수 없는 것처럼 보였다.

그림 2.6 토드앤코는 패션과 아웃도어 그리고 지속가능성 융합의 선구자이다.
출처: 토드앤코(Toad&Co)

그러나 결국 장애인의 일상 활동 적응을 돕기 위해 의미 있는 근로를 제공할 방법을 모색하던 서치(Search Inc.)라는 NGO를 발견했다. 토드앤코 팀은 서치의 요청에 부응하여 장애인 근로자가 제품을 옮기고 배송 준비를 할 수 있는 물류 창고를 건설하고 여러 특별 프로그램을 개발했다. 20년이 넘도록 이 물류 창고에서 매년 150~200명이 직업 훈련을 받고 있으며 이 프로그램은 아마 이 기업이 가장 자랑스러워하는 성과일 것이다.

토드앤코는 장애인 근로자 지원 프로그램을 계속 운영하고 생산라인의 환경 지속가능성에 초점을 둔 이니셔티브를 확장하는 등 글로벌 측면에서 더욱 지속가능한 기업이 되기 위해 여전히 노력하고 있다. 지속가능 환경 인증을 받은 유칼립투스를 원료로 한 텐셀과 같은 혁신적인 원단 도입, 제품의 내구성 향상, 헌 옷 수선 지원 등 공급망 전체에 걸쳐 지속가능성을 강화하기 위한 여러 가지 방법을 모색 중이다.

더 절실한 환경 의식을 가진 젊은 세대를 포함하여 이 주제에 관심을 두고 참여하는 대중이 늘면서 최근 이 기업의 활동에 더욱 힘이 실리고 있다.

지속가능성이 (소비자에게) 진정으로 차별화 요인이 될 줄 전혀 예상하지 못했다. 소비자입장에서 비슷한 브랜드 사이에서 고민할 때 가산점을 줄 수 있는 정도라고 생각했다. 그러나 이제는 변했다. 소비자의 57%가 사회적 미션에 따라 특정 브랜드의 제품을 구매하거나 보이콧하기로 결정할 것으로 예상된다. 이는 작년에 비해 30% 증가한 수치다. 그리고 이것은 가치로 귀결된다. 많은 젊은이가 무언가 의미를 지니는 회사에서 일하기를 원한다.

고든 시버리(Gordon Seabury), CEO

다른 기업에 이런 활동을 적극 장려하면서도 토드앤코는 시급한 환경 문제 해결에 비교적 잘 대응하지 못하는 기업이 있다는 사실도 알고 있다. 그래서 토드앤코는 2017년 지구의 날에 지금까지 실행된 가장 성공적인 이니셔티브 중 하나인 "지구를 황폐화시킬 것인가 아니면 지속가능하게 입을 것인가(Go Nude or Wear Sustainable)" 캠페인을 진행했다. 캠페인이 매우 성공적이어서 미국 40개 이상 도시를 팝업스토어와 트레일러 형태로 순회하는 인식 개선 투어도 시작할 수 있었다.

수년간 꾸준한 성장과 성공을 거둔 토드앤코는 사회의 방향성을 우려하는 새로운 시장과 세대가 기업의 행보에 동질감을 느끼길 바라며, 현재 해외 진출을 계획하고 있다.

ESG에서 SDGs로

임팩트의 측정 및 관리 방법

지속가능하게 리드하라
Leading Sustainably

━ 중요성 측정에서 임팩트 관리로 나아가는 방법

비즈니스의 지속가능성 측정 및 보고 분야는 급격히 진화하고 있다. 새로운 도구는 기업의 성과 평가 및 공개 방식을 바꿀 뿐만 아니라 지속가능성을 중심으로 핵심 전략을 구축하는 다음 단계로 나아가는 새로운 방법을 만들고 있다. 기업이 그런 방법을 이해하고 적용하고자 고군분투하는 것은 부분적으로는 유엔의 지속가능개발목표(SDGs) 채택 때문이지만 좀 더 전체적으로 보면 기업 자체적으로도 사회와 환경과의 관계를 근본적으로 바꿔야 한다는 인식을 하고 있기 때문이다.

하지만 지속가능성의 현주소를 알기 위해 어떤 보고와 측정 방법을 사용해야 하는가는 꽤 어려운 질문이다. 다양한 옵션으로 인해 선택은 더욱 복잡해지고 있기 때문이다. 이 장은 오늘날 기업이 가장 관련성 높은 보고서를 작성하기 위해 선택해야 하는 여러사항을 다룬다. 지속가능 보고서는 시장, 가치사슬, 지역사회 내에서 회사가 어떻게 존재하는지, 그리고 이런 방법을 통해 기업이 어떻게 임팩트(영향)를 관리하고 전략, 운영, 심지어는 비즈니스 모델까지도 바꿀 수 있는지 이해하는 데 가장 유용한 접근 방법이다. 이와 함께 SDGs가 어떻게 이 모든 요인을 비즈니스에 대한 완전히 새로운 통합 접근법으로 엮어내는지도 살펴볼 것이다.

이 장이 기업의 임팩트 측정 시, 지침이 필요하면 다시 펼쳐서 찾아보는 유용한 안내서 역할을 하길 바란다. 한 번에 모두 읽어도 좋지만 만약 그렇지 못하다면 측정과 관리의 다음 단계를 모색하거나 전략 개발과 이행 방법에 관한 더 많은 내용을 찾을 때 참고할 수 있는 일종의 자료 센터로 생각하기 바란다.

SDGs의 채택은 환경적·사회적·지배구조(ESG), (그동안 행해 오던)기업의 사회적 책임(CSR), 기타 기업의 지속가능성 실천에 관한 사고를 완전히 바꾸었다. 기업은 이제 우수한 연구를 거쳐 개발된 방법론과 새롭고 혁신적인 도구를 이용하여 지속가능성 보고와 전략 개발을 위한 비즈니스 사례를 만들 수 있게 됐다. 또한 사회 및 생물권내에서 기업의 존재 양상을 이해하기 위한 전체적 관점의 시스템 접근 방식을 채택할 수 있으며, 이러한 상황으로 인해 오늘날 기업 운영에 변화를 주기 위해 선택할 수 있는 무수히 많은 옵션이 생겼다.

기초적인 지속가능성 보고 활동은 현재로서는 잘 확립되어 있다. 이런 보고는 CSR 커뮤니케이션, 독자적인 지속가능보고서, 금융과 지속가능 회계의 통합 보고서 등 다양한 형태로 기업의 연례 일정의 일부로 재빨리 자리 잡았다. ESG 보고는 투자 관계 관행에 상당한 변화를 가져오고 있으며 기업에 중요한 전략적 통찰력을 제공할 수 있다. 그러나 지속가능성 분야가 진화하고 있는 현시점에서 볼 때 가장 눈에 띄는 점은 기업이 투자자에게 지속가능성 보고를 공개한 '후'에 벌어지는 일이다.

이제부터 선도기업이 ESG의 리스크 관련 우려에서 벗어나 임팩트를 관리하고 '지속가능성'을 비즈니스 기획과 전략에 핵심 기능으로 삼기 위해 다음 단계로 이행할 때 적용되는 프레임워크와 표준의 새로운 생태계를 살펴볼 것이다.

━ 현 위치에 대한 점검

이전 장에서 9가지 시사점을 다루면서 모든 산업에 걸쳐 기업이 난항을 겪고 있는 수많은 공통 이슈에 대해 논의했다. 기업의 전반적인 변화를 고려했을 때 지속가능성은 아직 비즈니스 모델의 펀더멘털이 아니라는 점, 기업이 아직도 이니셔티브를 완전히 시스템화하는 방법을 찾으려 노력하고 있다는 점, 그리고 널리 합의된 프레임워크와 도구가 부족하여 SDGs 성과 측정과 평가에 어려움이 있다는 점을 알 수 있었다.

기업 다수가 자체적으로 혹은 전문가의 도움을 빌려서 내부적으로 SDGs를 논의하고 17개 목표에 대한 현재 비즈니스 활동의 맵을 구상했다. 또한 이런 노력을 바탕으로 각자 기업에 가장 중요한 SDGs를 규명하고 2030 목표의 일부 또는 전부에 맞추어 비전을 수립하고 있었다. (우리는 'SDGs 우선순위 및 비전 설정'을 이 글에서 제시한 SDGs 이행의 두 번째 단계로 고려했다. 관련 내용은 제7장에 설명되어 있다.)

예를 들어, 힐튼(Hilton)은 유엔글로벌콤팩트(UNGC)의 오랜 파트너로서 기업이 지속가능한 발전 논의에 동참하도록 지원하고 있다. 유엔글로벌콤팩트와 함께 이 논의의 최전선에 있던 힐튼은 자체 보고서를 보며 기업이 하고 있던 '모든 일'을 SDGs에 맞추어야 하며 특히 두 배로 줄여나갈 부분을 결정해야 한다는 걸 깨달았다. 힐튼은 이미 적용하고 있던 GRI 표준, 탄소 배출량 감축 목표를 설정한 과학기반감축목표(Science-Based Targets), 다우존스 지속가능경영 지수 (DJSI: Dow Jones Sustainability Index)에 편입 여부를 활용하여 각 SDGs의 첫 단계를 통과하고자 했다.

17개 SDGs에 모두 맞추어 활동 맵을 구상한 뒤, 힐튼은 청년 실업과 같이 상당한 영향을 미칠 것으로 예상하는 목표의 하위 범주에 집중했다. 회사는 여러 이유에서 이런 활동이 가치 있다고 보았는데 특히 힐튼의 사업이 SDGs 문제가 매일 현실로 벌어지는 프론티어 시장에서 주로 운영되는 데다가 2030 목표가 지속가능성을 위한 힐튼의 노력을 현지에 알리고 맥락화 하는 데 도움이 되었기 때문이었다. 힐튼은 이후 2030년까지 SDGs에 맞추어 기업이 미치는 환경적 영향을 절반으로 줄이고 사회적 임팩트 투자는 두 배로 늘리겠다고 약속했다.

― 성과 측정 및 평가의 어려움

우선순위 맵을 구상하고 결정을 한 뒤 밟아야 할 다음단계(비전 중심 전략 수립, 이를 조직 내에서 의미 있는 방식으로 전달, 지속가능 프로그램의 임팩트 평가)는 최고의 위치에 있는 기업을 제외하고 일반적인 다른 기업에게는 걸림돌이며 가장 앞서 나가고 있는 기업조차 어려워하는 과제이다.

지속적인 목표 달성을 위한 이니셔티브 결과 측정과 성과 측정은 본 연구를 통해 대화를 나눴던 중소기업과 대기업 모두에게 끊임없는 도전과제였다. 기업이 좀 더 지속가능한 방향으로 나아가기 위해서는 일반적인 성과와 더불어 주요 이해관계자에 대한 SDGs 성과를 측정, 추적, 전달할 수 있어야 한다.

이런 과제를 해결하기 위해 프레임워크와 여러 도구가 많아지고 있지만 안타깝게도 '어떤' 프레임워크와 도구가 산업계 표준이 되어야 하는지에 대한 합의는 부족한 실정이다. 이런 평가의 부재로 많은 기업이 더 높은 수준의 지속가능을 실현하는 기업으로 거듭나기 위한 단계를 밟지 못하고 있다.

이렇게 불확실한 상황 속에서도 완전한 지속가능경영 또는 SDGs 기반 모델로의 전환을 시작하기로 한 이상, 기업은 개념, 도구, 프레임워크를 선택해야 한다. 이는 중요한 결정을 내리고 내부적으로 지속가능경영을 실천하거나 SDGs에 맞추는 데 필요한 핵심 행동을 정의하기 위해 필요하다.

현존하는 다양한 옵션을 고려할 때 어떤 방법을 사용할 것인가는 어려운 문제이기 때문에 기업의 고유문화, 미션, 역량, 제품 포트폴리오, 직원에 가장 잘 맞는 방법을 찾아 정착하기 전까지 대다수 기업은 여러 방법을 시험해보게 된다.

지속가능성 측정 방법의 기원, ESG

보고 및 측정 방법으로 시작하기 가장 좋은 기준은 존 엘킹턴의 TBL에서 기인한 기업 책임 원칙인 ESG이다.

현재 많은 기업이 지속가능성 이니셔티브에서 TBL 개념인 인간(people), 환경(planet), 이윤(profit)을 논하지만, 기업의 사회적·환경적 임팩트 측정과 보고에 관하여 가장 일반적으로 논의되는 방법은 SDGs에 대한 기업의 영향을 생각하고 ESG를 출발점으로 활용하는 것이다. 그러나 이는 ESG가 비즈니스에 특화된 개념이기 때문이라기보다는 자산 운용사가 투자 결정을 위해 기업의 사회적 임팩트 운영에 대한 통찰력을 얻고자 ESG를 활용하기 때문이다.

실제로 투자자의 시각은 기업이 사회적 임팩트를 개선하는 데 가장 큰 압력으로 작용한다. 일부 기업과 지역사회가 좋은 기업 시민이 되기 위하여 TBL 기반의 회계를 채택하는 경우가 있는가 하면, ESG는 기본적으로 투자자 중심 기준으로 상장 기업 대다수는 기관투자자나 자산 운용사가 시장에서 리스크 회피와 성과 개선을 위하여 ESG 기반 프레임워크를 기업에 요구하는 과정을 통해 해당 개념을 접하게 된다.

기업이 ESG를 진지하게 고려하는지 알아보기 위해 투자자는 아래 요건을 위한 적절한 프레임워크를 마련해야 했다.

- 투입된 노력과 결과 측정
- 관련 데이터 수집 및 공개

- 기업이 따라야 할 표준 설정
- 행동과 변화의 중요성 및 재정적 영향 규명
- 표준을 준수하는 보고
- 지속가능 프로그램을 실행하고 개선하기 위한 전략 수립
- 더욱 지속가능한 사고를 장려하기 위한 목표와 대상 설정

이런 요건이 필요함에 따라 GRI(글로벌 리포팅 이니셔티브) 표준과 같은 초기 지속가능성 측정 프레임워크가 채택되었다.

이후 ESG 이슈에 대한 투자자의 초점 때문에 기업은 자본 비용을 낮추고 투자를 유치하기 위해 이와 같은 새 표준을 충족할 수밖에 없었다. 기업이 단순히 사회에 공헌하고자 하는 순수한 마음에서 지속가능 전략을 채택한다고 생각하면 좋겠지만, 실제로 가장 중요한 동기는 리스크를 피하고 낮은 자본 비용을 유지하기 위함이며 부차적으로는 새로운 사업 기회 창출을 위해서다. (이 순서가 바뀌었다고 생각한다. 기업은 새로운 기회 창출이 지속가능성을 수용해야 하는 진정한 동기임을 깨달아야 한다. 이 부분은 5장과 6장에서 더 자세히 다루고 있다.) 즉, 오늘날 상장 기업은 지속가능성 관련 조치에 있어 이미 앞서 나가고 있는 경쟁사에 대하여 경쟁력을 유지하기 위한 것은 물론이고 외부 이해관계자를 만족시키기 위해서라도 ESG 프레임워크에 기반한 보고서 작성 요구를 무시할 수 없다.

따라서 표준 및 방법론의 견고한 생태계는 전문 투자자가 자신의 포트폴리오에 이런 기준을 적용할 수 있도록 ESG 개념을 중심으로 발전했다. 지난 10년간, ESG 원칙은 시장 전반에 걸쳐 널리 수용되면서 기업계에도 잘 알려졌다. 이처럼 투자자의 요구와 기대를 충족하고 ESG 측정 및 보고를 위하여 개발된 가장 많이 사용되는 프레임워크를 간략히 살펴보겠다.

우선 ESG의 기능이 상당히 제한적이라는 점에 유의해야 한다. 기업의 관점에서 보면, ESG는 조직 내 좋은 가시성을 제공할 수 있지만 완전한 지속가능 비즈니스 모델을 위한 전략을 결정하고 나아가는 데 최적화되어 있지는 않다. ESG는 전략 설정이나 기회 발굴보다는 리스크 인식에 더 효과적이다. 그래서 애초에 투자 원금을 지키는 것이 중요한 투자자에게 매력적인 지표이다. ESG 도구로도 기업이 인지하고 있어야 하는 문제를 발견할 수 있고 실제로 발견하기도 하지만 그보다는 투자자의 즉각적인 관심사를 직접 다루는 경우가 더 많다.

그러나 ESG는 투자자의 도구라는 측면에서도 우려가 있다. 가장 큰 문제는 ESG를 (외부에 더 초점을 둔) 환경적·사회적 우려와 (내부에 더 초점을 둔) 지배구조로 나누어 그룹화하는 것이다. 이 둘은 다른 것이며 회사는 환경과 사회 측면에서 좋은 성과를 내도 지배구조 측면은 실패할 수 있고 반대의 경우도 가능하다. 이 부분은 적절한 데이터가 있어서 꼼꼼히 들여다보지 않는 한 종합적인 ESG 등급만 봐서는 잘 드러나지 않을 수 있다. 따라서 ESG는 개별 문제에 대한 진정한 성과 측정이라는 측정의 본질에 대한 명료성이 부족하다.

마찬가지로, ESG에 부합하는 적절한 기업 행위란 무엇인가에 대한 정의는 어느 시점에 이르면 거의 도덕적인 질문이 된다. 투자자마다 선한 기업 행위를 각기 다르게 정의할 것이며 이는 외부 관찰자의 입장에서 보는 ESG 평가의 가치를 약화시킨다. 펀드 매니저 개개인의 ESG 관점이 기업이 진정 지속가능한지 혹은 환경적·사회적으로 선한 활동을 하는지를 대변할 수는 없다.

하지만 다행히도 등급, 순위, 표준, 기준 등을 통하여 이 두 가지 우려를 모두 해결하는 현명한 방법이 계속 개발되고 있으며 실제 ESG 평가를 이해하는 방법에 관한 투자자 지식은 지속가능경영 보고 메트릭이 표준이 되어감에 따라 더 정교해지고 있다.

ESG에 관해 마지막으로 언급할 부분은 ESG 관점에서 새로운 SDG 관점으로 넘어가는 과정에서 ESG 프레임워크가 SDG와 일대일로 깔끔하게 대응되지는 않는다는 점이다. 중복되는 부분이 있기는 하나 차이도 있다. SDGs는 기업이 아닌 '국가' 정책 입안자를 대상으로 한다. 그러나 ESG 보고와 SDG 프레임워크 사이의 격차는 기업과 투자자 기대에 맞추어 신속히 해결될 것으로 보인다.

학계, NGO, 기업 및 투자자 협회, 정부 부처 및 기관, 상업 이해관계자 모두 ESG 형식의 보고를 통해 비즈니스 활동을 이해할 수 있게 되고 있지만, 각계에서 이를 포괄적인 SDG 중심의 맵으로 구성하기 위하여 열성을 다하고 있다. 이 목표를 위해 169개 세부 목표와 232개 지표를 심도 있게 파고들며 이 중 일부는 이미 기업 친화적인 전략과 메트릭을 담고 있다.

SDGs의 도입과 2030 지속가능개발의제(2030 Agenda for Sustainable Development) 채택이 마침 투자자와 기업이 여러 사회, 환경, 지배구조 이슈에 대한 영향을 스스로 돌아보고 성과를 이해하려고 노력하는 시기와 맞물려 다행으로 생각한다. 어차피 기업계도 SDGs의 영향을 받게 될 것이므로 이런 자기 성찰은 기업에 도움이 된다. 유엔의 2030 의제는 2030년까지 각국 정부가 SDGs 목표를 달성하도록 촉구하고 있으며, 기업이 목표 달성에 기여하도록 여러 산업 부문에 걸쳐 다양한 정책 변화와 인센티브가 마련되어야 한다.

그럼 이제 기업이 SDGs 분야에서 지속가능성의 현주소를 이해하고 보고하는 데 확실히 도움이 되는 다양한 종류의 프레임워크, 프로토콜, 표준, 기준을 알아보자. 측정 방식의 특성과 그에 대한 기업별 선호는 다를 수 있으나, 아무리 절제해서 말해도 기업이 운영 방식에 대한 새로운 기대에 부응하기 위해 오늘날 할 수 있는 모든 방법을 동원해야 한다는 점에 변함이 없다는 것을 명심해야 한다. 지속가능에 기반한 시각이 비즈니스의 필수요건으로 여겨질 만큼 점점 널리 수용되고 있기 때문에 앞으로는 대대적으로 지속가능성을 내세우면서 실제로는 최소한의 조치만 취하는 겉과 속이 다른 행위는 더 힘들어질 것이다.

━ ESG 보고의 기본: 첫 번째 측정

기업의 지속가능성 전략을 개발하기 위한 새롭고 개선된 더 강력한 도구로 넘어가기 전에 ESG 보고에 가장 표준으로 사용되는 측정 프레임워크인 GRI 표준과 GHG 프로토콜(Greenhouse Gas Protocol), 그리고 지속가능성 지표와 증권거래소가 요구하는 요건을 살펴보자.

지속가능성을 위한 여정을 시작한 많은 기업이라면 이미 글로벌 리포팅 이니셔티브(GRI)와 온실가스 프로토콜(GHG Protocol)에는 익숙할 것이다. 둘 다 지속가능경영에 착수한 기업이 거치는 전형적인 첫 단계로 투자자에게 관련 데이터를 제공함과 동시에 기업의 입장에서 현주소를 이해하고 이니셔티브의 영향을 평가하는 데 필수적이다. ('맥락 이해하기'와 '영향 평가하기'는 7장에서 제시한 SDG 행동 주기의 처음과 마지막 단계이다.)

지속가능성에 관한 기본적인 관심사 규명과 측정 없이는 그 누구도 어디서부터 시작해야 하는지 알 수가 없다. GRI와 GHG 프로토콜을 활용하면 기업이 직면한 ESG 상황에 대해 다음과 같은 가장 기본적인 지표에 초점을 두어 최소한의 보고를 수행할 수 있다.

1. 공정 임금(급여)
2. 탄소 배출 및 온실가스(GHG)
3. 에너지 사용
4. 물 사용
5. 폐기물 발생
6. 직원 이직률
7. 산재 발생률

지속가능경영이 진화하고 있는 현시점에서 상기 7개 지표는 현대 조직에서 진지하게 고려해야 할 최소한의 기본 사항이다. GRI와 GHG 프로토콜을 함께 사용하면 최소한의 기초를 닦을 수 있다.

━ 글로벌 리포팅 이니셔티브 표준 (Global Reporting Initiative Standards)

GRI는 1997년 설립된 독립 NGO이며 기초(Foundation), 일반 공시(General Disclosures), 경영 접근(Management approach)의 세 가지 공통 표준(Universal Standards)과 조직의 중요한 경제, 환경, 사회적 영향 보고를 위한 세 가지 표준을 제공한다. 이는 기업이 이해관계자에 대한 종합적인 프로필을 그릴 수 있게 돕는다. 이 무료 프레임워크는 표준화된 지속가능경영 보고서를 작성하기 위하여 준수해야 할 사항을 의무(Requirements), 권고(Recommendations), 제안(Guidance) 형태로 나누어 구성하고 있다.

GRI를 통해 모든 이해관계자는 해당 기업이 SDGs에 긍정적으로 혹은 부정적으로 기여하는지 확인할 수 있다. 기업은 "다양한 이해관계자가 이용하는 포괄적인 데이터 풀에 공헌"하기 위해 GRI가 호스팅하는 지속가능성 공시 데이터 베이스(Sustainability Disclosure Database)에 보고 내용을 올릴 수 있다.[1] GRI 형식의 평가 및 보고 도구는 정량보다는 설명을 요구하고 자체 보고 기대치가 개방적이며 각 주제별 공시 항목 개수가 정해져 있어서 사용하기가 쉽다. 산업 전 분야에 걸쳐 적용되는 표준이며 지속가능경영 공시를 위한 복잡하지 않은 기준을 세우는 데 도움이 된다.

온실가스 프로토콜(GHG Protocol)

GHG 프로토콜 기업 표준(GHG Protocol Corporate Standard)은 이산화탄소 및 기타 온실가스 배출을 측정하고 보고하는 산업별 도구를 제공하는 등 보다 세분화되고 구체적인 사안에 초점을 둔다. GHG 보고는 온실가스 배출을 기후 위기의 원인으로 보는 과학적 합의를 바탕으로 환경 재난 리스크와 기업의 환경적 영향을 줄이고자 하는 투자자, 은행, 경영진의 최우선 관심사가 될 수 있다. 어떤 의미에서 이런 온실가스 배출에 관한 보고는 말 그대로 손쉽게 수확할 수 있는 '낮은 곳에 매달려 있는 열매(low-hanging fruit)'라고 할 수 있다.

GHG 프로토콜 절차는 얼마나 많은 표준과 프레임워크가 지속가능성을 이해하고 있는지 보여준다. 프로토콜은 신중하고 체계적으로 구성된 단계를 따른다.

1. 온실가스 배출량 산정 및 보고 원칙
2. 사업 목표 및 인벤토리 설계
3. 법인 형태별 온실가스 배출량 산정방법
4. 배출원별 온실가스 배출량 산정방법
5. 법인형태 및 배출원 변화에 따른 기준년도 및 배출량 재산정 방법
6. 온실가스 배출원 규명 및 배출량 산정
7. 온실가스 배출량 보고[2]

이 단계는 Scope 1, 2, 3으로 나뉘어 기업 내·외부의 다양한 활동에 걸쳐 시행될 수 있다. Scope 1은 연료의 연소, 생산, 차량에서 발생하는 모든 직접 배출을 포함한다. Scope 2는 외부 전력 생산자로부터 구매한 에너지 사용에 의한 배

출이다. Scope 3은 원자재 채굴 및 가공부터 공급과 배달을 위한 (기업 소유가 아닌) 차량을 통한 운송, 아웃소싱 제품과 서비스 이용에 이르기까지 기업의 즉각적인 활동 외에 발생하는 모든 간접 배출이다. Scope 3은 종종 기업 온실가스 배출 책임의 대부분을 차지하기도 한다.

GHG 프로토콜은 배출 측정에 있어 여러 조건별 맥락이 가장 중요하다는 점을 인지하고 업종 간, 업종 특정, 국가 특정의 수많은 계산 도구를 비롯하여 국가별, 도시별 프로젝트별 표준과 도구를 제공한다. 그러나 이 프로토콜이 기업 간 성과와 비교가 아닌 기업 내부 성과를 시간 경과에 따라 비교하도록 설계되었다는 점에 유의해야 한다. 프로토콜 원칙과 지침에 따라 각 기업은 배출량을 평가할 최종 방법을 각자 스스로 결정한다. 따라서 최종 보고서는 서로 다른 기업 간의 성과를 비교하는 용도로 사용될 수 없다.

감축의 중요성(최종적으로 마련된 파리 협정의 최종 규정집이 초래할 정책 변화로부터 기업을 스스로 보호할 뿐만 아니라 목적 그 자체로서의 중요성)을 고려할 때, GHG 프로토콜은 측정, 공개, 의사결정, 전략 수립, 원칙적인 투자를 통한 변화를 위한 종단 간 접근 방식을 나타내는 탄소 관련 기업 이니셔티브 축소판의 일부이다.

이 분야에는 뜻을 같이하는 기업들의 탄소 배출 보고용 공유 시스템을 호스팅하는 탄소정보공개 프로젝트(CDP: Carbon Disclosure Project), CDP의 과학기반감축목표(Science-Based Targets), 글로벌 콤팩트, 세계야생동물기금(World Wildlife Fund), 세계자원연구소(World Resources Institute)와의 파트너십이 포함된다. 이름에서 알 수 있듯이 과학기반감축목표 이니셔티브는 기업이 현재 책임이 있다고 계산한 온실가스 배출량을 감축할 수 있도록 현실적인 내부 목표를 세우는 데 도움을 제공한다. [투자 업계 역시 유엔환경계획 금융 이니셔티브(Environment Programme Finance Initiative)와 공동으로 포트폴리오 탈탄소 연합(Portfolio Decarbonization Coalition)을 출범하여 기관 투자자가 투자 포트폴리오상에서 탄소를 배제하도록 요구하고 있다.]

━ 지속가능성지수 및 편입 요건

투자자가 기업의 ESG 현황을 파악할 수 있는 다른 두 가지 유의미한 방법이 있는데, 두 방법 모두 시장과 관련 있다.

현재 많은 증권거래소에는 기업이 매년 기본적인 ESG 정보를 공시해야 한다는 요건이 있다. 이는 GRI 및 GHG 프로토콜(GHG Protocol) 보고의 형태를 취하거나 해당 지역의 요건에 따라 그 이상이 될 수도 있다. 기업은 이를 자체 보고 활동에 활용할 수 있다.

예를 들어 HSBC는 런던 및 홍콩 거래소의 주식 상장 규정을 따라 지속가능성 전략의 토대를 마련하고 있다. UN지속가능경영거래소(Sustainable Stock Exchanges, SSE) 이니셔티브는 거래소의 투명성 제고 및 양질의 ESG 보고 이행 수준에 대한 연간 순위를 제공한다. 이 때문에 많은 거래소에서 상장기업에 대해 GRI 방법론을 지속가능성 보고 권장요건 (예 싱가포르 증권 거래소) 또는 필수요건(예 대만 증권 거래소)으로 채택하고 있다.

오늘날 상장기업은 지속가능성 경영 이행 노력(bona fides)의 지표로서 지속가능경영지수 편입을 높이 평가한다. DJSI는 이러한 지수의 대표격으로 지속가능경영 우수기업을 선정해 발표한다.

DJSI에 편입되려면 기업은 매년 다우존스 협력사이자 지속가능투자 전담 투자전문기관인 로베코샘(RobecoSAM)에 "기업지속가능성평가(Corporate Sustainability Assessment)"를 제출해야 한다. 로베코샘 설문지의 ESG 평가 항목은 대단히 광범위해 작성이 쉽지 않으나 수고할 만한 가치가 있는데, 기업 입장에서는 DJSI 편입을 통해 투자수익구조(investment profile) 개선 및 자본비용 절감과 홍보 효과를 기대할 수 있기 때문이다.

기본적인 단계를 넘어서

ESG는 지속가능성 보고의 핵심이지만, 우리가 이 책의 목표에 부합하여 가장 중요하다고 생각하는 것은 리스크 공시 방침 및 ESG 프레임워크 보고 요건에서 전략적 의사결정과 사업기획을 할 수 있는 새로운 도구로 전환하는 방법론이다. 우리는 지속가능성을 전략의 핵심이 되게 할 수 있는 실제적인 방법을 강조하고자 한다.

먼저 ESG의 리스크 회피와 새로운 형태의 기회발견 사이의 경계를 넘나드는 프레임워크인 SASB에 대해 살펴보겠다.

회계상으로도 중요한(material) 문제

특히 미국 기업과 논의 시 제기된 가장 중요한 새로운 중요 측정 프레임워크 중 하나는 독립적인 비영리 지속가능성회계기준위원회(Sustainability Accounting Standards Board)에서 2011년 공표한 비교적 새로운 지속가능성회계기준이다(이 기관은 현재 국제회계기준재단(IFRS재단)으로 통합되어 있다).

SASB는 성과 지표의 측정 및 공개에 대한 정량적, 산업별 접근 방식을 취한다. 이러한 접근 방식을 사용하여 조직의 리스크 프로파일(Risk Profile), 재무 또는 경영 성과에 분명히 영향을 미치는 중요한 지속가능성 문제를 간략히 파악하고 이에 초점을 맞춘다. 여기에는 재료, 제품 및 서비스 비용, 자본비용, 자산 및 부채, 및 무형자산에 대한 영향이 포함될 수 있다.

중요성(materiality) 개념은 환경 및 사회적 행동의 가치를 설명하는 강력한 방법이다. 회계에서 중요성은 일반적으로 회사에 대한 투자자의 결정에 영향을 미치는 모든 데이터로 이해된다.

실제로 중요성은 기업 경영진이 사회 및 환경과의 관계에 직결되는 가장 중요한 문제, 취약점, 기회를 발굴하여 지속가능성 전략을 결정하는 강력한 도구가 될 수 있다. SASB의 장점은 투자자, CFO, 규제당국 간 중요성에 대한 공통

언어를 만들어 회계 맥락에서 지속가능성을 논의할 수 있다는 점에 있다. 그리고 이 때문에 투자자에게 지속가능성회계기준이 중요하게 되는 한편, 그 자체로 장기 사업 전략을 결정하는 데 있어서도 마찬가지로 중요하다. 종종 지속가능성을 기업 내 관행으로서 실행하는 데 있어 발생하는 문제가 있는데, 이는 개념이 모호하고 실제적인 용어로 바꾸기 힘들다고 느껴질 수 있다는 점, 또는 이러한 지속가능성 개념은 비전문가가 금전적으로 정량화하기 어려운 기술 환경 측정치로 표현된다는 점이다.

SASB는 회계 용어를 지속가능성에 적용하고, 환경 및 사회와 관련된 중요한 문제에도 재무적 가치를 부여하도록 장려함으로써 이러한 격차를 해소하는 데 도움이 된다. 기준 측정 단위로 기술된 SASB 지표는 다양한 환경 및 사회적 기업 문제가 손익계산서, 대차대조표 또는 현금흐름표의 다양한 표준회계개별항목에 미치는 재무적 영향을 명확하게 드러낼 수 있다.

SASB의 무료 온라인 중요성 지도(Materiality Map) 도구는 산업별 가장 중요한 공시 문제를 파악한다. 이 지도는 다음 10개 부문 (각각 4 − 15개의 하위 부문이 있음)으로 구성되어 있다: 의료, 금융, 기술 및 통신, 재생불능자원, 교통, 서비스, 자원변환, 소비, 재생가능자원 및 대체에너지, 기반시설. 총 77개인 각 하위 부문은 다음의 5가지 주제로 분류되는 최대 26개의 지속가능성 리스크 요소에 대한 보고가 필요할 수도 있다: 환경, 사회적 자본, 인적 자본, 비즈니스 모델 및 혁신, 리더십 및 거버넌스.

그리고 해당 범위의 주제를 정량화하기 위해 SASB 프로세스에는 GHG 프로토콜, GRI, CDP, 및 환경보호청(Environmental Protection Agency)과 같은 미국 정부기관을 포함한 수백 개의 잘 알려진 조직의 지표가 포함된다.

SASB 지속가능성회계 프레임워크 및 공시 시스템은 유의미한 지속가능성 결과를 보고하고 달성하는 과정에서 빠르게 표준이 되고 있다. 조직의 중요한 지속가능성 문제를 모니터링한 투자자는 이러한 주제에 대해 우수한 성과를 거둔 조직이 경쟁 기업보다 경쟁력이 있다는 것을 알게 되었으며, 이러한 이유로, SASB의 투자자문단(Investment Advisory Group) 구성원들은 현재 감사를 수행하는 기업에서 20조 달러 이상의 자산을 관리하고 있다.

GRI 및 GHG 프로토콜과 마찬가지로 SASB는 현재 기업의 위치를 파악하고 기업이 추진하는 모든 이니셔티브의 영향을 전년 대비 평가하는 데 있어 유용하다. 기업의 이해와 평가를 바탕으로 각 기업이 성장하고 발전한다. 그런데 주목할 점은 기업이 중요하다고 느끼는 이슈들은 시간이 지남에 따라 계속 변화하기 때문에 SASB와 같은 표준을 통해 기준선을 설정하고 지속적으로 중요한 내용을 점검하는 것은 전략적으로 대단히 가치있는 일이다.

GRI 및 GHG 프로토콜, 그리고 SASB는 특정 주제에 대해 공개하고자 하는 정보를 확보하기 위해 다른 보고 이니셔티브에서도 사용된다. 여기에는 이 셋을 CDP, 국제표준화기구 (International Organization for Standardization), 국제통합보고위원회(International Integrated Reporting Council) 프레임워크(<IR>), 기후공시표준위원회(Climate Disclosure Standards Board, CDSB) 등과 통합하는 기업보고협의체(Corporate Reporting Dialogue), 자연자본 프로토콜(Natural Capital Protocol) 프레임워크, 및 기후변화 관련 재무정보 공개 협의체(Task Force for Climate-related Financial Disclosure, TCFD)등이 포함된다. 많은 기업들과 정부기관에서 마이클 블룸버그가 주도한 투자자 주도 이니셔티브인 TCFD를 채택함으로써 GRI와 SASB가 접근방식을 일치하도록 하는데 박차가 가해졌다. 이 협업은 2021년까지 완료되면 환경 및 사회적 영향, 기여도, 중요성에 대한 보고 절차가 상당히 간소화될 것이다. GRI를 통한 보고에 익숙한 미국 외 국가의 기업은 머지않아 SASB의 중요성 접근방식을 더 많이 접하고 활용할 준비가 되어 있어야 한다.

SDGs의 시대: 측정 진행 방법 및 시작 지점

지금까지 지난 10년 이상 사용한 보고 방법과 지속가능성 프레임워크를 살펴보았다. 이는 입지와 산업에 따라 지속가능성 선구자들이 조직의 건전성을 파악하기 위한 첫 걸음을 내딛고 나아갈 수 있는 방향에 대한 비전을 수립하는데 검증된 방법이다. 이제 SDGs를 보완하는 새로운 프레임워크들을 살펴볼 것이다. 이러한 프레임워크는 2030 글로벌 목표 (Global Agenda 2030) 시대에 기업이 현명한 의사결정을 하고 목표 달성에 필요한 전략을 수립하기 위해 기업의 지속가능경영 발자취를 파악할 수 있는 방법(영향 측정 및 관리 방법)을 발전시켜 나가고 있다.

존 엘킹턴(John Elkington)의 TBL 개념 개발이 SASB, GRI, DJSI, 글로벌 임팩트 투자 네트워크(Global Impact Investing Network)와 같은 기관 창설에 어떻게 영향을 미쳤는지에 대해 논의했다. 그러나 엘킹턴은 TBL이 단순히 또 다른 회계 도구로 전락한 데 대해 실망감을 드러냈다. 2018년 하버드비즈니스리뷰(Harvard Business Review)에 실린 기사에서 엘킹턴은 다음과 같이 썼다:

> 원래의 아이디어는 더 광범위하여 기업이 경제적 (재무적만이 아니라), 사회적, 환경적 부가가치 혹은 소멸가치를 추적하고 관리하도록 장려했다. 이 아이디어는 글로벌 보고 이니셔티브(Global Reporting Initiative) 및 다우존스 지속가능성지수(Dow Jones Sustainability Indexes)와 같은 플랫폼을 도입하여 기업 회계, 이해관계자 참여에, 그리고 점점 더 전략에 영향을 미쳤다.
> "그러나 TBL은 단순한 회계 도구로 설계된 것이 아니다. 자본주의와 그 미래에 대한 보다 심도 깊은 고찰을 유도하기 위해 설계된 것이다. 하지만 많은 얼리어답터는 이 개념을 균형작용(balancing act)으로 이해하여 절충하는 사고방식(trade-off mentality)을 채택했다"[3]라고 덧붙여 말했다.

여기서 주목할 점은 SDGs는 프레임워크의 맥락이 더 폭넓고 기업이 기회에 대해 전략적으로 생각하는 방식에 더 자연스럽게 부합하여 이러한 불만사항에 대한 해결책을 제시할 수 있다. SDGs는 TBL 사고방식을 회계 및 재무 영역을 넘어 목적 영역으로 확장할 수 있는 기회를 제공하며, 이는 더 유의미한 방식으로 전략, 운영 및 지역사회 참여로 확장될 수 있다.

통일된 방식

SDGs는 실제로 많은 기업 조직에 큰 반향을 일으켜, 이들은 17개 SDGs 중 하나 이상을 중심으로 현재 사업활동을 조정하는 방법을 검토하고 있고, 현재 사업활동이 SDGs에 적합하지 않은 경우 새로운 사업활동으로 전환하고 있다. 이전 장에서 보았듯이, 전 세계 100개 이상의 선도기업을 대상으로 한 연례 지속가능성 보고서에 대한 최근 검토 결과, 이러한 조직 대부분이 자신의 사업에 가장 관련이 있다고 생각하는 SDG를 우선순위로 두고 현재 사업활동과 해당 SDG를 연결하며 기업 전략과 연결한다는 것을 발견할 수 있었다. 하지만 아쉽게도 소수의 기업만이 SDG에 중장기 사업 전략을 충실히 통합했다. 그럼에도 불구하고, 몇몇 기업은 행동을 시작할 방법을 찾았다.

모두 또는 하나(All or one)?

SDGs에 대응하고 기여하는 방식을 이해하는 과정을 거치는 기업은 다음과 같은 매우 중요한 질문에 즉시 직면하게 된다: 더 상세히 검토하기 위해 하나 또는 소수의 SDGs에 집중해야 할까? 아니면 17개의 모든 SDGs에 집중해야 할까? 본 연구에서는 SDGs 출범 이후 지속가능성 책임자와 실무자 사이에서 이 질문에 대한 열띤 논의가 이끌어 냈다.

조직이 전략, 공급망 및 기타 활동을 SDGs에 맞춰 조정하는 힘든 작업을 피하고 매우 피상적인 수준에서 SDGs에만 초점을 맞추는 이른바 "SDGs 워싱(SDGs washing)" 또는 보다 문학적인 표현으로 "무지개 워싱(rainbow washing)"을 피하기 위해서는 기업이 이러한 과정의 첫 번째 단계로서 모든 SDGs에 대한 성과를 평가해야 한다고 생각한다.

기업은 자신의 사업과 관련성이 가장 높다고 판단하는 SDGs에만 분석을 집중해서는 안 된다. 대신 17개 SDGs 모두에 대한 성과를 분석하여 자신의 조직이 미치는 영향을 완전하게 파악해야 한다. 그러나 초기에는 핵심 사업과 관련성이 가장 높다고 판단하여 선정한 SDGs에 집중하는 것도 좋다. 단지 목표에 미칠 수 있는 영향을 무시하면서까지 이러한 선택을 해서는 안되기 때문이다.

비전에서 실행까지

이미 강조했듯이 오늘날 기업에게 가장 중요한 문제는 맵핑(mapping) 및 비전 수립을 넘어 SDGs에 대한 가능한 측정을 포함한 차세대 지속가능성 성과에 대한 실제 평가와 관련 전략 개선을 어떻게 할 것인가이다. 최근 SDGs에 대한 조직의 성과 측정을 실현 가능하게 하는 몇 가지 프레임워크가 등장하고 있으며, 이를 통해 기업은 초기 지속가능성 노력의 영향을 적절하게 평가할 수 있다.

우리는 연구 과정에서 특히 유용한 다음과 같은 4개의 프레임워크를 파악했다. 이 프레임워크의 명칭은 B영향 평가(B Impact Assessment), 퓨처핏 비즈니스 벤치마크(Future-Fit Business Benchmark, FFBB), 임팩트 관리 프로젝트(Impact Management Project, IMP)의 임팩트 모델의 5가지 차원(Five Dimensions of Impact Model), UN개발프로그램 SDG임팩트재무(UN Development Programme SDG Impact Finance, UNSIF) 이니셔티브의 모두를 위한 임팩트관리(Impact Management for Everyone, IM4E)이다. 이 프레임워크들은 SDGs에 부합하는 지속가능성 성과를 측정하는 데 특히 유용하다고 판단된다. 이 내용들은 기업이 주요 지속가능성 차원, 또는 SDGs의 경우 17개 목표 자체 전반에 대한 긍정적 및 부정적 영향을 검토하도록 하는 접근방식을 중심으로 구성되어 있다.

적합성을 갖추는 비결: 임팩트 관리

GRI, GHG 프로토콜 및 SASB 지표는 사회적 및 환경적 영향을 이해하는 데 있어 가장 근본적인 것을 측정하기 시작하는 실용적인 방법이다. 이를 통해 기본적인 맥락을 확립할 수 있다. 그러나 "측정한 것을 관리해야 한다"는 말이 있듯이 우리의 관심사는 전략을 수립하고 영향을 관리하는 다음 단계이다.

지금 논의하고 있는 차세대 프레임워크는 체크박스 측정(check-box measurement) 과정을 넘어 기업이 어떻게 보다 총체적인 방식으로 사회와 세계에 적합하게 되는지 이해할 수 있는 과정으로 이끌어내어, 이를 가능하게 한다. 이 네 가지 방법론은 지속가능성과 이해관계자에게 미치는 영향에 대한 사업활동의 적합성을 밝혀내 있음으로써 조직이 지속가능성을 위한 여정을 순조롭게 시작하도록 한다.

이 모델에 하는 다음과 같은 질문에 모두 답할 수 있다.

- 다양한 지속가능성 관련 기준을 잘 준수하고 있는가?
- 경쟁기업에 비해 잘 하고 있는가?
- 우리 조직과 이해관계자에게 가장 중요한 요소는 무엇인가?
- 조직으로서 우리가 고려해야 할 핵심 지속가능성 문제는 무엇인가?
- ESG 요인과 관련하여 현재 상황은 어떠한가?
- SDG와 관련하여 우리 기업은 어떤 성과를 내고 있는가?
- 우리는 어떤 SDGs에 영향을 미치고 있는가? 어떤 SDGs가 우리 사업 및 이해관계자에게 가장 중요한 주제와 연결되는가?
- 우리의 사업활동이 SDGs와 어떻게 일치하는가?
- 우리가 이해관계자들에게 실제로 미치는 영향은 무엇인가?
- 기후변화에 관한 현재 상황은 어떠하며, 이러한 영향이 우리 사업에 어떻게 영향을 미치는가?

이제 어떻게 조직에 SDGs 성과를 보다 심도깊게 제공할 수 있는지 살펴보자.

플랜 B는 플랜 A이다.

비콥(B Corporations)(또는 B Corps)은 미국에 기반을 둔 비영리기관 비랩(B Lab)에서 운영하며, 미션과 운영이 환경, 사회, 재정적 방안에 있어 최고 수준의 성과 기준에 부합되는 조직에 인증하는 단체이다. 조직이 비콥 인증을 받으려면 B 영향 평가에서 합격 영향 점수(Impact Score)를 획득해야 하며, 해당 평가는 세 가지 활동을 중심으로 구성되어 있다. 각 활동의 일련의 주제 영역에 대해 다음과 같이 질문한다.

1. 평가: 질문 분야에는 다음과 같은 거버넌스, 근로자, 커뮤니티 및 환경이 포함된다.
    A. 거버넌스: 회사는 해당 산업의 사회 및 환경 기준을 개발하기 위해 노력했는가?
    B. 환경: 환경성 검토/감사 내용을 공식적으로 공유하는 최대 커뮤니티는 어디인가?

C. 커뮤니티: 다음 중 귀사의 사업에 영향을 미치거나 타겟팅하는 소외 계층은 누구인가? 귀사가 B2B에 중점을 두는 기업이라면 귀사의 제품 또는 서비스의 최종 사용자는 누구인가?

D. 근로자: 지난 2년 동안 실시한 직원만족도평가 결과에 따르면 직원 중 "만족(Satisfied)" 또는 "몰입(Engaged)" 비율이 얼마인가?

2. 비교: 벤치마크를 제공하기 위해 수천 개의 다른 기업의 답변과 비교한다.

3. 개선: 맞춤형 개선 계획 수립[4]

비콥 평가를 받고 인증을 받음으로써 기업은 고정관념에서 벗어나 지속가능한 전략을 적용하고 있음을 확인해 준다. 각 해당 부문에서 재정적으로 성공하는 방법을 파악하기 위해 해야 할 일이 당연히 있지만, 비콥이 평가에서 약속한 사항을 이행하는 한 지속가능성 전략이 SDGs와 일치하는지 걱정할 필요가 없다. (해당 인증은 미국 약 33개 주와 이탈리아와 콜롬비아에서 유사한 형태로 존재하는 "베네피트 기업(benefit corporation)" 지정과 같은 법정 기업 구조와는 다르다는 점에 유의한다. 그러나 B랩스는 미국 전역에서 그리고 국제적으로 베네피트 기업의 법정 기업 구조가 확장되는 것을 적극적으로 지지하고 있다.)

비콥 인증은 기업이 지속가능성을 목표로 설립되었다는 것을 인증하는 표준이 되고 있다. 2019년 가을 기준으로 71개국 3,000개 이상의 기업이 비콥으로 인증받았으며, 해당 인증을 받은 유수 기업으로는 파타고니아(Patagonia), 엣시(Etsy), 메소드홈Method Home(), 벤앤제리스(Ben & Jerry's) 등이 있다. 2018년 4월 다농 북미법인(Danone North America)이 인증을 받았고 이 회사는 현재까지 비콥 인증을 받은 기업 중 가장 대기업이다. 당시 다농 북미법인의 지속가능개발 책임자 디애나 브래터(Deanna Bratter)는 다음과 같이 말했다: "시작부터 비콥의 기준과 사고방식을 우리 조직과 비즈니스에 접목하는 것이 장기적으로 큰 이점이 될 것으로 판단됐다."[5]

당신은 심지어 비콥 인증을 받음으로써 어떤 의미에서는 기업이 산업계 내에서 도덕적으로 높은 위상을 달성한다고 말할 수 있다. 2019년 여름 미국 비즈니스 라운드테이블(Business Roundtable)은 각 기업이(이 곳의 회원사들) 미래 초점을 주주에서 이해관계자로 옮길 것이라고 발표한 "기업 목적에 관한 성명서

(Statement on the Purpose of a Corporation)"를 발표했다. 서명 회원사들은 "우리의 모든 이해관계자에게 대한 본질적인 약속을 공유한다(share a fundamental commitment to all of our stakeholders)"고 선언했다(비즈니스 라운드테이블에서 추가로 강조한 내용). 이 성명서는 박수갈채에서부터 시대착오적이라는 혹은 당연한 말을 한다는 비난, 약속의 진정성에 대한 전면적인 회의론, 그리고 약속의 이행을 위해 취해야 할 유의미한 조치 목록까지 엇갈린 평가를 받았다.

이에 대해 다농, 파타고니아, 벤앤제리스를 포함한 33개 비콥 인증 기업의 CEO는 공동으로 '좋습니다. 이제 일을 시작합시다(Great, now let's get to work)'라는 내용의 전면 광고를 뉴욕타임즈(New York Times)에 게재했다. 이들은 비콥 인증을 받아 기업 지배구조 모델이 개선되었음을 홍보하고 이 새로운 자본주의 비전의 가치에 대한 투자자 교육에 일조할 것을 비즈니스 라운드테이블에 요청했으며, 그들이 "진정한 변화를 이루기 위한" 협력을 장려해 나갔다. (비콥인증: Certified B Corporation) 웹사이트에는 경영진이 실제 조치를 취하기 위해 따를 수 있는 실질적인 단계들이 나열되어 있다[6] 비콥 철학을 수용함으로써, 해당 CEO들은 말뿐만 아니라 행동으로 이미 올바른 길을 가고 있다는 것을 보여주고 있다.

비콥 모델은 기업에 어떻게 도움이 되는가

B 영향 평가는 모든 기업이 커뮤니티, 환경, 직원 및 고객에 대한 영향을 평가하는 데 사용할 수 있는 무료 공개 도구이다. B 랩에 따르면 50,000개 기업(실제로 완전 인증을 받은 기업의 20배)이 B 영향 평가 도구를 사용하여 지속가능성 분야에서의 성과를 파악하고 있다. 해당 평가 자체는 매우 상세해서 명확한 TBL 미션을 가진 기업이라면 부합할 것으로 기대되는 수많은 기준에 대해 응답하도록 하고 있다.

비랩은 고유의 지속가능성 강점을 바탕으로 UNGC와 제휴하여 온라인 플랫폼을 확장하고 SDG에 대한 기업의 성과를 직접 평가할 수 있도록 지원하고 있다. "SDG 액션 매니저(SDG Action Manager)"를 2020년 출시하였는데 기업이 SDG에 대한 성과를 추적하여 다른 조직과 비교하고 진행 상황을 모니터링하며 영향과 야심찬 목표를 향상시킬 수 있도록 고안됐다. 비랩은 리즈 경영대학 윤리 및 사회책임센터(Leeds School of Business's Center for Ethics and Social

Responsibility)와 콜로라도 볼더대(University of Colorado Boulder)의 도움을 받아 B 영향평가 지표를 SDG 목표와 지표에 연결하고 있다.

이러한 도구는 무료로 온라인에서 제공되기 때문에 모든 곳의 모든 규모의 기업이 주요 지속가능성 기준에서 얼마나 잘 수행하고 있는지 철저하게 평가할 수 있는 저위험 기회를 제공한다. 평가를 통해 알게 된 점을 통해 조직은 운영 및 공급망 전반에서, 그리고 근본적인 비즈니스 모델 내에서 가장 잘 수행되고 있는 분야는 어디인지 그리고 개선이 필요한 분야는 어디인지 명확하게 파악할 수 있다.

이러한 통찰은 조직이 비즈니스 모델을 지속가능성을 목표로 하는 모델 또는 전적인 SDGs 기반 모델로 전환하기 위해 어떤 조치를 취해야 할 때. 그리고 이를 이행하기 위해 마련해야 하는 계획에 대한 명확한 결정을 내려야 할 때. 또한 질문과 선택을 더 잘 제시하고 해결하려고 할 때 도움이 된다.

건전하고 지속가능가능한 방식

퓨처핏 비즈니스 벤치마크(Future-Fit Business Benchmark, FFBB)는 기업이 사회 문제에 성공적으로 대응하는 데 도움이 되는 퓨처핏재단(Future-Fit Foundation)의 과학 기반 프레임워크이다. FFBB는 기업의 활동, 능동 및 수동적 이해관계자, 그로 인한 영향과 관련하여 이해해야 할 사회시스템으로서의 기업에 초점을 맞추고 있다. 따라서 이 프레임워크의 출발점은 모든 사회시스템이 경제적으로 포괄적이고 사회적으로 정의롭고 환경을 회복하는 미래를 만드는 데 각자의 역할을 함으로써 사회의 장기적인 생존력을 보전해야 한다는 것에 기인한다.

FFBB는 기업이 전체 가치사슬에 해를 끼치지 않아야 하는 곳에 필요한 최소한의 조치를 취하고 있는지 평가하는 데 사용되는 23개의 손익분기점 목표(Break-Even Goals)를 간략히 설명한다. 기업은 잠재적인 사각지대를 발견하고 기업의 현재 위치와 목표 위치 사이의 격차를 좁히기 위해 주의가 가장 필요한 부분을 강조하는 일련의 진행률 지표를 사용해서 23개 목표 모두에 대한 자체 평가를 완료한다.[7] 또한 FFBB는 24개의 긍정적 목표(Positive Pursuits)를 제시한다. 이는 손익분기점 목표에 도달하기 전부터 기업이 기여할 수 있는 사회적 영향으로서, 사회 전체의 미래 적합성 발전을 가속화하는 데 도움이 된다.

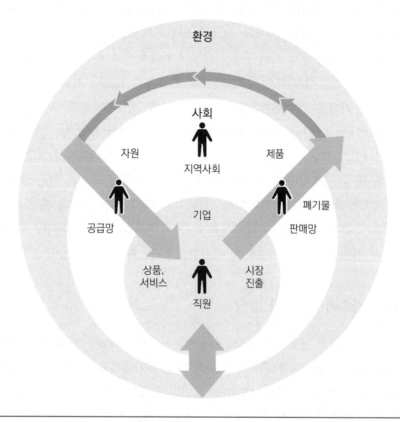

환경

사회

지역사회

자원   제품

기업

공급망   판매망

폐기물

상품,   시장
서비스   진출

직원

그림 3.1 퓨처핏재단(Future-Fit Foundation)의 비전은 모든 기업이 건강한 사회에 의존하는 사회
        시스템으로 간주될 수 있으며, 건강한 사회는 건강한 환경에 달려있다는 것이다.

출처: © 퓨처핏재단(futurefitbusiness.org)

예를 들어 SDG 13, 기후행동(Climate Action) 또는 SDG1인 빈곤퇴치(No
Poverty)에 대한 기업의 기여에 있어 "충분한" 정도가 무엇인지와 같이 사회문제
에 대한 SDGs 공통 비전에서 기업이 정확히 무엇을 해야 하는지를 이해하는 것
은 어려울 수 있다. 긍정적 목표와 손익분기점 목표는 SDGs의 정신을 상당 부
분 공유하기 때문에, 퓨처핏은 두 프레임워크를 서로 매핑하여 어떠한 기업이라
도 사회에 도움이 되고 있는 부분과, 반대로 의도하지 않았지만 사회의 발전을
저해하고 있는 부분을 정확하게 파악할 수 있도록 했다.
    상당히 새로운 벤치마크임에도 불구하고, FFBB는 더바디샵(The Body Shop),

드비어스(DeBeers), 아일린 피셔(Eileen Fisher), 머스크(Maersk), 노보 노르디스크(Novo Nordisk) 등의 조직에서 빠르게 도입하고 있다.

노보 노르디스크의 수잔 스토머(Susanne Stormer) 기업지속가능성(Corporate Sustainability) 담당 부사장은 "우리는 기업이 1~3개의 SDG에 중점을 두는 것이 나쁘지 않다고 판단한다"고 말한다. (달리 명시하지 않는 한 실명 인사들의 인용 발언은 2018년 6월부터 2020년 4월까지 저자들이 수행한 인터뷰에 기초한다) 스토머 부사장은 다음과 같이 덧붙여 말했다:

> 우리는 SDG3(건강과 웰빙) 및 SDG12(책임있는 소비)에도 중점을 둔다. 그러나 모든 SDG에 대한 기업의 영향 역시 고려해야 한다. 이것이 퓨처핏이 유효한 이유이다, 최소한 손익분기점에 도달해야 하고 해를 끼치지 않아야 하기 때문이다.

퓨처핏 모델은 어떻게 도움이 되는가

FFBB는 선도적인 과학을 바탕으로 이용가능한 최고의 제3자 자원을 활용하여 조직이 프레임워크를 적용할 수 있는 방법에 대한 광범위한 지침을 제공한다. 목표는 야심차지만 FFBB는 다양한 분야의 다양한 규모의 기업과 협력하여 개발하였으므로 긍정적 목표, 손익분기점 목표 및 SDG에 대한 조직의 현재 위치를 평가하는 데 있어 간단하고 기업 친화적인 접근방식을 취한다. 특히 기업이 적용할 수 있는 실질적이고 의미있는 지표가 되도록 각 손익분기점 목표에 대한 지표는 산출가능성, 비교가능성, 완전성, 간결성, 신뢰성이 있도록 설계했다.

퓨처핏 접근법은 조직이 SDG와 관련하여 전 분야의 영향을 이해하는 데 사용할 수 있고 측정 도구의 역할을 하여 시간 경과에 따른 기업의 목표에 대한 기여도와 성과를 추적하는 데 사용할 수 있는 비교적 간단한 방식이다.

"임팩트(Impact)" 논의 시 다루는 내용들

임팩트 관리프로젝트(IMP: Impact Management Project)의 미션은 간단하고 강력하다. 즉 임팩트 측정, 비교 및 보고 방법에 대한 글로벌 합의를 구축하는 것이다. 이를 위해 IMP는 투자자, 자산소유자 및 재단부터 국제기구, 정책입안자, 시민사회단체 등에 이르기까지 "다양한 관점, 용어 및 논리"를 망라하는 2,000명 이상의 실무자의 의견을 모아 영향 측정과 관리에 대한 공통 규범에 대한 합의에 도달했다.[8]

이러한 협력 구축의 결과로 IMP는 개념에 대해 이야기하는 방법부터 측정 및 관리를 정의하는 방법에 이르기까지 "영향"이 무엇인지에 대해 상호 수용가능한 합의를 도출하고 있다. 이 규범을 기업 임팩트 관리 관행에 적용하는 기업

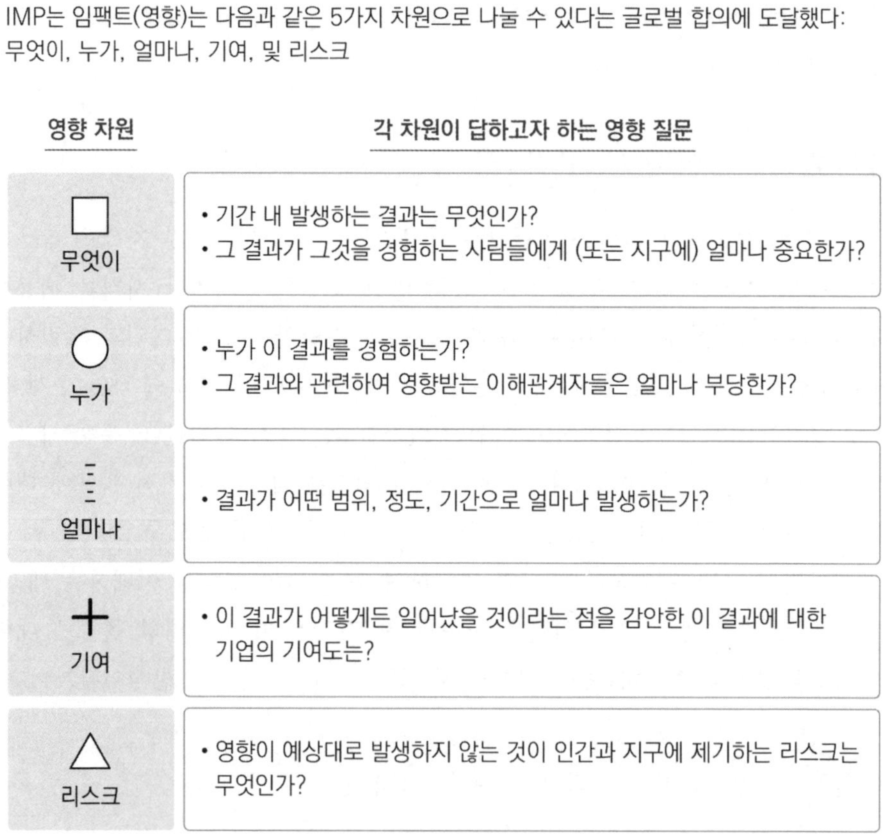
IMP는 임팩트(영향)는 다음과 같은 5가지 차원으로 나눌 수 있다는 글로벌 합의에 도달했다: 무엇이, 누가, 얼마나, 기여, 및 리스크
영향 차원
각 차원이 답하고자 하는 영향 질문
무엇이
• 기간 내 발생하는 결과는 무엇인가?
• 그 결과가 그것을 경험하는 사람들에게 (또는 지구에) 얼마나 중요한가?
누가
• 누가 이 결과를 경험하는가?
• 그 결과와 관련하여 영향받는 이해관계자들은 얼마나 부당한가?
얼마나
• 결과가 어떤 범위, 정도, 기간으로 얼마나 발생하는가?
기여
• 이 결과가 어떻게든 일어났을 것이라는 점을 감안한 이 결과에 대한 기업의 기여도는?
리스크
• 영향이 예상대로 발생하지 않는 것이 인간과 지구에 제기하는 리스크는 무엇인가?

그림 3.2 IMP의 5가지 차원과 이러한 차원을 정의하는 15가지 임팩트 데이터 범주.

출처: CC BY CC BY-NC-SA 4.0에 따라 라이선스가 부여됨.

과 투자자는 향후 부정적인 영향을 줄이고 긍정적인 영향을 증가시키도록 목표를 설정할 수 있다. 이는 영향력을 극대화하는 데 도움이 된다.

IMP 실무자 커뮤니티의 합의는 임팩트는 "사람이나 지구를 위한 긍정적 혹은 부정적 결과의 변화"로 정의할 수 있으며, 이러한 영향의 본질을 다음 5가지 차원으로 나눌 수 있다는 것이다.

무엇을

기업이 어떤 결과에 기여 하고 있으며, 그 결과가 이해관계자에게 얼마나 중요한가.

누가?

어떤 이해 관계자가 기업이 야기하는 결과를 경험하게 되고, 이러한 결과와 관련한 피해를 얼마나 경험하고 있는가.

얼마나

얼마나 많은 이해당사자가 결과를 경험했는지, 어느 정도의 변화를 경험했는지, 얼마나 오랫동안 해당 결과를 경험했는지.

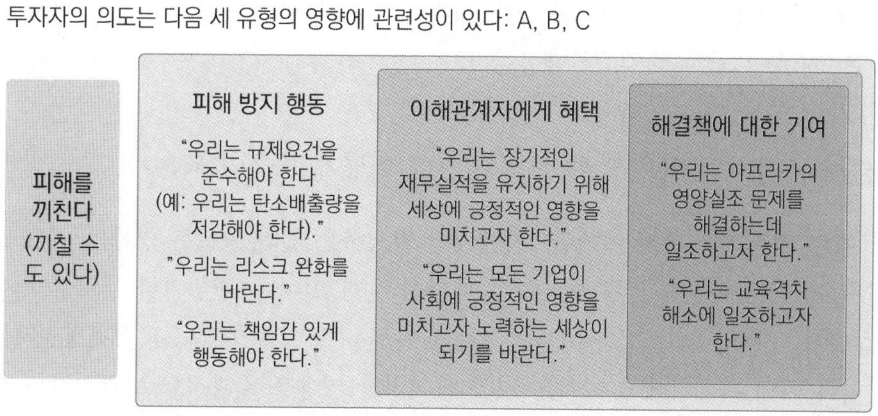

투자자의 의도는 다음 세 유형의 영향에 관련성이 있다: A, B, C

피해를 끼친다 (끼칠 수 도 있다)	피해 방지 행동	이해관계자에게 혜택	해결책에 대한 기여
	"우리는 규제요건을 준수해야 한다 (예: 우리는 탄소배출량을 저감해야 한다).", "우리는 리스크 완화를 바란다.", "우리는 책임감 있게 행동해야 한다."	"우리는 장기적인 재무실적을 유지하기 위해 세상에 긍정적인 영향을 미치고자 한다.", "우리는 모든 기업이 사회에 긍정적인 영향을 미치고자 노력하는 세상이 되기를 바란다."	"우리는 아프리카의 영양실조 문제를 해결하는데 일조하고자 한다.", "우리는 교육격차 해소에 일조하고자 한다."

그림 3.3 투자의 임팩트 분류에 대한 IMP 가이드.
출처: CC BY CC BY-NC-SA 4.0에 따라 라이선스가 부여됨.

기여

기업이나 투자자의 노력이 이 측정과 관리가 없었을 때 발생했을 결과보다, 관리를 진행 했을 때 더 나은 결과를 만들었는지 여부.

리스크

예상과 달라질 영향의 가능성 및 그 차이가 이 영향을 경험하는 사람이나 지구의 관점에서 중요해질 가능성.[9]

또한 IMP는 5가지 영향 차원에서 성과를 평가하는 데 사용되는 15가지 범주를 파악하고 있다(그림 3.2). 이 데이터를 사용하여 IMP의 "ABC" 영역 내에서 조직이 어디에 위치하는지 결정할 수 있다.

A는 사람과 지구에 미치는 부정적 결과에 대해 상당한 영향을 예방하거나 감소시키는 "피해를 방지하기 위한 행동(Acting to avoid harm)", B는 "이해관계자에게 돌아가는 이익(Benefiting stakeholders)", C는 "해결책에 대한 기여(Contributing to solutions)"를 의미한다(그림 3.3). IMP는 자기 평가 결과를 기여한 조직에게 비교를 위한 자료로써 그리고 캘버트 임팩트(Calvert Impact), 노이버거 베르만(Neuberger Berman) 스탠다드 라이프 인베스트먼트(Standard Life Investment)의 기금을 포함한 기타 자산관리자와 소유자에 대한 지침으로써, 5가지 영향의 차원에 대해 자체 평가한 40개가 넘는 투자 상품의 실시간 임팩트 등급표(Impact Class Catalog)를 제공한다.

영향의 5가지 차원은 영향 성능 평가에 어떻게 도움이 되는가

관련 전문가가 특정 이해관계자에게만 발생하는 결과를 보는 영향의 '무엇을' 및 '누가'라는 차원에 집중하는 것은 대단히 흔한 일이다. 한발자국 뒤로 물러나 '얼마나', '기여', '리스크'라는 다른 3가지 차원을 포함시킨다면, 의사결정권자는 기업이 이해 관계자에게 미치는 영향과 이러한 영향을 효과적으로 관리하는 방법을 종합적으로 파악할 수 있다. 또한 5가지 차원을 함께 고려함으로써 기업은 기업 성과를 업계 표준과 비교하여 "충분히 좋은 결과인지"를 파악할 수 있다.

마지막으로 영향과 결과에 집중하면 해당 프레임워크는 SDGs 달성 진행 상황을 이해하는 데 정확히 연결된다. 일자리 창출을 예로 들어보자. 조직이 상황 정보 없이 "100개의 일자리를 창출했다"고 할 경우 SDG와의 연결성을 주장하기 어렵다. 아마도 이 일자리는 경쟁기업에서 쫓겨난 사람들에게 주어졌을 것이다. 즉, 이들은 회사가 아니더라도 여전히 일자리가 있었을 것이다. 아마도 이 일자리는 투자은행과 같이 평균 이상의 급여를 지급하는 산업에서 창출되었을 것이다. 또는 입사 전에 이미 부유한 개인에게 주어졌을 수도 있다. 이러한 경우 SDGs 목표에 진전이 있었다고 보기 어렵다.

반면 이전에 실업자로 빈곤선 아래에 있던 사람들을 위해 100개의 일자리가 만들어졌다면, 이러한 신규 일자리 창출이 SDGs 진전에 도움이 된다는 주장은 충분히 타당하다. 상황 데이터를 제공함으로써 5가지의 영향 차원이 어떤 이니셔티브가 가장 많은 피해를 입는 이해관계자에게 영향을 미치는지를 명확히 알 수 있게 한다.

이러한 방식으로 결과를 측정하고 벤치마킹하고 다양한 활동에 대해 비교할 수 있으면 조직의 사회적 또는 환경적 영향을 개선하고자 하는 경우 최선의 전략 선택 의사결정에 강력한 정보를 제공할 수 있다. 긍정 및 부정적 영향에 대한 명성을 제공함으로써, IMP 접근방식이 조직 내에서 목표를 설정하고 부정적인 결과를 기반으로 개선해야 할 부분을 신속하게 인식하는 데 매우 유용할 수 있다.

처음부터 기업을 구축하고자 하는 창업자에게 이 5가지 차원은 강력한 지침이 된다. 새로운 조직 설립시 리더는 시작점으로 이 5가지 차원을 사용하여 아직 다른 솔루션 제공자로부터 제공받지 못한 특정 당사자들을 위해 해결해야 할 솔루션 및 실제 사업상 문제를 파악할 수 있으며, 동시에 이해관계자가 자신의 관점과 요구사항을 처음부터 고려하도록 할 수도 있다. 이러한 접근방식은 우리가 이 책의 다른 부분에서 강조한 미션 중심 기업 대열에 여러 기업이 합류하는 데 큰 도움이 될 것으로 생각한다.

민주적이 되자.

사회적 임팩트 투자컨설팅 기관인 잉게이지드X(EngagedX)의 전무이자 UNSIF의 연구 및 지식 부서장(Head of Research and Knowledge)을 역임한 칼 리히터

(Karl Richter)는 투자자가 영향 측정에서 관리로 이동하는 데 도움이 되는 5가지 차원에 대한 보완적 영향 관련 프로젝트를 주도했다. 모두를 위한 임팩트관리 (Impact Management for Everyone, IM4E)라고 불리는 이 소셜 임팩트 투자 분석 프레임워크는 조직에 획일화된 방식을 강요하기 보다는 자신만의 길을 개척할 수 있도록 상당한 유연성을 제공하고 있다.

리히터의 프레임워크는 기업의 관점과 투자 관점을 조화시켜, 자발적인 목표를 설정했거나 결과 개선을 요건화하는 규정을 이행하고 있는 상장기업 및 사회적기업을 이 비전안에 포함한다. 따라서 IM4E는 투자자와 마찬가지로 임팩트 관리 모범사례에 맞춰 기업을 조정하는 데 도움이 된다. 영향 측정에 대해 간단하지만 포괄적인 IM4E 방법론은 영향 지표를 이해하고 생성하는 방법에 대한 더 폭 넓은 논의의 일부가 되었다.

IM4E는 조직의 초점을 '무엇'이 발생하는지 집계하는 것에서 '왜' 발생하는지 이해하는 것으로 전환하는 것을 목표로 한다. 이를 통해 처음 측정한 결과를 개선할 수 있으므로 실제로 영향을 관리하는 데 적합한 도구를 적용할 수 있다. 이 프레임워크는 '공통 여정(common journey)', '다양한 경로(different pathways)' 및 보고(학계의 '필요한 근거 수준' 개념에 기반)를 포함하는 기준표를 제시함으로써 인본주의에 가까운 접근법을 취한다.[10]

공통 여정은 다음 단계를 거친다.

1. 의도 설정
2. 목표, 측정지표 및 지표 파악
3. 목표 정의 및 전략 선택
4. 데이터 측정, 수집 및 검증
5. 데이터 분석 및 평가
6. 결과 보고 및 공개
7. 결과를 사용하여 의사결정에 필요한 정보 제공

이러한 단계 이행에는 전체 이해관계자가 일조하며, 각 이해관계자는 해당 기업 유형에 가장 적합한 결과물을 제공하고 자신의 보고 기대치에 부합하는 다른 이해관계자가 제공하는 정보를 필요로 한다. 이는 일반적으로 다양한 투자자

유형이 처리하는 보다 표준화된 정량적 종류의 데이터에 대한 '낮은 강도'에서부터, 비영리단체와 같이 시민사회 조직 및 정책결정 기구에서 발생하는 '설명적이고 맞춤화된' 보고에 이르기까지 다양하다.

활동의 모든 측면에서 관리에 영향을 미칠 수 있는 개별 경로도 강도에 따라 세분화 된다(그림 3.4 참조). 한편에는 영향을 전혀 고려하지 않는 "애그노스틱(Agnostic)" 접근 방식이 있으며, 그 다음은 한 단계 나아간 "피해 방지(Avoid harm)" 단계가 있다. 그리고 반대편에는 "효과 평가(Assess effects)"와 "영향 분석(Interpret impact)" 단계가 있다.

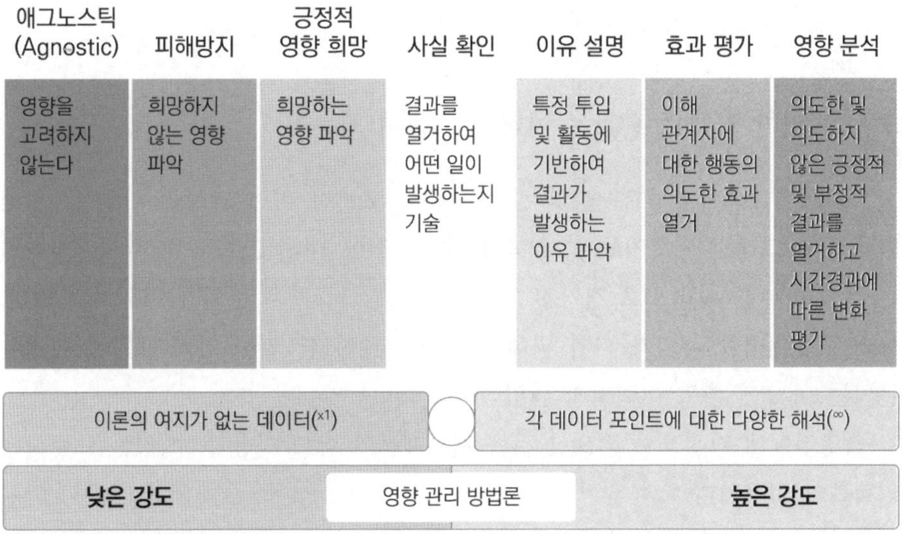

애그노스틱 (Agnostic)	피해방지	긍정적 영향 희망	사실 확인	이유 설명	효과 평가	영향 분석
영향을 고려하지 않는다	희망하지 않는 영향 파악	희망하는 영향 파악	결과를 열거하여 어떤 일이 발생하는지 기술	특정 투입 및 활동에 기반하여 결과가 발생하는 이유 파악	이해 관계자에 대한 행동의 의도한 효과 열거	의도한 및 의도하지 않은 긍정적 및 부정적 결과를 열거하고 시간경과에 따른 변화 평가

이론의 여지가 없는 데이터(x^1)		각 데이터 포인트에 대한 다양한 해석(∞)
낮은 강도	영향 관리 방법론	**높은 강도**

경로 설계는 시장활동(기업, 투자, 펀드 및 포트폴리오)을 세분화 하는 시험 프로젝트 담당한 UNSIF 제공 정보를 활용했다. 본 도해는 객관적이고 독립적으로 관찰할 수 있는 속성을 개별적이고 명확하게 체계화하는 실용성에 기초한다.

그림 3.4 영향 관리 여정의 개별경로/영향 관리의 정의 프레임 워크 및 요구에 적합한 경로 선택
출처: Karl Richter 제공

따라서 이상적으로는 항상 야심찬 목표를 권장 하지만 감사인은 현재 측정 대상이 있는 모든 경로 내에서만 영향을 측정할 수 있다.

제공된 데이터의 유효성에 대한 근거를 제공함에 있어, 감사인은 영향 평가

에 대한 자신의 관점, 맥락 및 이유, 요구하는 데이터의 엄밀함 등의 측면에서 유연하게 대처할 수 있다. '근거 수준'의 학술연구모델에 따라 감사인은 다음 유형의 정보를 적절하게 제공한다.

1. 게재 및 동료 검토
2. 학술지 또는 연구저널에 게재
3. 통계적으로 엄격한 분석
4. 다중 연구 또는 시계열 분석
5. 단일 사례 연구 또는 스토리텔링
6. 전문가 의견 또는 평가 혹은 레이블(label)
7. 정황증거 또는 이해관계자 의견

모두를 위한 임팩트 관리는 어떻게 도움이 되는가

IM4E는 지속가능성 측정 및 관리의 주요 포괄적 비전 달성을 위한 첫 번째 단계이다. 그래서 지속가능성, 임팩트 및 SDGs에 대해 CSR을 처리하는 방식과는 상당히 다른 방식으로 경영진 차원에서 점점 더 많은 논의가 이뤄지고 있다. 그러나 유의미한 논의가 되기 위해서는 먼저 해야 할 일이 있기 때문에 이러한 논의는 아직 충분히 이뤄지지 않았다.

경영진에게 진정으로 필요한 것은 재무제표와 함께 사용할 수 있는 표준화된 임팩트 보고서이다.

리히터는 IM4E의 목적은 "민간부문이 역동적이지만 효과가 있는 방식으로 참여할 수 있는 규범적 프레임워크를 만드는 것이다. 이는 독립적으로 검증된 엄격한 프레임워크다"라고 말한다. 이렇게 함으로써 대차대조표나 손익계산서에서 외부효과로서 남아있는 문제들을 계상할 수 있게 될 것이다. 이는 사회적 이슈에 대한 입장 표명과 조직 개선으로 인한 브랜드 가치일 수도 있고, 탄소배출 정책으로 인해 위험 부담이 커지는 화석연료 관련 벤처 등 좌초자산이 될 가능성이 있는 것에 대한 비용일 수도 있다.

이를 가능하게 하려면 임팩트가 본질적으로 주관적이라는 사고를 타파하고 이산화탄소나 영양염 농도와 같은 사실적인 것과 보다 주관적인 것을 분리해야 한다. 따라서 결국 목표로 하는 것은 더 높은 수준의 과학적 엄밀함을 적용하여 사실에 기반한 임팩트의 측정과 관리를 강화하는 것이다.

여기에는 조직의 임팩트에 대한 주장을 입증하는 것, 신용점수와 같은 방식으로 사람들의 주장에 대해 '신뢰성 점수'를 만드는 것이 포함된다. 이를 통해 지속가능성을 전통적인 회계 분야에 편입하게 되고, 이러한 노력의 이면에는 임팩트 보고를 승인하는 KPMG, PwC, 딜로이트(Deloitte) 같은 주요 회계기관이 있다. 그 결과, 주장을 성립하게 하는 명확한 기준이나 측정 기준, 그리고 그러한 주장을 검증하기 위해 신뢰할 수 있고 비교가능한 소스 데이터가 필요로 한다. 이 방법론은 SDGs 전반에 걸쳐 긍정 및 부정적 임팩트 모두 조직 내에서 뚜렷하게 나타나도록 해 "SDGs 워싱"이 사실상 불가능해지는 방법론이다.

현재 UN과 펀드매니저가 이를 활용할 경우, IM4E는 표준화된 프레임워크를 제공하고 규정 준수의 수준을 향상하며 데이터 관리자가 보고 플랫폼 내에서 공통 기능과 데이터 상호운용성을 구현할 수 있도록 하는 것을 목표로 하고 있다. 기업의 경우, 이 모델은 기업이 자신의 실제 임팩트가 무엇인지 명확히 하여 특정 SDGs를 우선순위로 하겠다는 주장을 뒷받침하게 하고, 이러한 특정 목표 이행에 대한 측정가능한 결과를 달성하기 위해 자원을 적절하게 재할당하는데 활용하고 장려하고 있다. 또한 투자자가 조직의 실제 임팩트를 명확하게 파악함에 따라, 캐피탈 매니저는 기업이 스스로 정한 목표를 달성하기 위한 적절한 전략을 수립할 수 있도록 보다 힘을 실어줄 수도 있다.

─ 어느 한 가지 또는 전체: 시작할 시간

어떤 기업이든 현재 상황을 파악하기 위해서는 조직 내에서 구체적으로 무엇을 측정해야 하는지 결정해야 한다. 우리는 지금까지 지속가능성 여정에서 기업의 현재 상태, 오늘날 기업에 미치는 외부 리스크, 그리고 기업을 SDG에 맞게 조정하는 비즈니스 사례(business case)를 파악하기 위한 여러 프레임워크와 방법을 검토했다.

SDG가 비즈니스 활동 및 세상에 영향을 미치는 방식에 큰 변화를 일으킬 가능성이 있다는 것은 이제 상당히 널리 받아들여지고 있다. 지속가능성이 "좋고 옳은 일"에서 비즈니스의 중요한 패러다임으로 전환함에 따라, 이해관계자는 점점 더 입증된 결과를 확인하겠다는 요구를 하게 될 것이다.

따라서 이러한 측정도구는 도구가 수행할 역할을 변화시킬 것이라고 생각한다. 도구가 점점 더 일상적인 기업경영의 중심이 되어 CSR 또는 지속가능성 기능을 넘어 마케팅, 재무, 생산, 조달과 같은 보다 전통적인 영역으로 확장될 것이라고 생각한다.

사용가능한 접근방식이 매우 다양하다는 것은 기업이 지속가능한 비즈니스 모델로의 5단계 과정을 성공적으로 진행하고 7장 마지막 부분에서 논의하게 될 "SDG 액션 주기(SDG Action Cycle)"를 진행할 수 있도록 해주는 도구와 프레임워크가 발전하고 혁신하고 있음을 보여준다. SASB, GRI, GHG 프로토콜과 같이 대부분의 기업이 이러한 영역에서 최소한의 노력으로 사용하는 "판돈(table stakes)"이라고 불릴만한 핵심 접근 기준이 있지만, 조직은 자신의 상황에 가장 잘 맞는 고유한 접근방식을 계속해서 파악해야 한다.

알맞은 측정기준을 정하게 되면, 보다 광범위한 부문과 사업활동으로 신속하게 확산해 나가는 데 확실히 도움이 될 것이다. 그러나 SDGs에 대한 지속가능성과 성과를 평가하고 측정하는 것은 여전히 복잡한 과정일 수밖에 없다. 따라서 조직 자체와 조직구성원, 미션, 구조 등은 해당 기업에 가장 적합한 평가 및 측정 접근방식을 결정하는 요소가 될 것이다. 그리고 우리가 앞서 지속가능성을 정의하면서 강조했듯이, 이러한 요소들은 지속적인 과정에 있으며 기업은 특정 단계에서 효과가 있었던 것을 재검토하여 다음 단계와 전략에 적합한지 결정해 나가야 한다.

그러나 각 조직과 해당 조직이 처한 단계에 무엇이 가장 효과적인 도구인지 파악하기 위해 이용 가능한 개념, 프레임워크 및 도구를 면밀히 살펴보아야 하겠지만, 그렇다고 타성에 빠져서는 안된다. 우리가 인터뷰한 기업들은 '지속가능성'이 새로운 경영원리이기 때문에, 지속가능성을 추구하는 과정에서 이를 지원하기 위해 사용되는 방법 및 도구는 초기에 다소 시행착오가 있을 수 밖에 없다는 점을 강조했다. 이 과정이 수행되는 방식은 기업마다 다를 것이다.

그러나 가장 중요한 것은 조직이 일단 시작하고 무언가를 시도하는 것이다. 이는 뉴욕에서 개최된 2018년 유엔 고위급정치포럼 SDG&비즈니스 포럼(2018

High Level Political Forum SDG & Business Forum)에서 HSBC의 지속가능금융 (Sustainable Finance) CFO인 레베카 셀프(Rebecca Self)에 의해 강조되었다.

> 완벽을 기다리지 말라. 어떤 프레임워크가 당신이 하는 일을 측정하는 데 가장 좋은 프레임워크인지에 얽매이지 말라. 이 일에는 언제나 다소 시행착오가 있을 것이다. 사용 가능한 옵션 중 하나를 시도해 보고 가능한 한 SDG에 맞게 보고서를 작성하라. 바로 오늘부터 시작하라.

이 도구 중 몇 가지를 사용할지도 조직마다 다를 것이다. HSBC와 같은 기업은 런던과 홍콩 증권거래소 상장 규칙 활용과 같은 독특한 접근방식을 사용하여 원칙을 수립한다. 노보 노르디스크(Novo Nordisk) 같은 기업은 FFBB처럼 새롭고 제대로 구조화된 프레임워크를 사용하고 선택한다.

힐튼(Hilton)은 어떤 시점에서든 매우 다양한 접근방식을 적용하는 것을 선택했다. 우리가 힐튼의 글로벌 기업의 책임(Global Corporate Responsibility) 수석이사인 다니엘라 포스터(Daniella Foster)에게 힐튼이 사용하는 접근방식이 무엇인지 물었을 때 포스터는 다음과 같이 답했다.

> 우리는 모든 접근방식을 사용한다. 우리 경영진은 어느 것도 놓치고 싶어하지 않았고, SDG와 연계할 수 있는 기회를 매우 중요하게 생각하고 있기 때문이다. 더군다나 호텔산업에서는 모든 SDGs를 고려할 수 밖에 없다. 따라서 우리가 고려할 수 있는 모든 기준을 이행하려 할 때 관련 자금을 비교적 쉽게 확보할 수 있었다.

여러분의 기업이 운이 좋기를 바란다. 만약 그렇지 않다면, 지금 할 수 있는 모든 방안을 진행해 봐야 한다. 많은 조직이 여전히 진행 과정의 시작 단계에 있지만, 다행스럽게도 기업이 차별점이 없는 기업에서 지속가능성을 지향하는 기업으로의 성공적으로 전환하는 과정에 길잡이가 되어 줄 접근법들은 매우 다양하게 존재하고 있다.

📑 Notes

1   Global Reporting Initiative (n.d.). Sustainability Disclosure Database. Retrieved from www.globalreporting.org/services/reporting−tools/Sustainability_Disclosure_ Data base/Pages/default.aspx

2   Greenhouse Gas Protocol (n.d.). The Greenhouse Gas Protocol. A Corporate Accounting and Reporting Standard, Revised Edition. Retrieved from https:// ghgprotocol.org/corporate−standard.

3   Elkington, John (2018, June 25). 25 years ago I coined the phrase triple bottom line. Here's why it's time to rethink it. *Harvard Business Review*. Retrieved from https://hbr.org/2018/06/25−years−ago−i−coined−the−phrase−triple−bottom −line−heres−why−im−giving−up−on−it.

4   B Labs (n.d.). Start the B Impact Assessment. Retrieved from https://bimpactas sessment.net/bcorporation.

5   B the Change (2018, October 2). The world's largest B Corp on the future of business. Retrieved from https://bthechange.com/the−worlds−largest−b−corp− on− the−future−of−business−673bccda1d54.

6   Certified B Corporation (n.d.). Business culture has shifted. Retrieved from https://bcorporation.net/news/business−culture−has−shifted.

7   Future−Fit Foundation (2018). Future−Fit Benchmark Methodology Guide (Release 2.1). Retrieved from https://futurefitbusiness.org/wp−content/uploads/ 2019/04/FFBB−Methodology−Guide−R2.1.pdf.

8   Impact Management Project (IMP; n.d.). IMP practitioner community. Retrieved from https://impactmanagementproject.com/impact−management/practitioner− community/.

9   IMP (2018, September 16). What is impact? Retrieved from https://impactmana gementproject.com/impact−management/what−is−impact/.

10 Richter, Karl H. (2018). Impact Management for Everyone presentation.

11 Food and Agricultural Organization of the United Nations (2018). Save food: Global Initiative on Food Loss and Waste Reduction – key facts on food loss and waste you should know! Retrieved from: www.fao.org/3/a−i4068e.pdf.

리누블(Re-Nuble)
재활용 음식물 쓰레기를 활용한 유기농 식품에 대한 접근성 확대

먹거리에 대한 관심이 커지고 있고, 자연식을 하는 것은 더 이상 '틈새 (niche)' 현상이 아니다. 유기농 식품 시장은 미국을 비롯해 다른 지역에서도 비약적으로 성장하며, 농부 및 식품 생산자가 유기농 농산물 등의 수요 증가를 충족시키기 어려워졌다. 수요가 증가하고 있지만, 고품질 유기농 식품의 가격은 여전히 너무 높아 취약계층과 노동자 계층 소비자가 접근하기는 어려운 경우가 많다.

동시에 전 세계 음식물 쓰레기량은 놀라운 속도로 증가하고 있다. UN은 매년 인간이 소비하기 위해 생산한 식품의 약 1/3에 해당하는 13억 톤의 음식이 손실 또는 낭비되는 것으로 추산하고 있다.[11] 오랫동안 중국 및 동남아시아와 같은 신흥시장에서 쓰레기를 처리하는 일은 규모가 꽤 큰 산업이었다. 최근에 이러한 국가가 더 이상 '세계의 폐기물 처분장'으로서의 역할을 거부하면서 선진국 도시와 주, 그리고 각 지역이 서둘러 대안을 모색하고 있다.

이 두 가지 문제는 세계 식량 시스템을 압박하는 난제 중 일부일 뿐이다. 다행스럽게도 이러한 난제에 정면으로 대응하기 위해 나선 혁신가가 점점 늘고 있다. 이 중 재생 불가능한 식물 폐기물 흐름(vegetative waste stream)을 활용해 농부를 위한 혁신적인 식물 기반 농업기술을 개발하는 스타트업인 리누블(Re-Nuble)도 가장 유망한 기업 중 하나다.

리누블 창립자이자 CEO인 티니아 피나(Tinia Pina)는 뉴욕 케어스 할렘 (New York Cares Harlem)의 대학입시 지도교사로 자원 봉사하면서 영양소 밀도가 낮은 음식이 학생에게 미치는 부정적인 영향을 목격했고 뉴욕시가 골머리를 앓고 있는 음식물 쓰레기 문제에 대해 정확히 인지하고 있었다. 피나는 이 두 가지 문제를 한번에 해결할 수 있는 사업을 2012년부터 구상하여 마침내 2016년에 시작했다.

그림 3.5 리누블의 음식물 쓰레기 재활용은 사회가 실행가능하고 비용 효율적이며 보다
친환경적인 시스템으로 전환하는 데 기여한다.

출처: 리누블(Re-Nuble)

리누블의 음식물 쓰레기에서 추출한 유기 비료는 처음에는 수경재배 식물의
성장 촉진용으로 사용되었다. 하지만 이후 성분배합을 변경하여 토양 및 수
경 재배 시스템을 포함한 모든 규모와 모든 유형의 농장을 위한 현장 맞춤형
영양 시스템으로 발전했다.

효과가 빠르게 나타나지만 빠르게 사라지는 것으로 알려진 합성비료와 비교
해 리누블의 유기농 제품은 "이온결합을 사용하여 이용 가능한(ionically
available)" 동일한 영양가를 제공한다. 이 때문에 식물은 영양소 변환을 위
해 에너지를 소비할 필요가 없고, 더 효율적으로 영양소를 흡수하게 된다. 유
기농적 접근방식으로 식물에 비료를 주면 성장은 느려지지만, 합성비료처럼
영양분을 "침출(leech out)"시키거나 고갈시키지는 않는다.

리누블은 제품 수준뿐만 아니라 비용 경쟁력에서도 뛰어나다. 리누블의 핵심
영양소 투입 제품은 무기염 대비 비용 효율이 15~20배 높기 때문에 최대
69%까지 비싼 유일한 유기농 대체품 대비 가격경쟁력을 확보하고 있다. 이

러한 장점은 농부들이 유기농 제품 사용으로 전환하도록 할 뿐 아니라 모든 사람이 영양소가 풍부한 유기농 식품을 저렴하게 이용할 수 있도록 하겠다는 리누블의 미션과도 일치한다.

리누블의 지속가능성은 식물 생장에 국한되지 않는다. 환경 발자국과 기업운영의 사회적 영향을 추적하기 위해 재활용 음식물 쓰레기의 톤수에서부터 창출된 일자리 수, 온실가스 배출량 및 식품생산량 모니터링까지 매우 포괄적이다. 이러한 측정은 리누블이 협력지자체와 그들의 고객인 농가에게 제시할 설득력 있는 지속가능성 근거를 구축하는 데 큰 도움이 된다.

브랜드의 핵심에 순환성 개념을 포함시킨 리누블은 접근 가능한 음식물 쓰레기의 모든 화합물과 음식물 분자를 제품에 사용하기 위해 끊임없이 노력하고 있다. 음식물 쓰레기나 화학첨가물이 없는 순환형(closed-loop) 농업시스템을 만들겠다는 비전은 미 동부 기반의 도매·리셀러·유통업체에서 전국 규모로 사업을 확대해 나가는 과정에서 리누블의 방향성을 명확히 제시해주고 있다. 또한 미국이든 다른 지역이든 통제된 환경의 농가와 건조기후 농가 역시 리누블이 개발하거나 또는 적극적으로 탐색 중인 흥미로운 성장 기회이다.

리누블과 같은 신생 혁신업체가 앞장서는 가운데 비료업계를 주도하는 기업들은 보다 자연적인 솔루션을 사용하려는 추세에 주목하게 되었다. 지속가능한 유기농 솔루션에 대한 농부와 소비자의 수요가 점점 더 빠르게 늘어남에 따라, 농업과 식량 시스템의 엄청난 변화가 생겨나고, 그 일들의 확산은 우리가 생각하는 것보다 훨씬 더 빠르게 일어날지 모른다.

금융의 변신

지속가능한 투자, 주류가 되다

지속가능하게 리드하라
Leading Sustainably

틈새에 놓인 모호한 개념이었던 지속가능금융이 자산군과 자산이 있는 지역의 구분 없이 투자자들의 최우선 이슈로 떠올랐다. 사모펀드 및 벤처캐피털(VC)은 최장 10년인 펀드 운용기간을 연장한 장기 펀드를 고려하고 있으며, 투자자의 약 75%가 ESG(환경·사회·지배구조) 공개를 매우 중요하게 생각(이러한 정보 공개가 리스크 조정 수익을 줄이는 데 도움이 될 수 있다는 데이터 분석에 근거하여)하고 있다. ESG는 기회 식별보다는 리스크 관리의 영역에 속한다는 것이 저자들의 견해이지만, 이는 보다 지속가능한 비즈니스 모델을 향한 기업의 점진적인 발전에 있어 중요한 단계이다.

우리가 투자자의 관점과 가치관 대전환의 한가운데에 서 있다는 분명한 징후도 있다. 젊은 세대와 상당수의 기성세대가 보다 지속가능한 접근법을 지지하고 있다. 그리고 재무적 수익을 창출함과 동시에 사회·환경적으로 긍정적이고 측정가능한 영향을 미치는 것을 목표로 하는 임팩트 투자와 ESG 조치를 투자 결정에 통합하는 것으로 간주되는 지속가능한 투자가 전례 없는 관심을 받고 있다. 또한 그러한 투자자들은 사회에 선한 영향력을 끼치는 동시에 이익을 창출한다는 아이디어를 진지하게 받아들이고 있다.

지속가능한 금융이 천천히, 그러나 확실하게 주류를 향해 나아가는 동안 우리는 이 책을 통해 빠르게 변화하는 금융환경을 탐구하고자 한다.

지속가능개발목표(SDGs) 분야의 가장 큰 미해결 질문 중 하나는 그 목표가 현재의 금융시스템 내에서 과연 달성 가능한지 여부이다. SDGs는 장기적 도전 과제(이들 중 다수는 일반적인 호황기에도 사회에서 지속됨)중심으로 형성되지만, 현실은 그와 반대다. 현대의 금융시스템은 일반적으로 단기적인 결과를 보상한다.

물론 이 접근법에는 몇 가지 이점이 있다. 단기간 내에 확실한 경영실적 개선을 추진할 경우, 투자자들의 투자가 더 늘어날 수 있고, 그 결과 경영진은 소비자를 위해 더 나은 서비스와 제품을 만들어내거나 또는 그런 곳에 투자하거나 직원들의 근로환경을 개선할 수 있다. 이와 함께 경영 성과에 대한 정기적 보고는 우수한 거버넌스와 회계책임에 대한 중요한 동기부여 요소이자 조력자가 될 수 있다.

그러나 '평상시와 같은 사업'에서 '지속가능성 지향 사업'으로의 완전한 변화

(그 자체로 중요한 과제)를 성공적으로 이끌어 내기 위해서는, 금융에 대해 장기적이고 지속가능한 접근법을 취하는 것이 매우 중요하다. 금융시장의 철학과 운영 접근법에 근본적인 변화를 가져 오는 것은 엄청나게 큰일이다. 코로나19 팬데믹과 같은 주요 글로벌 사건과 위기를 계기로 장기적인 접근법의 필요성이 명백해지기는 했지만, 보다 지속가능한 모델을 향한 변화의 속도는 더 느려졌고, 더군다나 광범위한 글로벌 금융시스템 내에는 수많은 구조·문화적 현실이 존재한다. 다음은 몇 가지가 그러한 현실의 예다.

- 최근 조사에 따르면, 뉴욕증권거래소(NYSE) 주식의 평균 보유기간은 1959년의 8년을 최고점으로 수십 년 동안 지속적으로 감소해 2016년에는 8개월을 기록했다.[1]
- 사람마다 투자를 하는 동기는 다양하지만, 많은 투자자들은 여전히 수익률에 대해 엄청나게 비현실적인 기대를 갖고 있다. 최근 연구에 따르면, 투자자들은 향후 5년 동안 연평균 10.2%의 수익을 기대하는 것으로 나타났다.[2]
- '장기 주식보유'를 어떻게 정의하느냐가 굉장히 중요한 문제가 될 수 있다. 1년 이상 보유하는 모든 투자는 미국 국세청(Internal Revenue Service, IRS)의 관점에서 볼 때 장기 투자로 간주된다.[3] 그러나 이것은 단지 하나의 의견일 뿐이다. '장기적'이라는 말은 보는 사람의 시각에 따라 크게 달라질 수 있으며, 이는 주로 보유기간이 얼마나 길어야(또는 짧아야) 하는지에 대한 투자자의 관점에 달려있다.
- '장기 자본투자 집중'의 임무를 띤 비영리민간단체(NPO) FCLT글로벌과 글로벌 컨설팅 기업 맥킨지(McKinsey) 분석에 따르면, 87%의 최고경영자(CEO)가 2년 이내에 강력한 재무성과를 보여주어야 한다는 압박감을 느끼며, 65%는 최근 5년간(2016년 기준으로) 단기 성과 압력이 증가했다고 언급했다. 한편 이 분석 보고서에 따르면, 2001~2014년 장기투자 접근법을 통한 기업당 시가총액 증가분이 단기투자 접근법을 통한 증가분보다 70억달러 더 많은 것으로 나타났다.[4]
- 마지막으로, 경영학 분야 학술지 Journal of Management Studies에 게재된 샌디에이고 주립대학교의 신택진(Taekjin Shin), 루이지애나 주립대학교의 유지해(Jihae You)의 연구에 따르면, 주주서한에 '주주 가치'의 중요성을 강조하는 모습을 보인 CEO가 더 큰 보상을 받는 것으

로 나타났으며, 이 추가적 보상은 평균적으로 약 11만 6천 달러로 환산되었다.[5]

　이러한 환경속에서 최근 상황이 바뀌기 시작했다는 신호도 있다. 위에서 언급한 맥킨지와 FCLT글로벌 분석에서 알 수 있듯이, 장기적 관점이 기업과 투자자 모두에게 더 나은 결과를 가져온다는 증거가 늘어나고 있다. '신경제' 성장을 가능하게 하는 핵심 조력자로 부상한 사모펀드 및 벤처캐피털의 경우, 펀드 운용기간을 현행 10년에서 배 이상 늘린 훨씬 더 장기적인 펀드를 고려하기 시작했다.[6] 민간자본 자금조달은 더 많은 혁신적인 기술을 지원할 수 있는 중요한 원천이 될 것이고, 이러한 기술은 지속가능개발목표(SDGs) 달성에 핵심적인 역할을 할 것이므로 이는 매우 고무적인 발전으로 여겨진다.

　또한 대다수의 투자자(기관투자자 3명 중 2명이)가 ESG(환경·사회·지배구조)가 향후 5년 이내에 업계 표준이 될 것이라고 믿고 있다. 이러한 중요한 변화는 ESG에서 찾을 수 있는 '알파'(시장을 이길 수 있는 기업의 능력)가 있음을 보여주는 데이터의 증가와 규제 변경 때문이다.[7] ESG는 기회 식별보다는 리스크 관리의 영역에 속한다는 것이 우리의 견해이지만, 이는 지속가능한 비즈니스 모델을 향한 점진적인 발전에 있어 중요한 단계이다. 또한 이러한 추세가 빠르게 속도를 내고 있다는 징후가 보이기 시작했다.

　지난 장에서 언급했듯이, 최근 미국의 주요 비즈니스 로비그룹인 비즈니스 라운드테이블(Business Roundtable)의 회원이며 미국 최고 기업의 180명의 CEO들은 순수한 주주가치 극대화 모델에서 모든 이해관계자(고객, 직원, 공급업체 및 그들이 근무하고 있는 지역사회로 정의됨)의 가치를 중시하는 모델로 전환할 것을 약속하는 성명서에 서명했다.[8] 이 성명서의 작성 배경은 우선 미국에 초점이 맞춰져 있지만, 글로벌 단체의 성격을 살려 이 서약을 그들이 활동하는 모든 지역사회로 확대하기를 희망하고 있다.

　이 서약을 완전히 이행하기 위해서는 이 로비그룹에서 해야 할 일이 상당히 많다고 할 수 있다. 그러나 이는 올바른 방향으로 나아가는 매우 고무적인 발걸음이다.

　우리가 투자자의 관점과 가치관 대전환의 한가운데에 서 있다는 분명한 사실이 무엇보다 중요하다고 본다. 젊은 세대, 그리고 뜻이 맞는 기성세대 중 상당수가 보다 지속가능한 접근법을 지지하기 시작했다. 임팩트 투자 및 지속가능한 투자와 같은 전례 없는 분야가 관심을 받고 있으며, 신규 개인투자자와 기관투자자는 사회에 선한 영향력을 끼치는 동시에 이익을 창출한다는 아이디어를 진지하게 받아들이고 있다.

이러한 경향은 중년에 접어들었거나 곧 맞이하게 될 사람들(일명 'X세대')까지 끌어들이고 있다. 뱅크오브아메리카(Bank of America)에 따르면, 최근 몇 년 동안 전 연령대 중 X세대가 ESG 투자에 대한 관심이 가장 빠르게 증가한 것으로 나타났다. 고액순자산보유 X세대 투자자의 약 63%가 ESG 투자를 위해 포트폴리오를 검토했으며, 이는 36%였던 2013년에 비해 크게 증가한 수치이다(하지만 밀레니얼세대가 78%로 여전히 선두를 달리고 있음).[9] 이는 점점 더 불안정해지는 세상 속에서 성년을 맞이한 젊은 세대가 ESG 요인과 관련된 기업 불법행위의 문제점에 대한 인식이 더 높기 때문이며, X세대는 사실상 평평했던 저울을 지속가능한 투자 쪽으로 기울게 만든 세대라고 할 수 있을 것이다.

어떤 투자 모델이 17개의 지속가능개발목표(SDGs)가 제시한 도전과제를 해결하는 데 적합하려면 SDGs 관련 활동으로 전용(轉用)되는 투자자 자본(직접적으로든 기업을 통해서든)의 완만한 증가가 이어져야 할 것이다. 유엔무역개발회의(UNCTAD)는 SDGs 자금을 전액 지원하는 데 적게는 5조달러에서 많게는 7조달러가 소요될 것으로 추산하고 있으며[10], 세계경제포럼(WEF)은 SDGs 달성을 위해 연간 2조5000억달러의 투자가 필요할 것으로 추산하고 있다.[11]

이 수준에 도달하려면 자금이 필요하므로 금융시장과 시장참여자의 관여 없이 목표를 달성하는 것은 사실상 불가능하다.

은행으로부터 직접 받거나 투자자로부터 조달한 재원(財源)은 SDGs를 위한 자금을 지원할 뿐 아니라 사업수행 방식을 지속가능성으로 전환하기 위해 투자 중인 기업들(대기업과 중소기업 모두)을 보상하는 데 필수적인 역할을 할 것이다. 지속가능한 재원을 주류로 끌어올릴 촉매가 무엇인지는 불분명하다. 다행히도 이 새로운 모델을 지원하는 데 필요한 지식, 자원, 지원 및 인프라는 형태가 잡혀 가고 있다.

플러스(+)의 재무적 수익뿐만 아니라 플러스의 사회적 수익 또한 창출하는 더 '책임감 있는' 모델로 금융을 전환한다는 아이디어와 함께, 이와 관련된 다양한 용어가 등장하고 있는데 여기서는 임팩트 투자와 지속가능한 투자라는 두 가지 핵심 개념에 초점을 맞추고자 한다.

임팩트 투자: 지속가능한 금융의 전형

> 임팩트 투자는 재무적 수익을 창출함과 동시에 사회·환경적으로 긍정적이고 측정가능한 영향을 미치는 것을 목적으로 이루어지는 투자이다.
>
> 글로벌임팩트투자네트워크(GIIN)[12]

기업의 유일한 목적인 주주가치 극대화 개념이 전례 없이 도전받고 있는 이때에, 우리가 어떻게 이런 상황에 처하게 되었는지 알고 싶다면 오랫동안 간과되어 온 금융부문인 임팩트 투자부터 시작해야 한다.

임팩트 투자는 측정가능한 환경·사회·재무적 수익을 창출하는 기업에 자본을 효율적으로 사용하는 것을 목표로 한다. '임팩트 투자'라는 용어는 2007년에 처음 사용된 것으로 알려져 있으나,[13] 지속가능한 기업이 '좋은 기업'이라는 개념은 그보다 여러 해 전에 개발되었다. 이 개념의 기원은 현대적 기업의 탄생에까지 거슬러 올라간다고 주장하는 사람도 있다. 그러한 현대적 기업의 예로 고용주가 종업원을 위해 숙박비와 의료비를 지급하는 것, 프랑스, 독일, 일본과 같은 국가에서 볼 수 있는 회사와 직원 간의 견고한 사회적 계약, 또는 많은 기업의 미션에 통합된 스튜어드십 코드 등을 말할 수 있다.

그러나 자본주의가 세계적으로 범용화된 시스템으로 자리 잡으면서 이 개념은 진전을 이뤄내지 못했다. 그러던 중 25년 전, 한 가지 큰 아이디어가 이 모든 개념에 도전장을 내밀었다. 앞서 여러 차례 언급했듯이, 연쇄창업가로 불리는 존 엘킹턴(John Elkington)은 기업이 자체적으로 시행하는 성과평가에서 사회·환경·경제적 영향을 검토해야 한다는 아이디어를 핵심으로 하는 트리플 바텀라인(TBL) 개념을 만들어 대중화했다. 엘킹턴은 1997년에 발간된 저서『포크를 든 야만인: 21세기 기업의 트리플 바텀라인』에서 '사람, 지구, 이익'에 초점을 맞춰 이 개념을 제시했다.[14]

트리플 바텀라인(TBL)은 지속가능성에 관한 우리의 생각을 바꾸는 데 있어, 두 가지 근본적인 방식을 통해 결정적인 역할을 했다. 첫째, 기업은 주주보다 이해관계자에 중점을 두어야 한다는 개념의 도입이다. 현대적 기업의 탄생 이래 그 시점까지, '주주가치 극대화'라는 목표가 산업계의 모범사례이며 황금표준으로 간주되었다. '프리드먼 독트린(Friedman Doctrine)'으로도 알려진 이 개념은 뉴욕타임스 매거진에 실린, 유명한 경제학자 밀턴 프리드먼(Milton Friedman)의 결정적 기사 「기업의 사회적 책임은 이윤을 창출하는 것에 있다」를 통해 널리 대중화되었다.[15] 엘킹턴은 '주주가치 극대화'에 집중되어 있는 기업 목표를 회사의 모든 이해관계자들(론 주주도 포함됨)의 가치가 어떻게 창출되는지 이해하는 것으로 재설정하고자 했다. 두 번째 역할은, TBL은 새로운 종류의 임팩트 투자를 비롯하여 회계와 통합보고, 중요성, 임팩트 측정의 토대를 마련했다.

그의 중요한 연구 덕분에 지속가능성과 기업에 대한 대화가 의제로 부각되었지만, 대다수 기업의 작동 방식을 근본적으로 바꾸지는 못했다. 하지만 얼마 후 근본적인 변화가 일어났으니, 야심차고 사회적으로 의식이 있으며, 이러한 재설정을 기회로 본 새로운 세대의 기업가들이 등장한 것이다. 지난 20년 동안 많은 사회적기업가들이 (엘킹턴과 같은 선지자들이 표현한 바와 같이) '21세기 회사' 구축이라는 도전에 나섰다.

2008년 금융위기는 전 세계적으로 엄청난 영향을 끼쳤고, 그 영향은 서구 국가들이 특히 심했다. 금융위기가 남긴 한 가지 긍정적인 결과는 사회적기업 생성이 눈에 띄게 증가했다는 점이다. 다음은 몇 가지 주목할 만한 사례이다.

- 영국: 정부 통계에 따르면, 영국에는 약 10만 개의 사회적기업이 있으며, 국가경제 기여액은 600억파운드에 달하고, 고용 창출 규모는 약 2백만명인 것으로 나타났다.[16]
- 미국: 취업가능연령(18~64세) 인구 중 약 11%가 창업 초기 또는 운영 리더로서 일부 사회적기업 활동에 참여하고 있다고 말했다(조사에 참여한 국가의 평균 비율은 3.2%로 나타남).[17]
- 이탈리아: 사회적 협동조합의 직원 수는 2008~2014년 사이에 34만명에서 40만7000명(20.1% 급증)으로 증가한 반면, 주류 기업의 직원 수는 50만명 가까이 감소했다.[18]

- 인도: 인도의 사회적기업의 잠재시장 규모는 2025년까지 80억달러로 성장할 것으로 예상된다.[19]

21세기 초부터 급속도로 성장한 사회적기업 부문은 점점 더 세계적인 기업 생태계로 발전했으며, 사회적기업가정신의 성장을 지원하기 위해 다양한 사업과 단체가 생겨났다. 이제 이 생태계는 투자자 네트워크에서 하이브리드 정보 플랫폼 및 네트워크에 이르기까지 광범위한 생태계를 구축할 수 있는 견고한 기반을 갖추고 있다. 투자자 네트워크로는 투자가능 자산의 일부를 임팩트 투자에 투입하는 토닉(Toniic)을 비롯해 유럽 벤처필란스로피 네트워크(EVPN), 아시아 벤처필란스로피 네트워크(AVPN), 순자산 1억 달러 이상의 패밀리오피스와 개인에 주력하는 Nexus 등이 있으며, 하이브리드 정보 플랫폼 및 네트워크로는 토닉(Toniic)의 파트너인 글로벌임팩트투자네트워크(GIIN)를 들 수 있다. 이 생태계는 아쇼카(Ashoka) 및 소셜 굿 엑셀러레이터(Social Good Accelerator)와 같은 액셀러레이터와 인큐베이터 프로그램에서 사회적자본시장(SOCAP)과 같은 커뮤니티 구축 이벤트, 그리고 사회혁신에 점점 더 많은 자본을 할당하고 있는 벤처캐피털(VC) 펀드까지도 포함한다.

사회적기업에 대한 관심이 높아지고 사회적기업의 활동이 발전을 거듭하고 있음에도 불구하고, 두 가지 중요한 문제가 이 부문에 지속적으로 영향을 미치고 있다. 하나는 투자의 사회·환경적 임팩트를 어떻게 측정할 수 있느냐는 것이고, 다른 하나는 어떻게 해야 충분한 자금을 확보할 수 있느냐는 것이다.

임팩트 측정 난제

기성기업들이 사회·환경적 임팩트 평가를 자사 비즈니스 모델에 통합시키기를 꺼리는 이유를 투자자들과 사회적기업가들이 깨닫기까지는 오래 걸리지 않았다. 재무성과 측정은 상당히 표준화되어 있고 간단하지만, 사회·환경적 임팩트 평가(특히 경영성과와 관련된 경우)는 중대한 도전으로 작용하기 때문이다.

임팩트 투자 부문이 급성장하면서 벤처사업의 가치를 입증하기 위해 혁신적이고 새로운 프레임워크와 지표가 필요해졌다. 질적 접근법을 사용한 가치평가 방식에서 양적 접근법을 사용한 평가 방식으로 전환하는 것은 (자본을 조달하든,

파트너를 유치하든, 직원을 채용하고 고용을 유지하든 상관없이) 사회적기업의 성공에 매우 중요하다. 다행히 사회혁신 분야의 여러 주요 지도자들이 도전에 나섰다.

이 주제와 관련하여 등장한 가장 변혁적인 사상가들 중 한 명은 임팩트 투자자이자 수많은 임팩트 투자 펀드, 패밀리오피스 및 재단의 고문을 역임한, 비영리 영역의 리더 제드 에머슨(Jed Emerson)이다. 에머슨의 관점에서 봤을 때, 사회적기업과 그 투자자는 회사 또는 투자의 모든 측면에서 가치 극대화에 에너지를 집중해야 한다. 2000년에 에머슨은 '혼합가치(Blended Value)' 프레임워크를 개척했는데, 이는 기업이 가치 창출에 대해 생각할 때 '양자택일적' 접근방식에 중점을 두어서는 안 된다는 신념에 뿌리를 두고 있다. 오히려 기업은 '통합되어 분리될 수 없는 둘 다로서의 가치에 대한 통일되고 전체론적인 이해'를 가져야 한다는 것이다.[20]

혼합가치는 기업가치 평가 방법을 위한 도구나 회사가 해당 가치를 입증하기 위한 도구가 아니라, 기업가치를 측정하기 위한 보다 전체론적인 관점을 만들 때 고려해야 할 요소들의 틀이다. 그것은 또한 임팩트 투자 영역의 다양한 참여자, 측면 및 도전과제(급성장하는 부문에 관련된 사람들이 같은 편이라는 생각을 갖게 하는 중요한 목적에 기여함) 모두를 명확하게 표현하기 위한 중요한 개념을 제공한다.

혼합가치에 대한 초기연구는, 이윤만을 추구하는 금융시장에는 소셜임팩트 맥락에서의 가치 창출이 재정적 수익으로 이어지는 메커니즘이 없다는 불편한 현실을 분명히 했다. 더 심각한 것은, 금융시장이 종종 보조금 및 자선 기부와 같은 전통적인 사회적 자금조달 수단을 통해 투자에 '경제적 수익 함몰' 가정을 적용하고 있으며, 이는 본질적으로 '수익 패널티'를 초래한다는 것이다. (다시 말해, 순전히 금융시장의 관점에서만 보면, 보조금 및 자선 기부와 같은 사회적 투자의 금전적 수익은 거의 또는 전혀 없다. 게다가 이는 자본에 대한 부담으로 볼 수 있다.) 에머슨은 기존의 재정적 가치 평가 프레임워크에서 이러한 구조적 결함을 처리하기 위해, '혼합가치 투자수익률(Blended Value ROI)' 측정을 지지했는데, 이 측정 지표를 통해 비정부기구(NGO)든, 트리플 바텀라인(TBL) 회사든, 미션 중심 회사든, 이윤추구를 주목적으로 하는 기업이든 상관없이, 조직의 모든 활동에 혼합가치 패러다임을 완전히 통합하게 해야한다는 의미이다.

에머슨은 "미래에는 혼합가치 제안을 추구하고 혼합 투자수익률을 기반으로 투자 성과를 보고하는 투자 수단과 전략이 점점 더 많이 도입될 것"이라면서, 사회적 정보시스템과 기술이 이 새로운 가치 모델을 뒷받침할 것이라고 예측했다.[21] 비록 전 세계적으로 인정된 혼합가치 모델은 아직 구축되지 않았지만, 에머슨의 연구로 인해 사회적 영향을 평가할 때 꼭 필요한 프레임워크와 도구를 찾으려는 움직임이 가속화되었다.

2009년에 설립된 글로벌임팩트투자네트워크(GIIN)는 사회적기업의 성과를 중요시하고 평가하기 위한 기준 설정을 촉진하는 데 핵심적인 역할을 했다. 임팩트 투자 부문을 성장시키기 위해서는 이 급성장하는 산업이 직면한 수많은 장벽을 줄이는 것이 가장 중요한 영역일 수 있음을 GIIN은 일찍부터 인식했다. 그리하여 GIIN는 IMM(임팩트 측정·관리) 프로젝트 산하에서 일련의 도구와 자원을 개발하는 것이 임무 수행에 매우 중요한 것으로 나타났다.

GIIN은 임팩트 측정을 지원하는 다양한 도구와 기법을 제공한다. 임팩트 투자자가 이 도구들을 사용하는 동안, 사회적기업 또한 GIIN의 IMM(임팩트 측정·관리)에 개괄되어 있는 지표를 적용하여 성과를 평가 추적하고 현재 및 잠재적 투자자에게 진행 상황을 설명할 수 있게 된다. IMM에서 가장 주목할 만한 시스템은 'IRIS+'로서, 명확하고 비교가능한 데이터를 동작시킴으로써 투자자가 정보에 입각한 증거 기반 투자 결정을 내릴 수 있도록 하는 포괄적이고 사용하기 쉬운 도구이다. IRIS+는 유엔 프레임워크가 임팩트 투자 부문 성장의 중요한 동인이라는 것을 인식하고, 지속가능개발목표(SDGs) 측정을 통합하기 시작했다.

이 도구들은 공개적으로 자유롭게 사용할 수 있으며, 이는 활용을 촉진하는 데 핵심적인 역할을 했다. GIIN은 임팩트 매니지먼트 프로젝트(Impact Management Project)와 같은 산업 간 주요 이니셔티브(3장에서 자세히 논의한 바 있음)에도 참여하고 있다. (3장에서 논의된, 현재 진행 중인 기타 중추적 과업으로는 칼 리히터(Karl Richter)가 개발한 임팩트 매니지먼트 포 에브리원(Impact Management for Everyone) 프레임워크가 있다.)

사모펀드와 벤처캐피털(VC) 임팩트 펀드는 자사의 투자활동을 지원하기 위해 각각 자체 분석 도구와 접근법을 개발하였다. 세계 최대의 임팩트 펀드인 TPG의 라이즈 펀드(Rise Fund)는 이러한 활동을 보여주는 훌륭한 예다(라이즈 펀드에 대해서는 이 장 뒷부분에서 자세히 다룰 예정).

라이즈 펀드 팀은 임팩트 매니지먼트 프로젝트의 작업을 바탕으로 소셜임팩트 자문 파트너인 브릿지스판 그룹(Bridgespan Group)과 협력하여, 임팩트 투자자가 투자 기회에 대한 예상 수익을 평가할 수 있도록 매우 엄격한 방법인 IMM(임팩트 투자 배수)을 개발했다.[22]

이 방법을 개발하고, 그 적용 범위를 라이즈 펀드의 포트폴리오 너머로 확장하는 작업은 독립 조직인 Y 애널리틱스(Y Analytics)로 분사했다. Y 애널리틱스의 잠재력을 바탕으로 IMM을 새로운 회사와 부문으로 확장하고자 노력 중인 라이즈 펀드 공동 관리 파트너 마야 코린겔(Maya Chorengel)은 다음과 같이 말했다.

> IMM은 적용 범위를 넓힐 수 있는 상당한 잠재력을 가지고 있다. 투자 시장이 임팩트(긍정적이든 부정적이든)를 보다 확실하게 이해할 수 있는 도구를 보유하는 것은 중요하다. 사실, Y 애널리틱스가 개발되고 나서 라이즈 펀드에서 분사한 까닭은 많은 동료들이 사모펀드 부문뿐 아니라 다른 부문에서도 사용할 수 있는 엄격하고 독립적인 기준을 간절히 바라고 있다는 것을 알게 되었기 때문이다.

촉망받는 이 접근법을 통해 알 수 있는 사실은, 임팩트 정량화 방법을 수년간 조사해 온 경험이 임팩트 투자 영역에 광범위한 금융 커뮤니티가 요구하는 높은 기준을 충족할 지표를 가질 가능성이 높아진다는 것이다.

마지막으로, 대안적 기업 구조는 사회적 기업의 가치와 사회·환경적 임팩트를 평가하는 데 꼭 필요한 구조를 제공하는 데에 도움이 되었다. 앞서 2장과 3장에서 논의된 바 있는 비콥(B Corp)을 비롯해, 미국의 베네핏기업 또는 사회목적기업(SPCs), 캐나다의 지역사회공헌기업, 영국의 지역사회이익기업(CICs)과 같은 정부공인기업 구조가 가장 주목할 만한 예이다. 기업이 비콥 인증을 획득하려면 B임팩트 평가의 철저한 프로세스를 거쳐 통과점수 이상 득점해야 한다.

이러한 평가·지원 도구는 모두에게 개방되어 있으므로 모든 기업이 재무·사회·환경적 임팩트를 평가하기 위한 접근법을 설정할 때 사용할 수 있다. 전 세계 70여개국 3,000개 이상의 비콥 인증 기업이 말해주듯, 아마도 비콥 평가가 널리 인정받는 회사 중심의 표준 프레임워크(투자자 지향 프레임워크와 비교되는)

에 가장 가까울 것이다. 이 프레임워크는 자사 비즈니스 모델에 임팩트를 통합하려고 계획 중인 사회적기업과 영리기업이 사회·환경·재무적 임팩트를 철저히 평가하기 위해 사용할 수 있다. 또한, 비콥 인증을 통해 기업의 성과를 개선할 수 있는 방법이 정해진다는 것이 중요한 점이다.

― 측정을 위한 최적의 방법을 찾으려 할 때의 위험성

재무적 임팩트 뿐 아니라 사회·환경적 임팩트까지 이를 측정하기 위한 지표와 접근법에 상당한 진전이 있었지만, 임팩트를 정량화하는 데에만 집중하다 보면, 균형 잡힌 비즈니스 모델로의 전환에 대한 광범위한 논의에서 초점이 멀어질 수 있다.

최근 에머슨 스스로 이 문제를 강조하고 나섰으나 그는 임팩트 투자와 사회적기업가정신 부문이 애초에 우리가 지속가능한 벤처를 만들고 벤처에 투자하는 '이유'를 이해하려 들지는 않고 임팩트를 평가하는 '방법'에만 지나치게 집중하고 있다고 생각한다. 에머슨은 최근 저작인 『자본의 목적』에서 이 전제를 역사·철학적 관점에서 탐구하고 있다.

우리 각자는 흡사 자본시장 자체인 것처럼, 자본시장의 생성에 기여하고 생명을 불어넣는다. 우리는 살면서 자본의 위치와 목적에 대해 더 깊고 새로우며 포괄적인 이해를 받아들이고 지구의 미래 생존을 결정할 수 있는 기회를 얻게 된다. 자본의 목적과 자본이 앞으로 수 세기 동안 인간과 비인간 모두에게 어떻게 봉사해야 하는지에 대한 이해를 재검토하고 개선하면서, 우리가 어떻게 여기에 오게 되었는지 반성해 보아야 하는 것은 이러한 이유 때문이다.[23]

비즈니스 관점에서 사회·환경적 진보의 측정을 서둘러 정량화하려는 시도가 이러한 요소를 단순히 '재무적'인 것으로 만들고자 하는 욕구를 감추려는 것은 아닌지 질문해 봐야 한다. 실제로 그렇게 하면 현상유지 모형을 사용한 가치 평가로 돌아갈 수 있으며, 이 연구 모형에서는 본질적으로 더 질적인 사회·환경적 이점이 무시된다. 우리는 사회적기업이 다루는 매우 복잡한 양상을 측정하는 간단하고 쉬운 접근법에 결코 도달하지 못할 수 있다. 또는 만약 도달한다고 해도, 우리가 원하는 것보다 훨씬 더 오래 걸릴 수 있다.

지금 우리가 재무성과를 평가하는 최고의 도구로서 (일말의 의심도 없이) 받아들이고 있는 재무제표조차도 일반적으로 인정되는 관행이 되기까지 상당한 시간이 걸렸다. 1860년대에 처음 등장했으나 1988년까지 일반적으로 인정된 회계원칙(GAAP) 필수 회계자료에 포함되지 않았던 현금 흐름표를 예로 들어 보자.[24] 아니면 1990년대 후반 기술벤처 붐 전까지 대중화되지 않았던 사모펀드의 주요 지표, EBITDA(이자·세금·감가상각 전 영업이익)는 어떤가?[25]

통상적으로 인정되는 사회적기업 지표가 틀림없이 등장할 테지만, 투자자와 창업자 모두 본질적으로 일정 수준의 주관성을 갖고 있을 가능성이 높은, 좀 더 발전된 형태의 복잡한 비즈니스 모델을 받아들일 필요가 있다.

앞서 언급한 바와 같이, 가치에 대해 좀 더 거시적인 관점에서 보면, 투자자들은 투자기간이 훨씬 길다는 현실을 받아들이고, 사회적기업가들은 장기적으로 소셜 임팩트 부문에 있을 가능성이 높다는 것을 받아들여야 한다. 다수의 '수익 먼저'를 강조하는 벤처의 경우, 투자금을 조기에 회수하는 것은 어려운데, 더군다나 사회·환경적 임팩트가 핵심인 벤처에서는 어려워질 가능성이 두 배 더 높다.

一 자금조달 격차 해소

임팩트 투자는 측정 문제뿐 아니라 자금 부족이라는 두려운 난제에도 직면해 있다. 글로벌임팩트투자네트워크(GIIN)는 지금까지 나온 임팩트 투자 시장 규모 평가 중 가장 엄격한 평가를 내놓았다. GIIN에 따르면, 전 세계적으로 1,340개 사업체가 5,020억 달러의 임팩트 투자 자산을 운용하고 있는 것으로 추산된다.[26] 모든 징후가 임팩트 투자 부문의 견고한 성장세를 가리키고 있지만, 현재 관리자산(AUM)이 3조600억 달러에 달하는 사모펀드 시장[27] 또는 심지어 최근 몇 년 동안 AUM 30조7000억 달러라는 엄청난 규모로 급성장한 더 광범위한 지속가능한 투자 및 사회책임투자(SRI) 시장에 비해 압도적 열세를 보이고 있다.[28] (자세한 내용은 추후 설명).

하지만 이와는 상관없이, 임팩트 투자 자금조달 기업들은 새로운 참가자의 등장과 더불어 번창하고 있다. 캘버트 임팩트 캐피탈(Calvert Impact Capital)은 초기 임팩트 투자 펀드 중 하나였다. 이 펀드의 기원은 1980년대로 거슬러 올라가며, 1995년부터 소매투자자 자본을 조성하여 미국의 지역사회 개발 금융기관과 전 세계의 소액금융기관에 대출해 주기 시작했다.

캘버트 임팩트 캐피탈은 소액 개인투자자를 임팩트 투자에 유입시키는 데 앞장선 선구자다. 이 회사의 '지역사회 투자 노트(Community Investment Note)'는 중개 플랫폼을 통해 제공된 최초의 임팩트 투자 상품 중 하나였다. 개인은 캘버트 임팩트 캐피탈의 웹사이트를 통해 직접 투자할 수도 있는데, 이 웹사이트는 소액 투자자들을 해당 부문에 유입시키기 위한 또 다른 중요한 기획이다. 오늘날 캘버트 임팩트 캐피탈의 거의 모든 투자자는 개인투자자다(1995년 이래로 18,000명 이상이 투자했다).[29] 그러나 대부분의 투자자들이 매우 적은 금액(최소 투자금액 20달러)을 투자하기 때문에, 총투자자본에서 개인투자자가 차지하는 비율은 25% 정도에 불과했다. 나머지는 투자회사, 가문, 지역사회 재단, 비정부기구(NGO), 종교 기반 조직(이 회사가 임팩트 투자 부문의 성장을 견인하는 데 중요한 역할을 했다고 강조한 지역공동체)에서 나온다.

지속가능개발목표(SDGs) 출범 이후 임팩트 투자에 대한 관심이 눈에 띄게 증가했고, 이를 지켜보던 캘버트 임팩트 캐피탈이 전략 및 상품 제안을 17개 지속가능개발목표에 맞춰 대폭 조정했기 때문에 오늘날 이 회사의 포트폴리오는 SDGs에 직접적으로 기여하고 있다. 그러나 임팩트 투자업계가 직면한 한 가지 중요한 문제는 지속가능개발목표 자금 조달 격차 문제를 다루는 다른 투자 상품(새로운 자금을 유치할 수 있는)의 수가 여전히 상당히 제한적이라는 것이다.

금융시장에서의 개인투자자 부상이 가능했던 것은 중요한 혁신들에 기인한 바 크다. 처음에는 잭 보글(Jack Bogle)과 같은 선지자들이 비용이 적게 들고 손이 많이 안 가는 인덱스 뮤추얼 펀드를 통해 수백만 명의 개인이 쉽게 투자할 수 있게 해주었다. 그 뒤를 이어 인터넷 IT 시대가 도래했고, 이로 인해 금융시장에는 수많은 신규 소매투자자들에게 서비스를 제공하는 새로운 디지털 진입 기업들이 문을 열고 영업을 시작했다. 임팩트 부문은 캘버트 임팩트 캐피탈이 수행했던 중요한 과업을 기반으로 구축해야 할 뿐만 아니라 입증된 금융 혁신을 활용하는 동시에 자신만의 성장 기폭제를 찾아야 나가야 한다.

임팩트 투자 부문을 주도해 온 캘버트 임팩트 캐피탈의 뒤를 이어, 2000년대에는 수많은 신규 임팩트 펀드가 등장했다. 1990년대 후반과 2000년대 초반에 기술벤처 붐이 일었는데 부분적으로는 그 덕분에 '임팩트에 익숙한' 신세대 고액순자산보유 개인투자자가 임팩트 투자 기회를 인식하기 시작했다. 다수의 동년배 투자자들이 계속해서 차세대 기술벤처에 집중하는 동안, 새로 생겨난 백만장자(및 경우에 따라 억만장자이기도 함)와 기타 성공적인 비즈니스 전문가들 중 상당수는 그들의 기술과 자본을 세계에서 가장 '악질적인' 문제를 해결하는 데 우선적으로 투입하고 싶어했다.

이 독특한 시기에 등장한 가장 주목할 만한 기업으로는 사모펀드 또는 벤처캐피털(VC)과 재단 조직 사이의 경계를 모호하게 만드는 데 핵심적인 역할을 한 오미디아네트워크(Omidyar Network), 아큐멘벤처스(Acumen Ventures), 코슬라벤처스(Khosla Ventures), 아난다벤처스(Ananda Ventures) 그리고 최근에 설립된 베터벤처스(Better Ventures)가 있다. 업계 최고의 성공한 전문가가 자체적으로 설립하고 주도한 이러한 펀드의 등장은 해당 부문에 절실히 필요한 가시성을 제공하는 데 도움이 되었다.

이러한 움직임을 통해, 세계가 직면한 가장 큰 도전과제를 해결하려면 더 복잡하고 훨씬 더 큰 규모의 대담한 접근법이 필요하다는 것이 곧 명백해졌다. 아마도 개인주의적이거나 전통적인 사모펀드의 접근법보다는 집단적인 접근법이 임팩트 부문에 절실히 필요한 자금 배분을 가속화하는 데 필요한 촉매제가 될 수 있을 것이다.

물론 빌 게이츠와 워런 버핏은 '기빙 플레지(Giving Pledge)'를 통해 이 개념을 대중화시켰고, 부자들이 재산 대부분을 자선사업에 기부하도록 독려했다. 관리자산(AUM)이 1천80억달러에 달하는 글로벌 사모펀드사 TPG는 20억달러 규모의 첫 라이즈 임팩트(Rise Impact) 펀드를 출시하면서 이 개념을 구체화했다. 빌 맥글래샨(Bill McGlashan)과 제프 소콜(Jeff Skoll), 록그룹 U2의 뮤지션 보노(Bono)가 설립한 이 펀드는 산업계 및 자선사업 분야의 수많은 리더들(예 링크드인 설립자 리드 호프먼(Reid Hoffman), 유니레버 전 CEO 폴 폴먼(Paul Polman), 셀텔 설립자 모 이브라힘(Mo Ibrahim), 드림웍스 전 이사회 의장 멜로디 홉슨(Mellody Hobson), 에머슨콜렉티브 설립자 로런 파월 잡스(Laurene Powell Jobs)

등)로 구성된 설립자 이사회의 지원을 받고 있다. 그리고 해당 펀드 및 포트폴리오 회사는 이 리더들을 통해 귀중한 경험과 인맥을 전수 받는다.

라이즈 펀드는 이제 세계에서 가장 큰 임팩트 펀드로서 앞장서서 달려가고 있다. 모든 것이 계획대로 진행되고 라이즈 펀드 팀이 현재 진행 중인 2차 펀드 조성에 성공할 경우, 펀드 규모가 두 배 이상으로 커지게 된다.

라이즈 펀드의 투자 접근법은 다른 주류 벤처캐피털(VC) 회사와 마찬가지로 매우 엄격한 편이며, 팀의 강점과 TPG의 과거 경험에 중점을 둔다. 이에 따라 라이즈 펀드는 자사가 갖고 있는 강점에 부합하는 핵심 부문, 즉 금융 서비스, 의료, 식품 및 농업, 교육 등에 투자를 집중하기로 했다. 그러나 라이즈 펀드 팀은 다른 많은 VC와는 달리 전 세계적으로 펀드를 조성했는데, 이는 팀원들과 파트너들이 갖고 있는 투자대상국 관련 지식을 기반으로 인도, 아프리카 및 중국에 적극적으로 투자했기 때문이다.

라이즈 펀드 팀이 보여준 투자 접근법의 기저에는 임팩트를 정의하고 그 수익을 이해하는(이 장의 앞부분에서 다뤘던)데 있어서의 철저한 접근법이 깔려 있다. 라이즈 펀드의 공동 관리 파트너인 Maya Chorengel은 "임팩트가 무엇을 의미하는지에 대해 일반적으로 받아들여지는 견본이 없기 때문에 임팩트의 기준을 느슨하게 적용하거나 더 심할 경우 그린워싱을 조장할 위험이 있다"면서 "우리는 라이즈 펀드 분야 전반에 걸쳐 높은 임팩트 기준을 확실히 적용하고 있으며, 업계 동료들도 그렇게 하기를 바란다"고 강조했다.

우리가 직면한 사회·환경적 문제가 점점 더 글로벌화되고, 사회적기업가가 개발한 솔루션의 적용가능 범위가 전 세계적으로 확대됨에 따라 이러한 유형의 투자 접근법이 중요해질 것이다. 라이즈 펀드의 규모와 글로벌한 족적에도 불구하고, 사회에 실질적인 영향을 미치기 위해서는 상당한 규모·범위·영향력을 가진 유사한 펀드가 몇 개 더 필요한 것은 분명해 보인다.

임팩트 투자는 더 광범위한 지속가능성과 임팩트 퍼즐의 한 조각일 뿐이다. 그러나 임팩트 투자는 세계에서 가장 악명높은 문제를 해결하는 데 필요한 물결, 즉 사회적기업가정신 및 기술과 비즈니스 모델에서의 혁신의 원동력이 되는 데 결정적인 역할을 한다.

━ 주류화 되어야 하는 임팩트

임팩트 투자가 유망하기는 하지만 투자시장 전체를 놓고 보면 아직 초기 단계이다. 하지만 최근 몇 년 동안 임팩트 투자는 점점 더 좋아지는 실적과 점차 엄격해지는 구조와 측정 관련 지표를 기반으로 잠재력을 입증했다. 그러나 최소한 1조달러 돌파라는 획기적 사건에 도달하려면 임팩트 투자를 주류로 옮겨야 한다. 다행히 글로벌임팩트투자네트워크(GIIN)와 이 책에 언급된 업계의 다른 많은 주요 기업들이 이 과업을 책임지고 이끌면서 상당한 가속도가 붙고 있다.

우리는 임팩트 투자 시장의 주요 참여자들의 사명을 더욱 주류화하기 위해 몇 가지 중요한 조치가 필요하다고 본다.

임팩트 투자 성공스토리와 모범 사례 소개

소위 말하는 '미션 중심 기업'들이 어떻게 두드러진 성공을 거두었는지, 그리고 그들이 경쟁 중인 동종업계를 어떻게 뒤흔들기 시작했는지 보여주는 사례만큼 강력한 증거는 없다. 이 책에 있는 '미션 중심' 이야기들이 이 사례를 자세히 소개한다. 그리고 미션 중심 기업들이 늘어나고 있다는 증거는 이러한 유형의 비즈니스가 미래임을 시사하고 있다.

뉴욕대학교의 스턴 지속가능경영센터가 수행한 최근 연구에 따르면, 2013~2018년 포장소비재(consumer packaged goods, CPG) 범주 성장의 50.1%가 지속가능한 브랜드에 의해 주도되었으며, 지속가능한 브랜드로 마케팅된 제품은 그렇지 않은 제품보다 5.6배 더 빠르게 성장한 것으로 나타났다. 또한 이 제품들이 해당 기간 동안 4.45%의 연평균 성장률(compound annual growth rate, CAGR)을 기록한 반면, 기존 포장소비재 제품의 연평균 성장률은 0.80%에 불과했다.[30] 이런 규모와 속도는 실로 엄청난 추세다. 이 데이터에 의하면 2025년까지 매출이 14조달러(2014년 8조 달러에서 큰 폭으로 상승)로 성장할 것으로 예상되는 범주에서 실질적인 소비자 구매 선호도 변화를 보여준다.[31]

만약 이러한 유형의 성공사례가 더 많이 광범위하게 나온다면, 이 분야에 관심 있는 금융산업(펀드와 투자자)은 크게 흥분될 것이다.

기술 솔루션에 전념하기

기술 부문은 지난 20년 동안 기업가, 벤처캐피털, 혁신 활동의 글로벌 동력이었다. 하지만 사회 영역, 즉 비효율적이거나 생산적이지 않다고 여겼던 영역에서 변화를 모색하는 젊은 세대가 늘면서, 세계적으로 셀 수 없이 많은 혁신 기업가 세대가 생겨났다. 이들은 지금 예상치 못한 방식으로 생활 방식을 바꾸고 투자자와 사회 모두에 의미 있는 재정적 결과를 생산하고 있다.

반면에 기술 부문의 가치 창출 기관은 움직임이 둔화되고 있다는 징후가 있었다.[32] 그 뿐 아니라 기술부문의 일부 기업은 사회에 도움이 되기보다는 피해를 주고 있다는 인식도 생겨나고 있다.

기술업계는 이러한 부정적인 상황에 대응하기 위해 새벽 2시에 택시를 잡는 것보다 훨씬 더 어려운 문제를 해결하기 위해 재능을 발휘해야한다고 생각했다. 환경, 교육, 의료, 식품, 농업 등 우리 사회의 모든 이슈에는 악질적인 문제가 포함되어 있기 마련이고, 기술 부문에서 만든 다양한 신기술은 이러한 문제를 해결하는 데 중요한 역할을 하기 시작했다.

덕분에 우리는 인공지능(AI)이나 블록체인과 같은 기술 덕분에 도움이 필요한 사람들(그들이 어디에 있든 상관없이)에게 해결책을 제공할 수 있는 도구를 가질 수 있게 됐다. 뿐만 아니라 기술 솔루션은 투자자의 관심을 끌고, 해결하고자 하는 광범위한 문제에 대한 가시성을 높이려는 경향이 있다. 세계적인 도전과제 해결을 위해 기술을 활용할 경우, 임팩트 투자시장에 더 많은 투자자를 유입시키는 데 도움이 될 뿐만 아니라 임팩트 부문에 더 많은 기업가를 유치할 수도 있는 것이다.

더 나은 데이터, 더 나은 분석, 더 나은 기록

하지만 기술은 더 나아가서 임팩트 부문의 데이터·분석·측정 문제를 해결하는 데 중심적인 역할도 해야 한다. 책 앞부분에서 우리는 IMM(임팩트 투자 배수)과 같은 지표가 어떻게 더 우수하고 체계적인 임팩트 투자 결정을 가능하게 하는 '게임 체인저'가 되는지 살펴보았다. 기술은 이 지표를 체계화하고 사용 범위를 확대함으로써 임팩트 부문과 그 너머의 투자에까지 영향을 미칠 수 있다.

우리는 블록체인과 같은 기술이 임팩트를 평가하는 데 필요한 수많은 데이터 포인트를 수집·추적·분석하는 데 상당한 이점을 줄 수 있기를 기대한다. 다행히 이 도전과제를 해결하기 위해 수많은 스타트업이 애쓰고 있다.

이 중 iXO라는 기업은 특히 흥미로운 접근법을 전개하고 있는 스타트업으로, 임팩트 기업가가 핵심 프로토콜 플랫폼을 통해 프로젝트의 영향을 추적·측정할 수 있도록 하는 것을 목표로 한다. 사용자는 자신의 프로젝트 또는 비즈니스의 임팩트를 만들어내고 이해하기 위한 다양한 활동에 참여할 수 있다. 그러한 활동에는 데이터 수집·처리·저장, 결과 추적, 검증되고 공개적으로 이용 가능한 데이터 소스 통합, 강력한 측정·검증·보고 도구 활용 등이 포함된다. 물론 iXO가 개발한 플랫폼은 이제 시작에 불과하며, 이러한 서비스는 결국 주류로 이동할 것이고, 계속해서 필요한 분석, 추적, 측정의 근간을 형성하게 될 것이다.

자금조달 메커니즘의 혁신

앞에서 언급한 바와 같이, 금융상품 혁신에서의 큰 변화는 임팩트 투자 영역에 새로운 투자자(기관투자자와 소매투자자 모두)를 유입시키는 데 중요한 촉매제 역할을 할 것이다. 이는 길어질 수도 있는 투자금 회수 기간을 유예해주거나 혹은 가치 평가에 대한 초기 접근법을 이해 하는 데 어려움을 겪고 있는 기존 벤처캐피털(VC)의 경우에 꼭 들어맞는다.

향후 몇 년 동안 사회적 책임(CSR) 예산을 기존 방식보다 직접적인 투자에 재배치(최근 디지털 영역에서 많은 기업이 그러듯이)할 계획을 세우고 있는 기업에게는 혼합 재원조달 모델(예 벤처 펀드와 기업 간 합의 협업)이 앞으로 나갈 수 있는 방법일 수도 있다. 미션 중심 기업으로만 구성된 기타 뮤추얼 펀드 또는 상장지수펀드(ETF)를 더 많이 조성하는 것도 또 다른 방법이 될 수 있다. 개인투자자가 미션 중심 스타트업에 직접 투자할 수 있는 플랫폼과 스타트업 채권 발행, 환경 스타트업을 위한 녹색채권, 소액대출, 크라우드 펀딩 등은 주류 스타트업 투자방식에서 그랬던 만큼 임팩트 부문에서도 큰 성공을 거둘 수 있다.

물론 이러한 자금조달 옵션은 사회적 기업가들에게 꼭 필요한 자금을 제공하는 역할 외에도, 임팩트 투자자 파이를 키워서 임팩트 투자의 기본 원칙(재정적 수익을 위해 사회적 수익을 희생할 필요가 없다는 것)을 본질적으로 강화시켜 주는 추가적인 이점도 제공한다. 재정적 수익과 사회적 수익 둘 다 달성할 수 있는 방법인 것이다.

금융의 미래는 지속가능하다

> 지속가능한 투자: 투자 프레임워크 내에서 사회에 긍정적인 영향을 미칠 수 있는 길을 모색하면서 ESG(환경·사회·지배구조) 기준을 고려하는 분야를 말한다.
>
> 피델리티 인베스트먼트[33]

임팩트 투자가 지속가능한 금융의 기초라면, 지속가능한 투자(아니 더 엄밀히 말하면 ESG)는 엑셀러레이터이다. 지속가능성을 지향하는 개념 중 ESG만큼 투자자들에게 큰 영향을 미친 지표는 없다고 보아도 무방하다.

미래의 지속가능한 비즈니스 모델을 현실화하려면 투자자의 사고방식을 변화시켜 성장과 가치에 대한 장기적이고 지속가능한 인식으로 이끄는 것이 최우선 과제이다. 이는 변화의 기폭제로서 투자자와 금융업계의 역할이 중요하다는 것은 아무리 강조해도 지나치지 않기 때문이다.

지속가능책임투자포럼(Forum for Sustainable and Responsible Investment)이 2016년 발표한 보고서에 따르면, 미국에서만 1,820개의 기관투자자, 자금 운용사, 커뮤니티 투자기관이 투자 분석 및 포트폴리오를 선정할 때, 다양한 ESG 기준을 적용하는 것으로 나타났으며, 이는 미국 기반 자산으로 8조 1000억달러에 달한다. '사회책임투자(SRI)'가 2016년 이후에도 예상치를 계속 상회하는 모습을 보이는 가운데 전년 대비 38% 이상 성장했으며, 현재 미국 총관리자산(AUM) 가운데 SRI가 차지하는 비중은 25%나 되는 것으로 나타났다.[34]

유럽 투자업계의 경우 ESG를 최우선시하는 경향이 훨씬 더 뚜렷하다. 모닝스타(Morningstar)는 최근 발표한 보고서『유럽의 지속가능한 펀드 현황』을 통해 ESG와 사회책임투자(SRI)의 개념이 유럽에서 너무 깊이 자리 잡고 있어서 지속

가능 펀드와 통상적인 펀드 사이의 경계가 사실상 모호해지기 시작했음을 강조
했다. 유럽 펀드에서 담배와 발전용 석탄과 같은 종류의 상품과 회사들(ESG와
거리가 먼 업종)이 제외되면서 이렇게 ESG투자와 일반투자의 경계가 모호해지는
추세가 가속화되고 있다.

이 영역에서 가장 유망한 금융상품 범주 중 하나는 패시브(passive) 지속가능
펀드였으며, 2019년 상반기 동안 유입된 신규투자 4건 중 1건이 ESG 인덱스 펀
드와 상장지수펀드(ETF)로 유입되었다. 5년 전만 해도 10%에 불과했던 비중이
8%나 상승함으로써, 현재 이 펀드들은 유럽의 지속가능펀드의 약 18%를 차지
하고 있다. 또한, 지속가능 펀드의 신규 출시 건수는 2009년 95건에서 2018년
305건로 10년 만에 급증하여 '지속가능'하다고 볼 수 있는 펀드의 수는 이제 총
2,322개를 기록하고 있다.[35]

미국과 같은 시장에 비해 투자 문화가 보편화되지 않은 시장에서 이러한 펀
드가 성장세를 보인다는 것은 지속가능성 관련 이슈에 대한 유럽인들의 높은 참
여 수준을 보여주는 것이며, 기존 투자시장에 새로운 개인투자자(지속가능성을 살
피는)를 유치하는 등의 추가적인 혜택을 제공할 수 있다는 긍정적인 신호일 수
있다. 실제로 2017년 유럽에서 이루어진 사회책임투자(SRI) 중 소매투자자가 차
지하는 비중은 무려 30%에 달했으나, 2013년에 3.4%에 불과했다.[36]

기업들이 투자자들의 요청에 따라 ESG를 우선시하고 그에 따라 기업 경영
방식을 바꾸고 있다는 증거가 속속 등장하고 있다. 이 책의 앞부분에서 강조했
듯이, ESG는 대부분 리스크 관리 영역에 자리 잡고 있는데, 이는 기업들이 기후
변화, 잘못된 관행과 거버넌스 혹은 정치적 격변과 같은 문제로 발생하는 잠재
적 사업 리스트를 차단하고자 했기 때문이다.

하지만 최근 ESG 보고 및 리스크 관리를 넘어 통합적인 ESG 사업 전략으로
시장이 이동하고 있다는 징후가 나타나고 있다.

기업이 ESG에 대한(그리고 더 최근에는 지속가능성 또는 지속가능개발목표에 대
한)비전이나 전략을 공언할 수는 있지만, 대부분의 경우 이러한 전략은 행동 자
체가 아니라 행동하겠다는 의사 표명에 불과하다.

투자자, 특히 기관투자자와 자산관리자는 기업이 ESG 약속을 이행하도록 하
기 위해 사전예방 접근법을 취하고 있다. (여기서 말하는) 자산관리자는 투자 중

인 회사를 정기적으로 모니터링함으로써 ESG 진척상황을 평가하는 일을 하는 곳을 말한다. 이들의 참여는 ESG 기준과 관련하여 기업이 어떤 성과를 내고 있는지 평가하기 위한 실사 성격을 가질 뿐 아니라 기업을 건설적인 대화에 참여시킴으로써 개선해야 할 부분과 방법에 대해 지침을 제공하기도 한다. 이러한 참여에는 (가까운) 미래에 더 많은 진전을 보고 싶은 기업에게 핵심성과지표(KPI)를 전달하는 것도 포함된다.

보다 지속가능한 접근법으로 전환한 기업의 성공사례가 증가함에 따라, 현실을 깨닫게 된 투자자들은 기업들이 이러한 전략(ESG)을 이행하기 위해 체계적으로 움직이고 있다는 더 많은 증거를 요구하고 나섰으며, 실제로 전략을 실행 중인 기업에게 보상을 제공하기 시작했다. 좀 더 최근에는 지속가능 펀드와 지속가능하다고 평가되는 기업의 주가가 기존의 동종업체보다 더 나은 성과를 내고 있다는 사실이 명확해졌다.

최근 ESG와 지속가능성 대유행으로 이어지는 동안에도 ESG 및 지속가능성 자산에 대한 견고한 성과가 명백해지고 있었다. 예를 들어 뱅크오브아메리카는 ESG 기준에서 최고등급을 받은 기업들이 하위등급을 받은 기업들에 비해 미래의 주가변동성은 지속적으로 더 낮고 연 평균 총자본수익률은 더 높은 경향이 있다고 보고했다.[37]

이제 ESG 중심의 투자가 좋은 선택이라는 사실은 전 세계 금융자산관리자들 사이에 더욱 널리 받아들여지고 있다. 물론, 경기가 좋을 때 ESG와 지속가능한 자산이 어떤 성과를 내고 있는지 살펴보는 것도 중요하지만, 시장이 안 좋을 때 성과가 어떤지 조사해 보는 것도 중요하다. 투자자들이 경기가 어려울 때도 이러한 자산을 계속 갖고 있을 것인지 문제 때문이다.

이러한 역학관계는 2020년 초 발발한 코로나19로 인해 더욱 뚜렷해졌다. 블랙락(BlackRock) 연구소가 발표한 2020년 1분기 운용 재무실적에 따르면, 지속가능성 지수가 일반지수에 리스크 조정에서 더 나은 성과를 보였다. 이는 2015년, 2016년, 2018년에도 블랙록이 이들 지표를 통해 목격했던 우수한 성과의 연속이라고 볼 수 있다. 뱅크오브아메리카도 이와 유사한 역학관계를 발견했는데 이는 ESG 지수가 연간 누계 벤치마크를 상회하는 성과를 거둔 유럽에서 특히 두드러졌다.[38]

ESG 및 지속가능성 전략이 항상 더 뛰어나거나 뚜렷했던 것은 아니다. 예를 들어 이 과제에 있어서 기업과 투자 커뮤니티의 발전 정도를 가장 잘 포착한 회사가 있었는데, 오늘날, 지속가능성 깃발을 가장 높이 휘날리고 있는 영국-네덜란드계 소비재 대기업 유니레버(Unilever)다.

10년 전만 해도 기업들이 ESG 전략을 최우선으로 삼는 경우는 거의 없었다. 2008년 글로벌 금융위기 내내 그리고 직후에 세계시장이 침체되면서, 대부분 기업들이 비용 절감을 시작하고, 핵심 기반사업에 집중하고, 중요한 투자를 보류하는 등 위기 모드로 전환했다. 하지만 일찌감치 기업과 시장의 단기주의를 비판했던 유니레버의 신임 CEO 폴 폴먼(Paul Polman)은 그들과 다른 대안적인 길을 선택했다.

경쟁업체와 동종 업체들을 따르기보다는, 비용 절감을 앞세우는 단기적인 접근법을 피하고 지속가능성을 우선시하는 투자 중심의 장기적 접근법에 전념했으며, 유니레버를 넘어 소비재산업 전반에 걸친 지속가능성 도입 정책을 주도해 나갔다. '유니레버의 지속가능한 생활계획'으로 알려진 그의 플랜은 2010년에 시작되었다.

당시 폴먼에게는 안 된 일이지만, 투자자들은 이 전략 발표를 비웃었고 회사의 주가는 8%나 하락했다.[39] 그의 계획은 출범 후 몇 년 동안 다양한 부침을 겪었고, 그 과정은 유니레버를 성공으로 이끄는 탄탄대로가 아니었다. 자신이 생각하는 단기적 접근법의 무익함을 강조하기 위해 수익률 현황 게시를 거부하는 등의 다소 극단적 조치를 취했을 때는 투자 커뮤니티와 직접적인 갈등을 빚기도 했다. 하지만 폴먼은 끝까지 버텼다.

결국 그가 CEO로 재임 기간 동안 유니레버의 주가가 영국 런던증권거래소의 FTSE 100 지수와 경쟁업체를 월등히 앞지름으로써, 폴먼은 반대론자들의 생각이 틀렸음을 입증했다.[40] 그러나 안타깝게도 2018년 런던과 로테르담에 각각 본사를 두고 있던 이중 구조에서 로테르담에만 본사를 두는 단일 구조로 통합하려던 그의 계획에 주주들이 크게 반발하는 일이 벌어졌다. 일이 잘 풀리지 않았던 임기 말 상황에도 불구하고, 그가 회사, 업계 및 주주들에게 남긴 변혁적인 인상은 훼손되지 않았다. 그는 지속가능성 중심의 장기적인 전략이 사회와 투자자 모두에게 혜택을 줄 수 있음을 혼자의 힘으로 증명했다.

황금 표준으로서의 지속가능한 투자

임팩트 투자와 마찬가지로 대안 또는 틈새 투자전략이었던 지속가능한 투자를 금융과 투자의 '황금 표준'으로 발전시키기 위해서는 여전히 해야 할 일이 많다. 이 과정을 가속화 하기 위해 업계에서 취할 수 있는 조치는 다양하며, 최근에는 그중 많은 것들이 순조롭게 진행되고 있다.

금융전문가의 지속가능한 금융역량 구축

금융기관의 리더들은 투자 접근법에 지속가능성을 통합하는 방법을 모색하는 과정에서 다양한 도전과제에 직면했다. 가장 까다로운 문제들 중 하나는 투자업계 사람들 사이에 존재하는, 지속가능한 투자에 대한 능력과 지식 격차다.

현실은 대부분의 금융서비스 전문가들이 교육기관, 그들을 고용한 금융서비스 회사, 심지어 금융·비즈니스 미디어로부터 상당히 제한적인 접근법, 즉 단기적인 금융 이익을 최우선 목표로 삼는 것을 자본 관리에 적용하도록 훈련받았다는 것이다. 이것은 수십 년 동안 이상적인 접근법으로 보였는데, 그 이유는 재정적 장점이 모든 단점을 덮고도 남을 만큼 훨씬 더 크게 인식되었기 때문이다.

그리고 이 접근법에 대한 의구심이 늘 있어 왔지만, 2008년 금융위기가 자본시장뿐만 아니라 전 세계 수백만 명의 생계를 위험에 빠뜨리면서 그간 압도적으로 평가받던 단기적인 투자인식이 근본적으로 바뀌기 시작했다. 이제 금융서비스 전문가들은 ESG, 임팩트, 그리고 기타 지속가능성 중심 접근법을 포트폴리오 관리와 같은 금융서비스 활동에 통합하도록 요구받고 있다. 하지만 문제는 어디서부터 시작해야 할지 모르는 사람들이 많다는 것이다.

학계의 역할, 특히 고등교육 및 비즈니스 프로그램에 지속가능성을 접목시키는 것에 대해서는 나중에 더 자세히 다룰 것이다. 다만 실무자 수준의 교육이 시급하다. 제한된 시간과 점점 더 빠르게 변화하는 시장에서 일하는 금융서비스 전문가에게는 지속가능성 중심의 용어, 그리고 기술 및 금융상품에 대한 모든 최신 정보를 얻을 수 있도록 해주는 도구가 필요하다.

다행인 것은 이 문제를 해결하는 데 사용할 수 있는 자원이 점점 더 많아지고 있다는 점이다. 예를들어 인텐셔널미디어(Intentional Media)는 이 분야에서 가장 활발하게 활동하고 있는 회사들 중 하나로, 이벤트와 미디어, 교육 브랜드가 합쳐진 조직의 형태를 띠고 있으며, 우리 경제를 소위 말하는 '혼합금융' 접근법으로 전환할 수 있도록 하기 위해 노력하고 있다.

인텐셔널미디어는 다양한 사업을 수행하기 위해 많은 목표를 가지고 있지만, 금융서비스 전문가의 지속가능한 금융 역량을 강화하는 것이 중점 목표 중 하나다. "한 번에 한 사람씩 펀드매니저의 역량 구축하기"를 목표로 혼합금융연구소(Blended Finance Institute) 설립을 추진 중이며, 이 연구소는 SDGs 달성을 위한 민간 자본의 흐름을 가속화하는 데 필요한 사고 리더십과 커리큘럼을 개발하는 역할을 하게 될 것이다. 이 이니셔티브에는 혼합금융 개념에 대한 인식을 제고하고 채택을 장려하기 위해 일련의 회합, 워크숍, 디지털 콘텐츠가 포함되어 있다. 가장 적절한 프로그램 중 하나는 재정담당 자문가들을 대상으로 하는 토탈 임팩트 포트폴리오(Total Impact Portfolio) 시리즈로, 현재 연간 9회의 세션이 운영되고 있다.

또 다른 중요한 배움의 원천은 금융서비스 산업 분야에서 활동해 온 좀 더 진보적인 행위자들이다. 금융 전문가들이 필요한 최신 정보를 얻을 수 있는 온·오프라인 도구가 점점 늘어나고 있으며, 그중 일부는 금융서비스 회사에 의해 제공되고 있다. ESG 관련 실무자 교육 시장에서의 선두기업은 책임투자원칙(PRI) 아카데미이지만, 신용평가기관인 피치(Fitch)는 학습 부서를 통해 ESG 교육을 제공하고 있으며, 굴지의 지속가능 금융투자회사인 로베코샘(Robeco SAM)은 e-러닝 플랫폼 형태의 '로베코 서스테이너블 인베스팅 에센셜(Robeco Sustainable Investing Essentials)'을 출시하기도 했다.

지속가능성과 ESG: 우리가 해야 할 일이라는 확신

펀드 매니저들은 지속가능성과 ESG(환경·사회·지배구조) 역량을 강화하는 데서 그칠 것이 아니라 이러한 원칙들을 투자전략에 접목함으로써 책임을 져야 한다. ESG가 단순히 지속가능성 또는 기업의 사회적 책임(CSR) 부서가 우선시해야 하는 개념이 아니라는 폭넓은 인식이 필요하다. ESG는 오히려 기업조직이 수행하는 모든 활동 전반에 접목되어야 한다.

굴지의 글로벌 은행 그룹 BNP파리바는 포트폴리오 관리자의 사고방식과 그에 따른 투자 접근법을 바꾸기 위해 선제적으로 나서고 있다. BNP파리바의 지속가능성 연구파트 글로벌 책임자인 마크 루이스(Mark Lewis)는 2019년 도쿄에서 열린 '기후변화 관련 재무정보 공개 협의체(TCFD)' 서밋에서 이에 대해 자세히 설명했다.

진정한 도전과제는 그동안 ESG팀이 했던 역할을 포트폴리오 관리자가 넘겨받도록 하는 것이다. ESG를 전체 포트폴리오에 통합하는 순간 책임이 따라오게 되어 있다. 따라서 내년부터는 모든 포트폴리오 관리자가 이전에 경험하지 못했던 두 가지 제약을 받게 될 것이다. 이것은 사회책임투자(SRI) 펀드와 BNP파리바가 운용하는 SRI 전용 펀드에만 국한되는 것이 아니라 모든 자산군의 포트폴리오 전체로 확대될 것이다. 이제 ESG가 주류가 된 것이다.

첫 번째 제약 조건은 모든 포트폴리오의 ESG 점수가 비교평가 대상인 벤치마크보다 높아야 한다는 것이다. 그럴 경우 펀드 매니저는 마음에 드는 회사에 관여할 수 있는 기회와 같은 큰 인센티브를 받게 되겠지만, 지속가능성 센터에서 낮은 ESG 점수를 줄 경우 해당 주식 보유 재량권에 영향을 미치게 될 것이다. 따라서 ESG에 포함될 수 있는 기업들과 관계를 맺는 것이 그들에게 이익이다. ESG를 통합하는 가장 좋은 방법 중 하나는 실제로 주류 펀드 매니저가 그 역할을 맡도록 하는 것이다. 두 번째 제약 조건은 모든 포트폴리오의 탄소발자국이 비교평가 대상인 벤치마크보다 낮아야 한다는 것이다. 그럴 경우, (현재로서는 어려울 수도 있지만) 투자하고 싶은 회사의 탄소발자국을 처리할 수 있는 매우 구체적인 인센티브를 받게 될 수도 있다.[41]

금융상품혁신

ESG 펀드 및 기타 금융상품에 대해 자주 제기되는 한 가지 문제는 투자자가 지불하는 관련 수수료가 기존 투자의 수수료보다 높은 경우가 많다는 것이다. 이를테면 ESG 펀드 내 기초 자산을 파악하고 선별하려면 더 높은 수준의 연구, 실사 및 분석이 필요하다는 주장도 있을 수 있다. 더 높은 수수료는 이와 같이 정당화되는 것이다. 그러나 이것은 투자자들에게 또 하나의 장벽이 될 수 있다.

ESG 및 기타 지속가능한 금융 관련 상품에 더 많은 투자자를 유치하기 위해서는 결국 가격경쟁력이 있어야 한다.

이 문제를 해결하기 위해서는 엄선된 펀드와 녹색채권을 넘어서는 더 많은 금융 혁신이 절실히 필요하다. 우리가 홍콩에서 만났던 한 미래지향적인 펀드매니저는 글로벌 테마 펀드의 경우 시중에 나와 있는 대부분의 펀드와 큰 차별점이 없다고 말했다. 오늘날 그러한 펀드의 대부분은 블랙락(BlackRock) 또는 피델리티(Fidelity)와 같은 대기업을 뒤쫓는 인덱스 펀드 및 시장 선택 테마형을 따름으로써 안전하게 운용된다.

이것은 오늘날 모두가 ESG를 추구하고 있다는 것을 의미한다. 홍콩의 그 펀드매니저는 경쟁자를 능가할 수 있는 특별한 시장 접근법을 가지고자 종목 추천 전문가로서 자신이 할 수 있는 유일한 일은 그러한 모든 지수와 테마(심지어 ESG 관련된 것도)를 무시하고, 대신 SDGs를 진전시키는 솔루션에 중점을 둔 소셜임팩트형 오픈펀드를 직접 설계하는 것임을 깨닫고 있는 것 같았다. 금융상품에 더 많은 혁신이 필요하다는 일반적인 합의를 감안할 때, 그러한 솔루션 중점 펀드에 대한 명백한 수요가 있음을 인터뷰를 통해 알 수 있었다.

지속가능개발목표(SDGs) 펀드는 지속가능한 금융 혁신 바로 다음의 논리적 단계라는 것이 우리의 생각이다. 이러한 유형의 투자상품은 아직 초기 단계이지만 시장 여기저기에서 속속 등장하고 있다. 런던에 본사가 있는 미국계 자산운용사 금융서비스업체 페더레이티드 인베스터스(Federated Investors)의 그룹사인 에르메스 펀드 매니저스(Hermes Fund Managers)도 그에 대한 예로 들수 있다. 이 회사는 SDGs와 연계된 활동을 하는 중소기업에 투자를 포함하는 페더레이티드 에르메스 SDG 참여지분 펀드(주식시세 표시기: FHESX)를 출시했다. 또 다른 예는 서스테널리틱스(Sustainalytics)와 모닝스타(Morningstar)가 최근 출시한 상장지수펀드(ETF)로서, 주식시세 표시기는 SDGA이다. 이 펀드에는 SDGs와 관련하여 강력한 정책과 관행을 갖고 있고, 세계 최빈국 시장에 적극적으로 참여하고 있는 상장사들이 포함되어 있다.

비즈니스 교육에 지속가능한 재무원칙 통합하기

산업계 리더라고 해서 태생부터 기업의 주된 역할이 주주가치 극대화에 있다고 믿은 것은 아니었다. 주주가치 극대화 개념은 1970년대 초반 이후 학습을 통해 형성된 것이다.

대다수의 산업계 리더가 그런 식으로 생각하도록 만든 것은 사실 학계였다. 좀 더 구체적으로 말하자면, (최근 몇 년간 둔화세를 보이고 있으나) 20세기 후반 내내 지원자와 등록자가 급증했던 MBA 프로그램 때문이다. 비즈니스 리더가 현대적 기업의 기본 개념을 어디서 배웠든(MBA 프로그램을 통해서든, 학부 강의를 통해서든, 온라인 공개강좌 무크(MOOC)를 통해서든) 상관없이 일반적으로 받아들여지는 '비즈니스의 원칙'은 동일했다.

사실상 기업 운영 방식의 변화를 이끌어 내려면 회사를 운영하게 될 젊은(그리고 나이가 좀 있는) 사람들을 교육하는 방식부터 바꿔야 한다.

최근 학계가 비즈니스 교육을 지속가능성 개념에 맞춰 재조정할 필요성을 깨닫기 시작했다는 증거들이 있다. 이런 증거는 아마도 지금까지는 소비자의 요구와 욕구에 대응하는 것이 핵심인 혁신이나 마케팅과 같은 주제에서 가장 두드러지겠지만, 이제부터라도 금융 교육에 대한 점검이 필요하다.

이것은 물론 교실에만 해당되는 문제는 아니다.

학계는 기업 모범사례를 뒷받침하는 프레임워크와 방법론을 개발하는 데 핵심적인 역할을 한다. 다행히 전 세계 주요 교육기관들이 경영 프로그램과 연구 활동에 지속가능성을 접목 시키려는 노력을 확대하기 시작했다. 뉴욕대 스턴(Stern)경영대학원, 코넬(Cornell)대 경영대학원, 노스웨스턴대 켈로그(Kellogg)경영대학원, 인시아드(INSEAD) 경영대학원, 펜실베이니아대 와튼(Wharton)스쿨, 스탠퍼드(Stanford)대 경영대학원 등 많은 교육기관이 지속가능성 또는 사회혁신 연구소를 출범했으며, 세계 일류 MBA 프로그램에는 기업 지속가능성 강좌가 훨씬 더 보편화 되었다. 상경계 그랑제콜인 파리고등상업학교(HEC Paris)에는 지속가능성과 사회혁신 석사 과정이 있으며, 바드칼리지(Bard College)는 지속가능성 MBA를 운영하고 있다.

우리는 이러한 기관들이 여기서 한발 더 나아가 지속가능성을 모든 학문 분야의 핵심 개념으로 통합하기를 바라며, 재무 분야의 경우, 지속가능한 비즈니스 모델을 채택하는 기업의 재무건전성과 시장성과에 대해 더 많은 연구가 필요하기 때문에 특별히 더 중요하다고 본다. 배우겠다고 마음만 먹으면 누구든 이용할 수 있는 온라인 과정과 인증 프로그램 등 선택할 수 있는 대안은 많지만, 기성교육기관이 재계 리더, 투자자들에게 절실히 필요한 연구·프레임워크·방법론을 제공하여 조직이 지속가능한 비즈니스 모델로 전환할 때 활용하게 하려면 아직 해야 할 (지적으로 힘든) 일이 많다.

연차보고서를 통해 지속가능성 중요성을 전면에 내세우기

오늘날 대부분의 대기업들이 지속가능성 보고서를 발간하고 있다. 일부 시장의 경우, 지속가능성 보고서 발간이 곧 지속가능경영을 해보겠다는 경영진의 명시적 결정을 의미하는 반면, 다른 시장에서는 규제 또는 당국의 명령 때문인 경우도 많다. 이 보고서가 기업에게 이처럼 중요한 우선순위가 된 것은 긍정적으로 생각할 수 있지만, 사실 우리의 주장은 지속가능성의 중요성이 이보다는(외부의 규제에 의해서가 아닌) 더욱 부각 되어야 한다는 것이다.

지속가능성보고서 작성 추진은 지속가능성 주제가 대부분 기업의 우선순위 목록에 포함되지 않았던 시기(특히 지속가능개발목표(SDGs) 출범 이전)에 굉장히 중요했다. 하지만 지금과 같이 지속가능성이 (형태와 크기를 막론하고) 모든 기업의 최대 현안으로 떠오른 이상 지속가능성보고서 발간을 기업이 행할 수 있는 보너스 행위로 볼 것이 아니라 기업이 갖춰야 할 최소한의 요건으로 봐야 한다.

기업이 지속가능한 사업 실행사항을 구체적으로 실현하기 위한 조치를 취하는 것이 그 어느 때보다 중요한 시기에 접어들고 있다. 본질적으로 지속가능성은 모든 기업의 비전과 전략의 핵심이 되어야 한다. 따라서 연차보고서와 분기보고서를 발간할 때 지속가능성이 눈에 더 잘 띌 수 있도록 구성해야 한다. 이들 보고서는 투자자들이 회사의 건전성과 우선순위를 파악하기 위해 찾아보는 핵심문서이다. 만약 지속가능성이 요즘 기업에게 그만큼 중요한 주제라면, 왜 기업들은 투자업계와 소통하기 위한 주요 수단에 그 주제를 적극적으로 부각(지속가능보고서 작성 등) 시키기 위한 조치를 취하지 않는 것인가?

단기 성과주의에서 벗어나라

금융에 대한 우리의 논의는 여기서부터 시작됐다. 현재 금융시스템 내에서 단기성과주의 만큼 지속가능한 비즈니스 모델 채택을 방해하는 이슈는 아마 없을 것이다.

하지만 기업들이 ESG(환경적·사회적·지배구조)를 최우선시하고 이를 경영방식에 통합하도록 요구받는 상황에서 투자자들도 기업이 그렇게 할 수 있도록 시간을 주어야 한다. 주로 회사 경영진의 통제하에 놓여있는 지배구조(G) 문제뿐 아니라, SDGs 이슈에 참여하고 대응하기 위해 단기적인 접근법으로 기업 활동과 프로세스를 정렬·조정하는 것은 경영진 입장에서도 매우 부담스러운 일이다.

사실 지배구조 이슈에 눈에 띄는 변화를 일으키기 위해 노력하는 기관들은 많이 있다. 유럽연합(EU)은 장기적 관점에서 지속가능한 금융시스템 개발 방법을 꾸준히 검토하고 있으며, 자연자본금융연합(Natural Capital Finance Alliance)은 지속가능한 경제 성장으로의 전환에서 금융기관이 해야 할 역할을 이해하도록 하는 데 도움을 주고 있다. 지속가능성 전략이 기업의 손익과 사회에 미치는 양적·질적 영향을 평가하는 부분도 점차 여전히 많은 지표와 분석들을 통해 진전이 이루어지고 있다.

시간이 흐르면서 기업들은 이 새로운 패러다임 내에서 더 잘 운영될 것이며, 지속가능성을 적용한 우수한 경영사례는 더 이상 부인할 수 없는 대세가 될 것이다.

우리는 코로나19 사태가 단기성과주의로부터의 전환을 가속화할 가능성이 있다고 본다. 단 투자자들은 이 과도기 기간 동안 기업들 곁에 머물며 그에 따른 보상을 해줘야 한다.

Notes

1   Ned Davis Research (2016), NYSE Average Holding Periods, 1929–2016 Chart. Retrieved from https://topforeignstocks.com/2017/10/01/average−stock−holding−period−on−nyse−1929−to−2016/.

2   Conducted by Research Plus. Commissioned by Schroders (2017). Global Investor Study 2017: Investor behavior from priorities to expectations, 12. Retrieved from www.schroders.com/en/sysglobalassets/digital/insights/2017/pdf/global−investor−study−2017/theme2/schroders_report−2 eng_master.pdf.

3   US Internal Revenue Service (2020). Topic no. 409: Capital gains and losses. Retrieved from www.irs.gov/taxtopics/tc409.

4   Barton, D., Manyika, J., Palter, R., Godsall, J., and Zoffer, J. (2017). Measuring the economic impact of short−termism. McKinsey Global Institute, 2, 6. Retrieved from www.mckinsey.com/~/media/mckinsey/featured%20insights/Long%20term%20Cap italism/Where%20companies%20with%20a%20long%20term%20view%20outperform%20their%20peers/MGI−Measuring−the−economic−impact−of−short−termism.ashx.

5   Shin, T., and You, J. (2017). Pay for talk: How the use of shareholder−value language affects CEO compensation. Journal of Management Studies. Retrieved from www.wsj.com/articles/the−two−words−that−earn−ceos−a−pay−raise−1478622713.

6   Mittleman, M. (2018). Private equity wants you to feel good about investing. Bloomberg. Retrieved from www.bloomberg.com/news/articles/2018−04−10/private−equity−wants−you−to−feel−good−about−investing.

7   Conducted by CoreData Research. Commissioned by Natixis Investment Managers (2019). Report: Looking for the best of both worlds, investors turn to ESG to fulfill personal values and performance expectations. Global Survey of Financial Professionals, 1, 4. Retrieved from www.im.natixis.com/en−hk/ resources/esg−investing−survey−2019.

8   Business Roundtable (2019). Business Roundtable redefines the purpose of a corporation to promote "an economy that serves all Americans". Press release. Retrieved from www.businessroundtable.org/business−roundtable−redefines−the−purpose−of−a−corporation−to−promote−an−economy−that−serves−all−americans.

9   Holger, D. (2019). What generation is leading the way in ESG investing? You'll be surprised. Wall Street Journal. Retrieved from www.wsj.com/articles/what−generation−is−leading−the−way−in−esg−investing−youll−be−surprised−11568167440.

10 Niculescu, M. (2017). Impact investment to close the SDG funding gap. UNDP Europe and Central Asia. Retrieved from www.undp.org/content/undp/en/home/blog/2017/7/13/What−kind−of−blender−do−we−need−to−finance−the−SDGs−.html.

11 Wilson, G.E.R. (2019). 4 key ways countries can finance their SDG ambitions. Global Future Council on Development Finance. Retrieved from www.weforum.org/agenda/2019/04/sdgs−sustainable−development−4−ways−countries−finance/.

12 GIIN (Global Impact Investing Network) (n.d.). What you need to know about impact investing. Retrieved from https://thegiin.org/impact−investing/need−to−know/#s7.

13 GIIN (2018). Sizing the impact investing market, 11. Retrieved from https://thegiin.org/assets/Sizing%20the%20Impact%20Investing%20Market_webfile.pdf.

14 Elkington, J. (2018). 25 years ago I coined the phrase "Triple Bottom Line". Here's why it's time to rethink it. Harvard Business Review. Retrieved from https://hbr.org/2018/06/25−years−ago−i−coined−the−phrase−triple−bottom−line−heres−why−im−giving−up−on−it.

15 Friedman, M. (1970). The social responsibility of business is to increase its profits. New York Times Magazine. Retrieved from http://umich.edu/~thecore/doc/Friedman.pdf.

16 Social Enterprise UK, supported by Nationwide and Co−op Group (2018). The hidden revolution. Retrieved from www.socialenterprise.org.uk/policy−and−research−reports/the−hidden−revolution/.

17 Bosma, N., Schøtt, T., Terjesen, S., and Kew, P. (2016). Global Entrepreneurship Monitor: Special report on social entrepreneurship, 32. Retrieved from www.gemconsortium.org/report/gem−2015−report−on−social−entrepreneurship.

18 European Commission, Directorate−General for Employment, Social Affairs and Inclusion (2016). Mapping study on social enterprise eco−systems: Updated country report on Italy, 42. Retrieved from https://ec.europa.eu/social/BlobServlet?docId=16380&langId=en.

19 Ganesh, U., Menon, V., Kaushal, A., Kumar, K., and Bertelsmann Stiftung (2018).

The Indian social enterprise landscape: Innovation for an inclusive future, Retrieved from www.bertelsmann−stiftung.de/fileadmin/files/user_upload/ 201810_ The_Indian_Social_Enterprise_Landscape_Study_EN.pdf.

20 Emerson, J. (2018). BV Framework. Blended Value. Retrieved from www.blen dedvalue.org/framework/.

21 Emerson, J. (2000). The nature of returns: A social capital markets inquiry into elements of investment and the Blended Value proposition, 27, 38. Retrieved from www.blendedvalue.org/wp−content/uploads/2004/02/pdf−nature−of− returns.pdf.

22 Addy, C., Chorengel, M., Collins, M., and Etzel, M. (2019). Calculating the value of impact investing. Harvard Business Review, 102-109. Retrieved from https://hbr.org/2019/01/calculating−the−value−of−impact−investing.

23 Emerson, J. (2019). The Purpose of Capital: Elements of Impact, Financial Flows, and Natural Being. Blended Value Group Press, page 11.

24 MetaMark Learning (2015). Where do financial statements come from? Retrieved from www.metamarklearning.com/where−do−the−financial−statements−the− bal ance−sheet−the−income−statement−and−the−cash−flow−statement−come −from/.

25 Higson, C. (2013). The cult of EBITDA depreciation is probably the most misunderstood number in accounting. London Business School Review. Retrieved from www.london.edu/lbsr/the−cult−of−ebitda.

26 GIIN (2018). Sizing the impact investing market, 6. Retrieved from https://the giin.org/assets/Sizing%20the%20Impact%20Investing%20Market_webfile.pdf.

27 Comtois, J. (2019). Preqin: Private equity AUM grows 20 percent in 2017 to record $3.06 trillion. Pensions & Investments. Retrieved from www.pionline.com/ article/20180724/ONLINE/180729930/preqin−private−equity−aum−grows−20−i n−2017−to−record−3−06−trillion.

28 Chasan, E. (2019). Global sustainable investments rise 34 percent to $30.7 trillion. Bloomberg. Retrieved from www.bloomberg.com/professional/blog/global−sus tainable−investments−rise−34−30−7−trillion/.

29 Calvert Impact Capital (2019). About us. Retrieved from www.calvertimpactcapi tal.org/about.

30 Kronthal−Sacco, R., and Whelan, T. (2019). Sustainable Share Index: Research on IRI purchasing data (2013-2018). NYU Stern Center for Sustainable Business. Retrieved from www.stern.nyu.edu/experience−stern/about/departments−centers−

initiatives/centers − of − research/center − sustainable − business/research/internal − research/sustainable − share − index.

31 Hirose, R., Maia, R., Martinez, A., and Thiel, A. (2015). Three myths about growth in consumer packaged goods. McKinsey & Company—Our Insights. Retrieved from www.mckinsey.com/industries/consumer − packaged − goods/our − insights/ three − myths − about − growth − in − consumer − packaged − goods.

32 Ali, A., Bamberger, S., Bock, W., Farag, H., Forth, P., Green, A., Kennedy, D., Lind, F., and Zuckerman, N. (2019). Value creation amid turbulence: The 2019 TMT Value Creators Report. BCG. Retrieved from www.bcg.com/publica tions/2019/value − creation − amid − uncertainty − in − tmt − sector.aspx.

33 Forum for Sustainable and Responsible Investment (n.d.). Sustainable investing basics. Retrieved from www.ussif.org/sribasics.

34 US SIF and US SIF Foundation (2018). Report on US sustainable, responsible and impact investing trends, 1. Retrieved from www.ussif.org/files/Trends/Trends% 202018%20executive%20summary%20FINAL.pdf.

35 Bioy, H., Stuart, E., and Boyadzhiev, D. (2019). European sustainable funds land − scape. Morningstar. Retrieved from www.morningstar.com/blog/2019/ 09/19/ esg − funds − europe.html.

36 Eurosif (2018). European SRI study, 6. Retrieved from www.eurosif.org/wp − con tent/uploads/2018/11/European − SRI − 2018 − Study.pdf.

37 Bank of America (2016). Environmental, Social & Governance Report. Retrieved from https://about.bankofamerica.com/assets/pdf/Bank − of − America − 2016 − ESG − Summary − Report.pdf.

38 Katz, M. (2020). Research From BlackRock and Bank of America Shows ESG To Be Safe Haven in Market Storm. Equity News. Retrieved from https://www. equities.com/news/research − from − blackrock − and − bank − of − america − shows − esg − to − be − safe − haven − in − market − storm.

39 Riel, J., and Martin, R.L. (2017). Creating great choices: A leader's guide to inte − grative thinking. Harvard Business Review Press. Retrieved from www.iedp.com/ art icles/integrative − thinking − revisited/.

40 Skapinker, M. (2018). Unilever's Paul Polman was a standout CEO of the past decade. Financial Times. Retrieved from www.ft.com/content/e7040df4 − fa19 − 11e8 − 8b7c − 6fa24bd5409c.

41 Based on authors' notes taken while attending the summit.

42 Fast Company (2019). The world's most innovative companies by sector. Retrieved

from www.fastcompany.com/most−innovative−companies/2019/sec tors/middle−east; Allyson Kapin (2019, February 20). 50 women−led startups that are crushing tech. Forbes. Retrieved from www.forbes.com/sites/allysonkapin/2019/02/20/50−women−led−startups−who−are−crushing−tech/#40a7dbd752b3.

친환경 콘크리트 기업(ECOncrete)
콘크리트에 생명을 불어넣다.

지속 가능하지 않은 활동(예를 들어 해안선, 대양 및 바다를 오염시키는 잘못
된 폐기물 처리와 상업적 남획)과 결합 된 기후변화가 전 세계 생물다양성에
지대한 영향을 미치고 있다는 것은 통설로 받아들여지고 있다. 또한 기후변
화는 해수면의 급격한 상승을 일으킴으로써 연안에 위치한 많은 지역사회와
대도시들을 위험에 빠뜨리고 있다. 이런 우려스러운 현상에도 불구하고, 정
부와 기업은 해안선을 따라 지속적으로 구조물(또는 공업지역)을 건설함으로
써 대양과 바다의 생물다양성을 더욱 악화시키고 있다.

관련된 정식 전공을 공부한 해양생물학자인 심릿 페르콜 핀켈(Shimrit
Perkol-Finkel)은 이 문제가 해결되지 않을 경우 해양생태계가 겪어야 할 암
울한 미래를 절실히 깨닫고 있다. 가까운 미래에도 해안선 개발이 계속될 것
으로 전망되는 가운데, 페르콜 핀켈과 이도 셀라(Ido Sella)는 건축자재 자체,
특히 콘크리트에서 해결책을 찾을 수 있다고 생각했고 그러한 일환으로 친환
경 콘크리트 기업 ECOncrete를 설립했다.

연안에 건설된 인프라 시설의 무려 70%는 콘크리트로 지어져 있으며, 이는
전 세계 해안선에 중대한 환경 문제를 일으키고 있다. 이것이 왜 그토록 문
제가 되는가 궁금해 하는 이들이 있을 것이다. 간단히 설명하면, 콘크리트의
표면 조성은 다양한 해양 유충에게 매우 유독 하기 때문에 연안 지역 정착을
방해하고 해양 인프라 주변의 생물다양성을 해칠 수 있다. 또한, 콘크리트는
생산공정에서 콘크리트의 주성분 중 하나인 산화칼슘(CaO)을 얻기 위해 화
석연료를 사용하고, 석회석을 고온 연소시켜 이러한 소성(燒成) 과정 중에 다
량의 탄소를 배출되기 때문에 탄소 발자국이 매우 크고 진하다. (온실가스를
대량으로 내뿜는다.)

또한 콘크리트는 대부분의 해안선 인프라를 칙칙하고 생기 없는 모습으로 보
이게 하며, 생태계를 강화하는 물질이 없기 때문에 자연 서식지의 성장을 촉
진하는 데 적합하지 않다. 이에, ECOncrete는 그럼에도 불구하고 매우 중요
하고 구조적으로 튼튼한 건축자재인 콘크리트의 특성을 유지하면서 건강한

생태계를 조성하는 데 보다 적극적인 역할을 할 수 있도록 하기 위해 이 모든 것을 변화시키기 시작했다.

그림 4.1 ECOncrete는 연안 인프라 구축에 대한 접근법을 혁신할 준비가 되어 있다.
출처: ECOncrete.

ECOncrete는 세 가지 측면에서, 즉 원료, 질감 및 디자인 측면을 혁신하는 데 중점을 두었다.

- 콘크리트 조성: ECOncrete는 부산물과 재생원료를 사용하여 해양 동식물의 성장을 향상시키는 생태계 강화 혼합물을 만들었다. 이 혼합물은 독특한 조성을 통해, 굴, 산호, 산호조류, 관갯지렁이, 따개비 등 해양생물에 탄소를 동화시키는 생물 석회화와 같은 생물학적 과정을 촉진하고 이산화탄소의 동화를 돕는다.
- 표면 질감 및 설계: 우리는 해양 인프라의 모듈형 빌딩 블록인 피복 유닛 등의 제품을 개발했다. 이 유닛은 유체역학적 힘에 대한 견고한 연안 방어벽을 제공함과 동시에, 해양 서식지를 만들고 해양식물과 생물 종의 풍부함도 증가시키며 침입종의 감소를 이끌어 내는 설계를 제시한다.
- 3D 설계: 이 접근법은 제품이 자연 서식지에 완벽하게 어울리게 하기 위한 목적을 가지고 있다. 3D 설계 접근법은 포트폴리오의 여러 제품에 통합되었으며, 이 제품에는 해안선 안정화 및 침식 제어를 촉진하고 생물다양성을 높이는 해

완전히 새로운 부문(정보통신기술(ICT)이 한때 그랬던 것처럼)이나 금융처럼 소비자나 고객이 변화를 부르짖는 부문에 큰 변화를 동반한 혁신이 일어나는 경우가 많다. 건설과 같이 매우 보수적이고 변화를 꺼리는 부문은 혁신이 부족하기로 악명 높다. 스타트업이 건설 분야에 진출하여 개발업체·건설사·지방정부의 해안선 개발 접근 방식을 바꿀 만한 잠재력을 지닌 제품을 제공한다는 것은 굉장히 놀라운 일이다.

ECOncrete 제품은 최근에 수상한 '위 임파워 UN SDG 챌린지(WE Empower UN SDG Challenge)' 등 전 세계에서 수많은 상을 받음으로써 이 산업과 관련된 주요 관계자들의 주목을 받았다.

ECOncrete는 기존 제품에 비해 소폭의 프리미엄(2~7%)이 붙었지만, 인상적인 제품 포트폴리오를 가졌기 때문에 CEO 페르콜 핀켈는 성장 전망에 대해 꽤 낙관적이다. 그러나 그녀는 "보통 회사가 목표로 하는 대규모 프로젝트의 경우, 많은 잠재고객에게 지속가능성은 여전히 최우선 순위가 아니다"라며, 연안 개발활동의 지속가능성을 보장하는 데 있어서 여전히 가장 중요한 것은 정부의 명확하고 강력한 규제 프레임워크라는 사실을 말한다.

고객의 요구가 아닐지 몰라도, 중요한 사실은 ECOncrete가 전 세계적으로 콘크리트 구조물 설치를 늘려 입지를 강화하고 있다는 점이다. 구조물은 현재 모국인 이스라엘을 포함해 미국 4개주, 영국, 네덜란드, 독일, 프랑스, 모나코, 홍콩 등 6대양에 걸쳐 30곳에 설치되어 있다. 이 회사는 아시아로 사업 영역을 확장하려는 비전을 갖고 있는데, 급속한 해안선 개발이 아시아에 더 만연해 있기 때문이다.

페르콜 핀켈은 "사실 규제 관점에서 볼 때 아시아는 매우 긍정적인 방향으로 움직이고 있다"고 말한다. 중국 정부는 생태학적으로 안전하고 생물다양성을 강화하는 해안이 해안선의 최소 35%를 차지해야 한다고 규정했으며, 홍콩의 중장기발전계획인 'HK 2030'에도 생태 해안선에 대한 정책 채택이 두드러지게 나타나 있다.

2019년에 ECOncrete의 획기적인 접근법은 수많은 상과 찬사를 받으며 전 세계로부터 주목을 받았다. 대표 수상으로는 패스트컴퍼니(Fast Company) 선정 '중동에서 가장 혁신적인 기업' 10위와 포브스(Forbes) 선정 '기술을 압도하는 여성 CEO 스타트업 50' 13위 등이 있다.[42]

지속가능성으로 가는 길

조직 역량 구축과 이행 모범사례

지속가능하게 리드하라
Leading Sustainably

지속가능개발목표(SDGs)는 기업조직, 특히 대기업이 행동하도록 하게 하는 글로벌 슬로건이다. 최근 많은 대기업은 지속가능개발목표 17개에 맞춰 현재 활동(운영 활동, 기업의 사회적 책임(CSR) 및 자선활동 등)을 조정하기 위해 조치를 취하려고 노력하고 있다.

그러나 조화로운 조정 단계는 아직 행동이 아니다. 어떤 기업이 이미 그러한 조정을 시작했다면, 다음 단계로 지속가능성과 SDGs 전략을 조직 내에 깊이 접목하고 실행을 추진할 수 있는 방법은 무엇일까? 그리고 (많은 기업이 그러하듯) 아직 조정하지 못한 기업이 지금이라도 시작할 수 있는 방법은 무엇인가?

다음은 기업이 직면하고 있는 문제와 함정, 그리고 기업이 이를 어떻게 극복하고 있는지에 대해 우리가 알게 된 몇 가지 중요한 교훈이다.

지속가능성으로 가는 길: 가속화 되고 있지만 여전히 가야하는 여정

조직마다 상황이 다르기 때문에 지속가능성 비즈니스 모델을 달성하기 위한 여정이 똑같을 수는 없다.

다양한 산업 시장을 이끌고 있는 리더들의 모범사례에 의지할 수도 있지만, 조직별로 여정이 각각 다르며, 기업문화, 사람, 환경, 재무상황, 전체 배치, 목표 및 연혁에 크게 영향을 받는다는 사실을 인식해야 한다. 다만 모든 조직이 꼭 해야 하는 한 가지는 자기 조직이 그 여정에서 어디쯤 있는지 이해하는 것이다.

앞서 언급한 바와 같이, 우리는 기업들이 전환을 진행하면서 많이 거쳐가는 5가지 주요 단계를 파악했다(그림 5.1 참조).

기본 수준 이해인 1단계는 자칫 '가벼운' 이해처럼 보일 수 있지만, 대부분 기업들이 여기서 막힌다. 이는 고위 경영진의 인식이 부족하거나(심지어 이해하려는 욕구도 부족) 자사의 입장에서 지속가능성이 무엇을 의미하고, 가장 중점을 둬야 할 부분이 무엇인지에 대한 합의에 도달하지 못하기 때문일 수 있다.

가장 큰 걸림돌로 꼽히는 것이 "지속가능성이 곧 기업의 사회적 책임(CSR)이

고, 그것은 곧 자선활동"이라는 사고방식이며, 이는 지속가능성을 선택적이고
비전략적인 활동으로 만든다.

그림 5.1 지속가능한 비즈니스 모델로 가는 5단계

일부 기업의 경우 CSR과 지속가능성을 같은 의미로 혼용하고 있으나, 지속가
능성이 21세기 비즈니스 모델(이익과 목적을 동등한 위치에 두는 비즈니스 모델)로
부상할 것 같은 아이디어를 더 잘 포착한다는 것이 우리의 생각이다. 즉 CSR과
SDGs, 그리고 ESG는 서로 공유하는 부분은 있지만, 현재에서는 다른 개념이다.
SDGs와 ESG가 보다 같은 의미로 중첩될 수 있으며, CSR은 기업이 취할 수 있
는 기본적인 단계의 개념에 속한다. 즉 경영진은 CSR단계에서 조직의 변화를 추
진하기 위해 지속가능성이 해결해야 할 문제를 선택사항으로 볼 것이 아니라 당
면한 결정적인 비즈니스 이슈로 보아야 한다.

미션 중심 조직과 지속가능성 개념을 일찍 받아들인 '얼리 어답터' 다국적 기
업과 몇몇의 중소기업(SME)을 제외하고, 이 연구를 통해 언급했던 대부분의 기
업은 두 번째 단계에 있는 것으로 확인되었다. 많은 기업이 SDGs 또는 기타 지
속가능성 프레임워크에 맞춰 현재 활동을 조정했으며, 요구사항을 성실히 준수

하고, 지속가능성과 관련하여 경영의 실질적 우선순위를 설정했다. 기업들은 또한 고위 경영진과 기타 주요 이해관계자들로부터 의미 있는 동의를 얻기 위해 열심히 일했다. 2단계에 도달하기 위해서는 지속가능성과 관련된 역할을 하는 사람들의 진지한 노력과 헌신이 특히 필요했다.

그러나 이러한 노력은 기업이 지속가능성을 완전히 녹여내어 '평상시와 같은 사업'과 하나가 되도록 하는 3단계부터 5단계까지의 전사적 노력에 비하면 변한 것도 아니다. 우리는 이 변화를 하나의 여정이라고 부르고 있지만, 사회와 지구가 직면한 엄청난 어려움을 고려할 때 더 많은 기업이 나서서 이 여정에 속도를 내야 한다.

다음 단계로 진행하기 위해 기업들이 중점을 두어야 할 첫 번째 질문은 "우리 조직을 모든 수준에서 완전히 지속가능한 비즈니스로 전환하고 성공적으로 관리할 수 있는 조직이 되기 위해 어떻게 관리해야 하는가?"이다.

지속가능성 개념은 모호할 수 있으며 이러한 모호성은 시간이 지남에 따라 더욱 심해질 수 있다. '지속가능성'이라는 용어는 현대적 기업 초기에는 거의 사용되지 않았으나 '선한 기업'이라는 개념에 뿌리를 두고 있으며 수년 동안 크게 발전했다. 기업의 자선활동으로 시작되었던 것이 CSR(기업의 사회적 책임)으로 발전했고, 그 다음에는 ESG(환경·사회·지배구조)로, 그리고 이제는 SDGs로 진화한 것이다. 그러므로 지속가능성이란 항상 진화하고 범위를 확장하는, 일종의 움직이는 목표물이라고 볼 수 있다.

지속가능성 분야에서 매일매일 일하는 사람들(종종 기업의 다른 기능들과 분리된 부서 및 직무에 배치되어)은 지속적인 학습곡선 위에 있다. 그들은 많은 요소들을 그냥 직관적으로 '얻을' 수 있지만 정기적으로 다른 많은 요소(상업적 목표로 하는 기업의 일반적인 업무)들을 파악해야 한다. 지속가능성이라는 비즈니스 분야는 끊임없이 발전하고 있지만, 여전히 지속가능성 역량을 폭넓고 깊이 있게 구축하는 것은 모든 기업에 있어서 중요한 도전과제이다.

어렵기는 하겠지만 지속가능성에 기반을 둔 비즈니스 모델로 기업을 전환하려면 이 점을 먼저 파악하는 것이 중요하다. 비전을 어떻게 실행해야 할지 검토하기 전에, 비전을 실행 할 수 있는 조직이 회사의 공식 조직으로 구축되어야 한다는 점이다.

변화의 시작: 과감한 리더십

CSR(기업의 사회적 책임)에서 지속가능성 활동으로 넘어오는 시작은 지속가능성 분야에서 가장 우수하고 똑똑한 사람들이 주도하는 경우가 많음에도 불구하고, 흔히 '중요하지만 사업 운영에 필수적이지는 않은' 것으로 간주되어 왔다. 최근 들어 기업 내에서 이러한 포지셔닝이 변화하기 시작했는데, 이는 점차 바뀌고 있는 고위층 임원의 사고방식에서 기인한다.

지속가능성 책임자 같은 기업 내 지속가능한 비즈니스 모델의 대변자들은 오랫동안 기업 운영 방식의 근본적인 변화를 옹호해 왔다. 그러한 어려운 과정을 거쳐 마침내 오늘날 사회와 모든 기업이 직면한 중요한 도전과제와 위험에 대해 최고경영진(C-suite)이 관심을 가지기 시작했다. 그 결과, 그들의 사고방식은 지속가능성 대변자들의 사고방식과 조금씩 동일화하기 시작했다.

몇몇 최고경영자(CEO)들은 지속가능성과 SDGs 도입을 기업이 직면한 타협할 수 없는 필수적 현실로 간주하기도 했다. 디지털 이미징 전자회사 리코(Ricoh)의 CEO인 야마시타 요시노리(Yoshinori Yamashita)가 대표적인 예이다. 그는 고객, 투자자, 그리고 자기 회사 직원 들에게 여러 차례 과감하게 다음과 같이 선언했다.

"우리는 이러한 신조에 동조하고[1] 유엔의 지속가능개발목표(SDGs)를 수용함으로써……전 세계 공동체의 지속가능성 실현을 돕기 위한 여정에 속도를 내고 있다. 비즈니스를 통해 사회문제 해결에 기여 하는 것은 기업이 번영하는 데 필수적인 요소라고 생각한다. SDGs를 실현하는 데 도움이 되지 않는 기업은 결코 살아남을 수 없다. 따라서 우리는 재무적 관점과 ESG 관점에서 우리의 비즈니스와 운영을 향상 시키기 위해 노력할 것이다.[2]"

앙지(Engie)의 전 CEO인 이사벨 코셰(Isabelle Kocher)는 프랑스의 에너지 일류 기업인 앙지를 재생에너지 모델로 전환하고 공급망 전반에 걸쳐 CSR(기업의 사회적 책임) 야망을 확장해야 한다고 과감하게 주장했다. 코셰는 최근 기사에서 "도대체 어떤 기업이 자사의 활동이 사회에 미칠 전반적인 영향을 무시한 채 이윤 추구라는 명분 뒤에만 숨을 수 있는가?"라고 강조했다. 또한 "더 넓은 환경에 대한 기대에 귀를 닫고 있는 난공불락의 요새와 같은 기업 모델은 소비자, 직원, 규제기관, 투자자라는 4개 주체가 가하는 압력 속에서 사라질 운명에 처했다고

믿는다"고 경고하기도 했다.[3]

지속가능한 비즈니스 모델을 채택하는 데 있어 실질적인 변화를 확인하려면 최고경영진의 전폭적인 지원과 적극적인 참여가 필수적이다. SDGs는 고위 경영진이 지속가능한 비즈니스 모델 채택이 가져올 긍정적인 잠재력에 대한 인식을 높이고 구체적인 행동에 전념하도록 하는 데 매우 유용한 도구이다.

C레벨(최고경영자급) 임원들은 내부적으로 지속가능성에 매진하겠다는 약속을 이행하려 애썼을 뿐 아니라 이들 중 다수는 업계를 변화시키기 위해 이를 지원하고 컨설팅 하는단체와 협력하고 있다. 향수 및 향료 산업의 핵심기업 중 한 곳은 이를 실천하고 있는 대표적인 예로 주목받고 있다.

향수·향료 일류 기업인 지바우단(Givaudan)은 2017년 그들의 프로젝트였던 '미래 생각(A Sense of Tomorrow)'으로 불리는 지속가능성 프로그램을 선보이며 새로운 접근법을 선보였다. 가장 중요한 주제를 다루는 특정 SDGs를 선정하고, 이를 달성하기 위한 3대 중점 전환영역으로 소싱, 혁신, 환경을 선정했다. 지바우단은 전략을 실행함에 있어 소싱의 중요성을 부각시킬 목적으로, 조달과 지속가능성을 이사회 산하 위원회에 통합하기로 결정했다. 이러한 핵심 사업 기능과 지속가능성의 통합은 2017년에도 간간이 눈에 띄었지만, 지금은 더 보편화되고 있다.

지바우단의 CEO 질 앙드리에(Gilles Andrier)의 전폭적인 지원에 힘입어, 이 기업의 수많은 이해관계자들 또한 지속가능성 활동에 적극 했으며, 이는 현재 '미래 생각' 프로그램의 핵심 지지자이자 향수 및 향료 산업 전반에 걸친 변화의 원동력으로 작용하고 있다. 이 기업은 업계 리더들로 하여금 조직 변신을 위해 과감한 조치를 취하도록 독려하는 역할을 했고, 동시에 글로벌 조직인 세계지속가능발전기업협의회(WBCSD)를 비롯한 다양한 단체와의 협력을 강화해 나갔다. 뿐만 아니라 다른 유명한 이해관계자를 비롯해 업계의 여러 산업협회도 고위층 임원을 지속가능경영에 참여시키기 위해 SDGs를 효과적으로 활용하고 있다.

우리와 대화를 나누었던 지속가능성 경영진 중 다수는 CEO와 다른 최고경영진의 사고를 발전시키는 매우 효과적인 방법이 경영진을 유엔 또는 관련 유관협회에 참석시켜 후속 이니셔티브에 참여하게 하는 것이라고 강조했다. 이러한 이니셔티브를 추진 중인 관계자들과 직접 접촉하는 것이 개념과 기회에 대한 흥미를 불러일으키고, 시장 및 업계의 변화에 대응하지 않는 것이 얼마나 위험할 수 있는지 보여주는 좋은 방법 중 하나라고 말했다. 전환을 시작하거나 다음 단계로 이동하려는 기업의 경우, 이러한 유형의 협회를 통해 최고경영자급 임원의 이해를 돕는것이 중요한 출발점이 될 수 있다.

최고경영자급 임원들이 지속가능성을 핵심으로 하는 명확한 비전을 제시했다고 하더라도 이들은 조직 전체가 전략 실행에 참여하고 헌신할 수 있도록 더 명확한 리더십을 가지고 있어야 한다. 이것은 기업을 둘러싼 경기가 좋든 안 좋든 사실처럼 들릴 것이다. 예를 들어 CEO가 지속가능한 비즈니스 모델로 전환하기 위한 계획을 제시했다고 가정해 보자. 분기 실적이 부진할 경우, 기업은 목적보다 이익을 중시하고 계획을 포기할 것인가?

프라이스워터하우스쿠퍼스(PwC)의 파트너인 이소가이 유이(Yui Isogai)는 이렇게 말한다.

우리는 흔히 지속가능성은 중요하며 우리가 추구하는 목적이라고 말하지만, 한편으로는 목적과 수익성이 '갈등'을 빚고, 경영진이 수익성이 더 중요하다고 말할 때 구성원들은 현장에서 다른 메시지를 받는다.

경영진이 "지속가능성은 중요하다"고 말해 놓고 막상 결정을 내릴 때는 수익성을 우선시한다면 메시지 전체가 무너지게 된다. 이런 현상은 고위층 임원이 이 목적을 중요하다고 판단함에도 불구하고 이 비전을 중간 관리직과 제대로 공유하지 않아서 발생하는 경우가 많다. 이에 따라 중간 관리직은 수익성을 선택하게 되고, 결국 일반 직원들을 좌절하고 만다. 고위층 임원에서 중간 관리직, 일반 직원에 이르기까지 일관된 메시지 전달이 매우 중요하다.

분명한 전략적 선택: 성공의 조력자

우리는 종종 최고의 디자인을 갖춘 제품을 만들거나 '세상을 바꾸는' 새로운 혁신을 시장에 선보이는 기업이 가장 성공적인 기업이라고 생각한다. 그러나 '승리하는' 기업은 특별히 더 잘하는 분야가 있기 마련인데, 바로 분명한 전략적 선택을 하는 것이다. 이렇게 말하기는 쉽지만 실행하기는 매우 어렵다.

결단력 있는 리더가 되려면 어떤 활동이나 계획을 중단하고 새로운 흥미로운 활동을 시작할지 등과 같은 어려운 선택을 해야 한다. 단기적으로 볼 때 그러한 결정은 조직 구성원들에게 불편함과 불안을 유발할 수 있다. 훌륭한 리더는 이 문제에 정면으로 맞서 해결하고 다가올 변화에 자사를 적절하게 준비시킬 수 있다. 어렵기는 하겠지만 분명한 결정은 필요하며, 특히 조직을 새롭고 더 강력히 전환된 방향으로 이끌 때는 더욱 그렇다.

지속가능한 비즈니스 모델로 전환하려 할 때는 전략적 선택에 대한 결단력이 필수적이다. 지속가능성은 이 분야와 무관한 사람들에게 모호하게 느껴질 수 있다. 오늘날 지속가능성은 마케팅, 회계, 운영, 재무 및 인사와 같은 핵심 기능에만 간신히 통합된다. 직원들은 지속가능성에 중점을 둔 조치가 일상 업무에 어떤 영향을 미칠지, 아니면 지속가능한 비즈니스 모델이 회사에 새로운 기회를 제공할 수 있을지 확신하지 못하는 경우가 많다.

이러한 불확실성은 기업조직이 지금보다 혁신적인 사업을 추진하는 데 방해가 될 수 있다. SDGs가 기업에 동기를 부여하는 것은 입증되었지만, 한 자릿수로 딱 떨어지는 몇 가지 목표만 있는 게 아니라 무려 17개나 있다! 17가지 모두에 대해 조치를 취할 필요는(적어도 단기적으로는)없지만, 무려 17개나 되는 SDGs와 2030 의제의 추진방향은 많은 기업조직에게 압도적으로 보일 수 있다. 그렇기 때문에 리더가 회사의 비전을 직원들에게 영감을 주고 행동을 유도하기 위해 몇 가지 구체적이고 일관된 결정으로 세분화하는 것이 중요하다.

코카콜라사(Coca-Cola)는 지난 수년간 지속가능한 방향으로 꾸준히 나아가려고 노력하고 있다. 사람들에게 세계에서 가장 유명한 음료제조사에 대해 물었을 때 대부분 먼저 떠올리는 브랜드는 빨간 라벨의 코카콜라일 것이다. 지금 그 회사가 사업 포트폴리오의 진화를 위해 의미 있는 변화를 만들어 나가고 있다.

코카콜라사는 생수, 물 기술에서 커피와 차를 포함한 식물성 음료에 이르기까지 다양한 제품군을 바탕으로 그들이 지지하는 보다 지속가능한 '종합 음료 포트폴리오' 모델을 향해 나아가고 있다. 포트폴리오의 이러한 변화는 소비자들에게 더 많은 선택권을 제공할 뿐 아니라 전 세계 소비자가 직면한 심각한 건강 문제를 해결하기 위한 것이기도 하다.

코카콜라사의 정부 및 대외 이해관계자 관계 담당 이사인 제니퍼 래글랜드(Jennifer Ragland)는 "코카콜라는 소비자 중심의 회사지만, 소비자 행동을 변화시키는 것은 소비자 자신이다"라고 말했다. 또한 "우리는 기능성 음료와 혼합음료, 그리고 소비자들이 요구하는 다양한 종류의 음료를 출시함으로써 다양화를 진행 중이다."라면 "사람들의 음료 선호도에는 변동성이 많고, 설탕 함량을 줄이고자 하는 바람도 크기 때문에 우리는 그러한 다양화에 적응해 나가고 있다." 강조했다.

그 결과, 코카콜라사는 자사 브랜드의 설탕 함량 문제 해결을 최우선 과제로 삼았으며, 최근에는 첨가당 섭취량을 하루 섭취 열량의 10% 미만으로 제한하라는 세계보건기구(WHO)의 권고를 받아들여 긍정적인 조치를 취했다. 현재까지 이 회사는 전 세계적으로 700개 이상의 브랜드의 성분배합비율을 변경했으며, 소비자의 '섭취량 조절' 성향을 돕고 이 전략을 지원하기 위해 '날렵하게 생긴 미니캔'과 '미니병'을 사용하고 있다.

이러한 움직임은 조직 구성원들에게 목적을 전달하는 리더십의 훌륭한 사례이다. 예를 들어 회장 겸 CEO인 제임스 퀸시(James Quincey)가 미니병 생산이 단지 지속가능성을 위해서가 아니라, 코카콜라가 원래 가진 특별한 순간을 위해 '더 특별한 즐거움'이라는 본래 생각으로 돌아가는 과정이라고 설명한다고 가정해 보자. 그 결과, 다양해지는 소비자 욕구 및 음료 선호도에 즉각 대응하여 포트폴리오를 다변화하고 음료 성분배합비율을 변경하기 위해 회사 리더의 명백하고 정당한 결정에 코카콜라사 직원들은 더 쉽게 공감하고 동참할 수 있다.

더 주목할 만한 조치로, 일본 최고의 주택 건설기업 중 하나인 세키스이 하우스(Sekisui House)는 많은 회사들이 뛰어들기 몇 년 전에 완전히 지속가능한 사업전략에 착수했다. 2008년 글로벌 금융위기 이후 회사의 영업이익률이 급감하자 세키스이 하우스 경영진은 2050년까지 주택 수명주기 전반에서 발생하는 탄소 배출량을 '제로(0)'로 만들기로 결정했다. 이 결정은 일본의 주택 건설에 대한 일반적인 접근법에서 탈피하여 '친환경 주택' 건설에 거의 전적으로 주력하겠다는 것을 의미했다.

2018년 10월 개최된 '일본 기후행동 정상회의(Japan Climate Action Summit)'에서 세키스이 하우스의 환경홍보 부서 담당 임원인 이시다 켄이치(Ishida Kenichi) 박사는 "우리는 사후 대응에 그칠 것이 아니라 사전 예방을 원한다. 또한 우리의 목표는 고객의 욕구를 이해하고 대응하기 위해 노력함으로써 고객, 즉 주택 소유자인 최종 사용자를 행복하게 만드는 것이다. 우리 회사에게 이것은 탄소 배출량과 에너지 사용량을 줄이고, "2100년 지구 평균온도 4℃ 상승"이라는 온난화 경고에 대응할 수 있는 주택을 개발하는 것을 의미한다."고 말했다.

그 후에 아카사카에 있는 도쿄 지사 사무실에서 만났을 때 이시다 박사는 "세키스이 하우스 경영진은 친환경 주택에 대한 소비자 수요가 생각보다 상당히 높기 때문에 우리가 비록 최고급 자재와 디자인으로 집을 지은 후 가격을 프리미엄급으로 책정하더라도 팔릴 것이라고 믿었다"고 당시 상황을 설명했다. 세키스이 하우스는 2009년 '그린 퍼스트' 모델을 통해 새로운 사업전략을 신속하게 구현하기 시작했으며, 2018년까지 신축 주택의 79%가 제로에너지홈(ZEH) 개념 기반으로 지었다.[4]

그 선택과 회사의 적극적인 후속 조치에 힘입어 세키스이 하우스는 큰 성과를 거두었다. 이 기업은 일본에서 업계 선두 자리를 공고히 했고, 미국과 호주 등 해외사업을 확장했으며, 2009~2017년 영업이익률은 3배 가까이 늘어 9%에 달했고, '매우 만족'이라고 답한 고객 비율이 10% 증가했으며, 신축 주택의 이산화탄소 배출량 감소폭은 2009년 43%에서 2018년 82%로 대폭 늘었고, 다우존스 지속가능경영지수(DJSI) 주택건축 부문 평가에서 최고등급 기업으로 선정됨으로 월드지수 상위권에 이름을 올렸다.

그럼에도 지속가능한 비즈니스 모델로 전환하기로 결정한 기업은 힘든 선택을 할 준비가 되어 있어야 한다. 우리는 지금까지 지켜본 바에 따르면, 지속가능성을 리스크 관리 이슈로 격하시키는 것이 아니라 오히려 기회로 보는 기업조직이 성공하기 적합한 위치에 있다고 믿는다. 이러한 유형의 기업조직의 리더는 자신의 미래가 사회 발전과 불가분의 관계에 있음을 이해한다. 이를 통해 그들은 조직에 부담스러운 의사결정이 아닌, 더 이상 타협할 수 없는 정당함으로 받아들이게 된다.

━ 지속가능성 역량 구축을 위한 체계적인 접근법

다른 비즈니스 분야와 마찬가지로 지속가능성을 위한 역량을 구축할 때도 체계적인 접근법이 필요하다. 마케팅 부서에 브랜드 계획을 수립하고 실행해 본 경험도 없고 교육도 받지 않은 마케팅 초보자를 보내거나 회계팀 인턴에게 오래된 주요 고객의 재무감사를 맡기는 것은 전례가 없다. 우리가 보기에 지속가능성 훈련도 다를 바 없다. 역량을 키우려면 체계적인 접근이 절대적으로 필요하다.

지속가능성이 핵심적인 역할을 하도록 여러 조직과 일해 온 조직전략 전문가 질다 살라(Gilda Sala)는 체계적인 접근법을 강조하며 이렇게 말한다.

"조직 내에서 지속가능성을 추진하고 사람들이 이를 구현하도록 하려면 잘 정의되고 이해하기 쉬운 핵심성과지표(KPI)가 필요하다. 조직 구성원들을 훈련시켜야 하며, 훈련 시 체계적인 방식으로 접근해야 한다. 하지만 실제로 그렇게 하는 기업이 많지 않은 것이 현실이다."

질다 살라는 또한 지속가능성이 조직 전반을 관통하고 나아가도록 하는 상당히 명확하고 체계적인 방법이 있다고 알려준다. 여기서(그림 5.2) 그 방법을 설명하겠다.

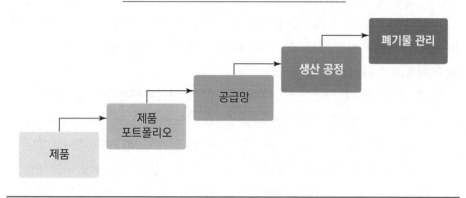

조직의 비즈니스 활동을 통한 지속가능성의 발전

폐기물 관리

생산 공정

공급망

제품
포트폴리오

제품

그림 5.2 조직의 비즈니스 활동을 통한 지속가능성의 발전

CSR(기업의 사회적 책임) 및 자선활동과 같은 활동은 거의 항상 사회적 문제를 해결하기 위한 기업조직의 첫 번째 시도이다. 의도가 정직하다면, 활동을 펼치는 기업조직 모두가 목표를 성공으로 이끌기 위해서 기업 운영에 지속가능성을 통합해야 한다는 것을 깨닫게 된다. 이러한 진화를 바라보는 살라의 관점은 기업이 관리할 수 있는 것이라면 무엇이든('제한된 포트폴리오 또는 사업 분야' 포함) 먼저 전환해 나가야 한다고 말한다. 대부분 기업에서 이것은 다양한 제품 또는 서비스 포트폴리오로 접근법을 확장하기 전에 상황을 살피기 위한 첫 번째 친환경 또는 지속가능한 제품군을 의미한다.

도표의 위로 올라갈수록 그림은 더 복잡해진다. '공급망' 단계에 이르러서는 셀 수 없이 많은 프로세스가 있는데, 대기업일 경우 공급업체도 굉장히 많다. 이러한 복잡성은 그 기업의 직접적인 공급업체뿐만 아니라, 이 공급업체에 제품 투입 또는 기타 서비스를 제공하는 또다른 모든 공급업체를 조사해야 하는 단계다.

이 단계를 거치며 올라가는 것은 기업조직이 전환을 준비시키기 위해 가장 먼저 시작할 수 있는 곳이 어디인지 생각해볼 수 있는 방법이 될 수도 있다. 예를 들어, 이러한 전환과정에서 어떤 이해관계자가 참여해야 하는지, 어떤 비즈니스 프로세스를 조정해야 하는지, 구체적으로 어떤 활동을 시작하거나 접어야 하는지, 또는 누가 어떤 교육을 받아야 하는지 등에 집중할 수 있는 방법을 제공한다. 이러한 변신을 성공시키기 위해서는 수많은 프로세스와 비즈니스 활동이 조정되어야 한다. 기업조직이 비즈니스 활동 측면에서 지속가능성 변화에 접근하는 방식을 이해할 경우, 조직의 역량을 구축하기 위한 단계적 접근법이 적절히 계획되고 배치하기가 쉬워진다.

조직 내에 지속가능성 역량을 접목시키기 위해서는 체계적인 접근법을 취하는 것이 핵심이지만, 변화에 '모든 사람이 동참하도록 하는 것' 또한 매우 중요하다. 프라이스워터하우스쿠퍼스(PwC)의 이소가이는 "조직에 지속가능성 역량을 어떻게 접목시켜야 할지 고민 중이라면 올바른 핵심성과지표(KPI), 보고라인 및 지배구조 체계를 갖춘 구조적 접근방식을 취하는 것이 중요하다"고 강조한다.

그럼에도 불구하고, 직원들의 참여가 조금이라도 부족할 경우, 이러한 시스템은 비효율적이고 무의미해질 수 있다. 지위고하를 막론하고 조직 내 구성원 전원을 참여시켜야 한다. 그러나 전세계에는 수만 명 이상의 직원을 거느린 대기업이 많기 때문에 이는 매우 어려운 일이 될 수 있다. 따라서, 체인지메이커(changemaker)를 양성하여 그 변화가 다른 영역, 더 나아가 결국에는 조직 내 개인에게 계단식으로 전달될 수 있도록 해야 한다. 모든 사람이 동일한 비전과 메시지를 이해하고 전달할 수 있도록 하는 것이 중요한 일이다.

전문 팀 조직

이 책을 위해 인터뷰한 기업 중 대부분이 지속가능경영으로 나아가기 위한 가장 큰 난제 중 하나가 지속가능 관련 담당 인력의 양성이라고 지목했다. 앞서 논의한 바와 같이 대기업에는 대부분 숙달된 지속가능성 관련 부서가 있다. 지속가능성에 중점을 둔 팀의 구성원은 해당 분야에 관한 지식이 풍부하고 전문가 집단과의 연계도 잘 되어있다. 그러나 우리가 주목한 부분은 종종 이런 부서가 규모가 너무 작거나 다른 사업 기능과 동떨어져 있다 점이다.

성공을 주도하려면 전 부서에 지속가능성에 관한 지식을 일반화하는 방법을 모색해야 한다. 경영 관리 프로그램 전반에 변화를 주기 위해서는 지속가능성을 장려하고 심지어는 다른 직원이 이런 노력에 전적으로 동참할 수 있도록 격려하는 핵심 인력을 반드시 보유해야 한다. 그렇다면 조직은 C 레벨 경영진이 가치를 내건 지속가능 전략을 강력히 실행할 수 있는 인재를 어떻게 찾고 양성할 수 있을까?

기업의 규모를 떠나 지속가능 프로그램 실행은 근로자들이 생소하게 느끼는 주제로, 시기가 적절하다는 이유로 혹은 임무를 부여하기 위한 여타 흔한 이유를 들어 아무나 담당자로 지명해서는 성공하기 어렵다. 지속가능성은 상대적으로 새로운 분야이므로 아직 모호한 요소가 많기 때문에 잠재력이 있는 직원이 스스로 자원하게 하는 것이 가장 좋은 방법이다. 이런 직군을 채용할 때에는 많은 경험보다는 관심이 우선시되어야 한다.

이와 같은 방식으로 제프 터너(Jeff Turner) 역시 40개 국가에 지사를 두고 영양, 건강, 지속가능한 삶 관련 사업을 하는 네덜란드의 다국적 기업 DSM의 지속가능 본부 상무를 맡게 되었다. 약 10년 전 DSM의 CEO 페이케 세이베스마(Feike Sijbesma)는 인도주의 국제기구인 세계식량계획(World Food Programme)과의 논의 끝에 경영 방향을 전환해야겠다고 느끼고 회사의 고위 경영진에게 지속가능경영 책임자 임명 건을 각 사업부서에 전달하도록 지시했다.

이 지침을 전달받았을 때 터너는 DSM 사업부 중 한 곳에서 전략본부장을 맡고 있었다.

> "나는 나의 역할과 사업에 대한 소명이 기업의 무형 가치를 관리하는 것이라고 느꼈기 때문에 바로 자처해서 나섰다. 지속가능성이 기업의 무형 가치에 핵심적인 공헌을 할 것이라고 생각했다.
> 즉, 사회적·환경적 활동은 그 브랜드가 상징하는 바와 조직의 역량에 대한 커다란 무형의 가치가 된다는 점을 인식했다."

10년 동안 터너는 지속가능성 본부의 상무를 훌륭히 역임하고 있으며 DSM은 지속가능성 분야에서 선도적인 대기업 중 하나로 평가되고 있다.

━ 인재 발굴: 지속가능성 중심의 풍부한 교육

경영진은 미래 지속가능 사업의 기획 및 관리 업무를 맡을 인력이 아직 회사에 합류하지 않았다는 사실을 금세 깨달을 것이다. 그래도 한가지 좋은 소식은 지속가능한 기업에서 일하고자 하는 욕구가 더욱 큰 젊은 세대(특히 Z세대)는 기업에 입사하여 진실한 가치를 추구하려는 마음가짐, 동기, 열정을 이미 갖추고 있다는 점이다.

이전보다도 더 많은 이들이 지속가능성 이면의 개념을 접하고 있다. 여러 글로벌 이니셔티브가 밀레니얼 세대를 비롯해 전 세계 청소년에게 근본적인 가치로서 지속가능성을 소개해왔기 때문이다. MDG 채택 이후 15년 동안 유네스코(UNESCO)는 세계 각지에서 전 연령을 대상으로 지속가능발전교육(ESD: Education for Sustainable Development) 프로그램을 운영하여 지속가능 실천을 지원했다.

유네스코는 "학습자가 다양한 문화를 존중하면서, 현 세대와 미래 세대를 위해 환경적으로 온전하고, 경제적으로 생존 가능하며, 정의로운 사회를 이루기 위한 올바른 결정과 책임 있는 행동을 할 수 있도록"[5] 그러한 역량을 강화하고자 지속가능발전교육을 추진했다. 프로그램의 목적은 모든 행동을 기본적으로 지속가능성의 관점에서 바라보며 사회에 공헌할 차세대 시민을 육성하는 것이다.

미국에서는 4명의 진로 교육자가 초등 수준부터 시작하는 프로젝트 기반 학습을 통해 SDGs와 지속가능성을 널리 알리고자 기획한 이니셔티브인 TeachSDGs를 발표했다. TeachSDGs는 SDGs에 관한 지식을 더욱 널리 전파하기 위하여 교사가 프로그램에 적극 참여하고 학생들이 목표에 맞게 행동하도록 역량을 강화시킬 것을 권장한다.

기술은 TeachSDGs의 목표 달성을 위한 강력한 도구이다. TeachSDGs는 교사와 학생의 노력을 촉진하고 성공적으로 이끌기 위하여 촉매제가 될 수 있는 기술을 탐구한다. TeachSDGs의 공동 창립자 제니퍼 윌리엄스(Jennifer Williams)는 "우리는 많은 교육용 기술 회사와 제휴하는데 그 이유는 이런 회사들이 범세계적 목표를 교실에서 다루는 방법을 찾으려는 동기가 큰 것으로 보이기 때문"이라며 다음과 같이 덧붙였다. "초등 수준을 대상으로 하는 교육 기관은 기술을 활용하여 학생들이 목표에 맞게 행동할 수 있도록 지원하는 방법을 모색하고 있다. 가령 디지털 스토리텔링을 해보도록 유도하거나 화상회의를 하는 것이다."

윌리엄스가 함께 일하고 있는 단체 중 하나는 엠파티코(Empatico)다. 엠파티코는 건강 스낵 브랜드 카인드 스낵스(Kind Snacks) 산하 비영리 단체에서 만든 디지털 플랫폼이다. 두 단체는 기술 노하우와 지속가능성에 대한 통찰력을 주고받는 상호 호혜적 관계에 있다. 이에 관해 윌리엄스는 다음과 같이 설명한다.

> "엠파티코는 공감이라는 주제로 화상회의를 통해 2020년까지 초등학생 100만 명을 연결하는 것을 목표로 한다. 수업을 점점 더 많이 개설하고 있으며 우리는 글로벌 교육자 150명과 함께 출발하여 2020년까지 3,500명과 제휴하는 것을 목표로 하고 있다. 이들은 TeachSDGs의 직원과 연계하여 수업을 듣고 수업을 목표에 맞게 조정한다."

지속가능성이라는 주제는 세계의 선구적인 석·박사 프로그램의 의제를 신속하게 바꾸어 놓았다. SDGs가 강조하는 많은 문제를 해결하는 것이 경영, 과학, 교육, 의료보건 등 분야에 상관없이 미래의 리더를 배출하는 길이라는 인식하에 전 세계 대학이 비즈니스 맥락에서 지속가능성에 집중한 교육 과정 개설을 늘리고 있는 것이다. 또 심지어는 지속가능성에 초점을 둔 경영학 학사 및 석사 과정도 있다. 기업의 전략과 운영에 필연적으로 적용해야만 하는 지속가능 프레임워크와 방법론을 개발하기 위해, 대학은 중요한 관련 분야의 연구를 확장하고자 기관 및 연구소에 투자하고 있다. 눈에 띄는 몇 가지 사례로는 옥스퍼드 대학교의 지속가능 금융(Sustainable Finance) 프로그램, 뉴욕대학교의 스턴 지속가능경영센터(Stern Center for Sustainable Business), 코넬 대학교의 지속가능 글로벌 기업 센터(Center for Global Sustainable Enterprise), 스탠퍼드 대학교의 지속가능 발전 및 글로벌 경쟁력 센터(Center for Sustainable Development & Global Competitiveness)가 있다.

많은 세계 유수 기관이 지속가능 중심의 교육 과정, 프로그램, 연구소를 기획하고 추진하는 가운데, 기업은 이와 같이 잘 알려진 고등 교육기관에서 벗어나 처음부터 지속가능성이 DNA에 깊이 새겨진 다른 기관을 찾는 방법도 생각해볼 수도 있다.

아시아여성대학교(Asian University for Women)가 그런 경우에 속한다. 아시아여성대학교는 개발도상국의 젊고 우수한 여성에게 높은 수준의 대학 교양 교육을 제공하기 위해 약 10년 전 방글라데시 치타공(Chittagong)에 설립되었다. 의류 공장 노동자와 같이 환경이 어려워 고등 교육을 받지 못하는 젊은 여성을 대상으로 한 '약속을 향한 경로(Pathways to Promise)'라는 유명한 프로그램과 같은 예비대학 교육 프로그램도 갖추고 있다. (더 자세한 내용은 아래 관련 기사 "신흥시장의 차세대 여성 리더를 육성하는 높은 수준의 교육에의 접근" 참고)

신흥시장의 차세대 여성 리더를 육성하는 높은 수준의 교육에의 접근

현재 니르말라 라오(Nirmala Rao) 부총장이 이끄는 아시아여성대학교(Asian University for Women)가 경쟁력 있는 교육기관으로 부상하고 있다. 니르말라 라오 교수가 취임한 지 2년 만에 아시아여성대학교는 등록 학생수가 520명에서 990명으로 증가했고 생물정보학과, 금융학 등과 같은 과목과 학위를 다양하게 추진하고 로힝야 난민과 같은 소외 계층을 대상으로 한 교육을 확대했으며 대학교의 장기 성장 목표를 확고히 하고 최상의 교육을 제공하기 위한 지배구조를 마련했다.

그 결과 아시아여성대학교는 옥스퍼드, 콜롬비아, 스탠퍼드, 런던 대학교 등 세계 유수 대학의 석사 및 박사 과정을 밟는 전도유망한 차세대 리더를 계속 배출해내고 있다. 더욱 중요한 것은 이 젊은 여성들이 아시아여성대학교의 교육 과정과 해외 석박사 과정을 통해 얻은 지식과 경험을 토대로 그들의 고국, 도시, 마을에 환원하고 있어 여성 자신분만 아니라 고국에도 도움이 되고 있다는 점이다.

아시아여성대학교는 비즈니스계에서 미래 인재를 배출하는 주요 기관으로 고려되어 골드만 삭스(Goldman Sachs), 애보트(Abbott), 이케아 재단(IKEA Foundation), 메트라이프(MetLife), 다케다 제약(Takeda Pharmaceuticals), 매리어트(Marriott), 유니클로(Uniqlo)와 같은 기업들이 장학금 및 재정적 지원과 인턴십을 제공하고 있으며 정규직 채용도 제안하기 시작했다.

아시아여성대학교와 같은 기관을 살펴봄으로써, 기업은 SDGs가 목표로 하는 지속가능 과제를 (직접 일상에서) 해결하는 실질적 경험을 배우는 우수한 교육과 인재를 발굴할 수 있다. 아시아여성대학교의 라오 교수는 "우리는 소외된 지역 사회의 젊은 여성들 속에서 인재를 찾고 양성하기 위해 노력한다. 아시아여성대학교는 교육을 받을 기회가 전혀 없었던 여성에게 폭넓은 교육의 기회도 제공한다"고 말했다.

이런 배경과 지원 하에서 아시아여성대학교의 졸업생은 보다 지속가능한 비즈니스 모델로의 전환을 추구하게 되므로 기업에 가치 있는 통찰력과 현실적인 경험을 제공할 수 있다.

평생에 걸친 학습 또한 지속가능 실천의 강력한 요소가 될 수 있다. 특히 다국적 기업은 매년 상당한 재원을 마케팅, 프로젝트 관리, 전략, 리더십, 사업 기획과 같은 주제를 위한 교육과 역량 개발 프로그램에 투입하고 있다. 무엇보다 이제는 여기에 지속가능 관련 프레임워크, 사례, 측정 및 적용 도구 등도 반드시 포함되어야 한다. 그러나 이 분야의 지식과 최적의 실천은 아직 일반적으로 합의된 표준과 프레임워크가 활발한 상태는 아니므로, 앞으로 더 중대한 변화가 일어날 여지가 있다. 기업은 직원들이 지속가능 관련 기술을 정기적으로 업데이트하고 필요에 따라 각자의 업무에 적용할 기회를 제공할 플랫폼을 찾아야 한다.

다행히 유엔, 유엔 대학교, 온라인 학습 플랫폼 edX 등 수많은 플랫폼이 정기적으로 관련 콘텐츠를 제공하며 직원의 역량 개발을 돕는 온라인 도구를 제공하는 경우도 있다. 기업은 이런 콘텐츠를 재구성하는 방법을 찾고 조직에 가장 최적화된 지식 및 역량 개발 접근법을 모색하기 위해 습득한 다른 학습 콘텐츠를 활용 할 수 있다.

━ 다중 이해관계자 중심의 접근법

이 책에서 앞서 언급했듯이 아직 이해관계자 중심 중요성 평가를 하지 않았다면 이를 진지하게 고려해 볼 것을 강력히 권한다. 중요성 평가는 사업에 가장 밀접한 지속가능 이슈를 식별하는 데 도움이 될 뿐 아니라 이를 수행하기 위해서 이전에는 고려하지 않았던 이해관계자 접근 방식을 취하게 된다.

기업은 고립된 단일 운영체가 아니다. 보다 더 큰 시스템의 일부로 수많은 이해관계자와 관계를 맺고 관련된 책임을 지닌다. 이런 이해관계자가 지속가능 비즈니스 이슈를 어떻게 평가하는지 이해하는 것, 더 정확하게 말하자면, 이해관계자가 내부적으로 적용하는 가치와 기업이 내부적으로 적용하는 가치가 어떻게 다른지 보는 작업은 추진하고자 하는 모든 지속가능 전략을 성공시키기 위해 반드시 필요하다. 이를 이해하고 나면 가치와 부합하는 분야를 집중적으로 갈고 닦거나 가장 밀접한 이해관계자가 기업의 비전을 지지하도록 참여를 유도하는 전략을 고안할 수도 있다. 이런 방식의 중요성 측정은 어려울 수 있다. 하지만 지속가능 계획의 성공 여부는 내부 조직만큼이나 외부 파트너에 의해서도 크게 좌우된다.

덴마크 제약회사 노보 노디스크(Novo Nordisk)는 오랫동안 다중이해관계자 접근을 고수해왔다. 지속가능 중심의 경영 모델을 일찍이 수용한 것으로 잘 알려진 노보 노디스크는 명료한 비전 제시와 이해관계자와의 협업이 어떻게 기업 시스템에 내·외부적으로 긍정적인 결과를 가져오는지 보여주는 최고의 사례다. 노보 노디스크는 사업 결정 및 전략에 지속가능성을 깊이 염두에 두었으며 전략 이행에 있어 파트너의 중요성을 명확히 인지하고 있었다. 기업 지속가능성 담당 부사장인 수잔 스토머(Susanne Stormer)는 다음과 같이 파트너의 가치를 강조했다.

"우리는 새로운 설비를 건설할 위치 선정과 같은 투자 결정을 할 때 환경 및 사회적 파장을 우려한다. 우리는 중요한 질문을 던진다. 사용할 수 있는 수원이 있는가? 재생가능 에너지 수급을 기대할 수 있는가? 건강이나 안전 문제는 없는가? 지역 경제에 어떻게 이바지할 것인가? 혼자서는 이런 난제(wicked problem)를 해결하지 못한다는 것을 안다. 따라서 이런 곤란한 문제[6]를 해결하려면 한 회사가 혼자서 동원할 수 없는 체계적인 접근과 숙달된 역량이 필요하다."

노보 노디스크는 전 세계 환자에 유용한 솔루션을 제공하기 위해 뜻이 같은 조직을 연결하는데 성공했을 뿐만 아니라 같은 분야에 속한 조직이 지속가능경영으로 더욱 빨리 전환할 수 있게 만들었다. 2007년 노보 노디스크는 (업계 최초 중 하나인) 덴마크 에너지 기업 오스테드(Ørsted)와 파트너십을 맺고 에너지 절약 및 청정에너지 투자를 약속했는데 이 두 가지 모두 노보 노디스크의 핵심 목표였다.

처음 파트너십을 맺었을 때 오스테드는 화석 연료와 재생가능 에너지 비율을 85% 대 15%로 나누었다. 오스테드의 Horns Rev 2 풍력단지에서 생산한 에너지를 구매하겠다는 노보 노디스크의 약속은 오스테드가 2020년까지 '탄소 제로'를 목표로 삼고 전적으로 재생가능한 자원에서만 전력을 생산하도록 전환하는 큰 계기가 되었다. 이런 협업은 노보디스크와 오스테드가 자체 에너지 소비 방식을 바꾸도록 영감을 주었을 뿐만 아니라 두 기업 모두에게 다음과 같은 주목할 만한 결과를 초래했다.[7]

- 노보 노디스크 덴마크 공장의 에너지 소비량은 과거 10년 동안 20% 이상 감소했다.
- 노보 노디스크는 에너지 비용을 덴마크화로 2억 7천만 크로네($4,230만) 절감했다.
- 파트너십으로 인한 에너지 효율 조치 덕분에 탄소배출량이 200,000미터 톤 줄었는데 이는 덴마크 220,000가구의 연간 탄소 배출량에 해당한다.

오스테드와의 협업은 노보 노디스크가 우선순위를 정하고 목적을 달성하기 위해서 시행한 여러 이니셔티브 중 하나일 뿐이다. SDGs가 온라인에서도 다뤄지자 노보 노디스크는 이해관계자의 참여와 협업이 더욱 중요해질 것이라고 예상했다. 모든 지속가능 비즈니스 전략의 실행은 언뜻 봐서는 관련이 없는 것 같은 이해관계자를 포함하여 다양한 범위의 이해관계자 참여를 요구한다. 다중 이해관계자 접근은 비교적 간단하게 회사를 성공적으로 포지셔닝하는 유일한 방법이다.

업계의 공동 행동 역시 상당한 영향을 불러 일으킨다. 성공적인 사례로는 지속가능 의류연합(Sustainable Apparel Coaliation)이 의류 업체의 정확한 지속가능성 성과 측정을 돕기 위해 개발한 히그 지수(Higg Index)이다.

이 지수는 처음에는 월마트(Walmart)와 파타고니아(Patagonia)라는 의외의 조합으로 시작하여 현재 200개 이상의 회원을 보유하고 의류 디자인, 생산, 유통 과정에서의 지속가능 성과를 평가하는 국제 표준으로 자리잡았다.[8] (히그 지수에 관한 자세한 설명은 6장 참고)

산업계에서는 항상 새로운 공동 연합이 형성된다. 또 다른 연합은 소비자와 공급망에 영향을 미치는 다양한 문제를 해결하기 위해 출범한 소비재 포럼

(Consumer Goods Forum)으로 70개국에 400개 이상의 회원을 두고 있다.[9] 최근 몇 년간 지속가능성 관련 아젠다는 의미 있는 방식으로 격상되어 사막화, 식량, 플라스틱 폐기물, 냉매로 인한 기후 변화와 같은 주제를 다뤄야할 주요 주제로 끌어들였다.

2018년 제24차 유엔기후변화협약 당사국 총회(COP24)에서 채택된 '기후행동을 위한 패션산업헌장(Fashion Industry Charter for Climate Action)'이라는 최근 사례도 있다. 여러 목표 중 하나는 2030년까지 온실가스 배출량 30% 감축하는 것이다. 이 헌장은 과학기반목표 이니셔티브의 방법론에 기초하여 산업계의 탈탄소 경로를 분석하고 설정하기 위한 약속이다. 푸마 에스에(PUMA SE)와 H&M 그룹(H&M Group)이 주도한 이 헌장에 서명한 기업은 현재 50개 이상이다.[10]

H&M 그룹의 지속가능 담당이자 팀 리더인 헨드릭 알펜(Hendrik Alpen)은 다음과 같이 밝혔다. "공급망과 전 세계 에너지 정책에 대한 접근방식의 변화를 보고 싶다면 협업을 해야 한다."

현재 산업계의 공동 이니셔티브가 넘쳐나는 것은 기업이 더이상 이런 전환을 위해 스스로 개척자가 될 필요가 없다는 의미이기도 하다. 기업이 이용가능한 지원세력, 정보, 잠재적 파트너, 기타 자원이 이미 존재한다. 이런 추세와 시장 전반을 개선할 기회에 관해서는 다음 장에서 다루도록 하겠다.

▬ 글로벌에서 '로컬'로의 유연성

지역, 국가, 그룹 기업

본 연구에서 인터뷰한 국제적 기업이 밝힌 가장 어려운 도전과제 중 하나는 중앙집중적으로 제정되는 글로벌 지속가능 전략을 전 세계에 있는 계열사로 확장하는 방법이다. 기업 내에서 지속가능 실천을 이끌고 있는 이들은 그 중요성이 전 세계에 걸쳐 다양하게 나타난다는 점을 지적했다.

이들은 아시아 국가와 아프리카나 중동과 같은 신흥 시장에서 환경 문제나 성 평등, 삶의 질, 경제적 공정성과 같은 사회적 이슈가 이제 막 중요하게 다뤄지기 시작했다는 것을 알았다고 말했다. 또한, 일부 국가는 이러한 문제를 완전히 다른 방식으로 단순하게 바라보는 것 같다고 생각했다. 반면 유럽 국가는 이런 이슈에 대해 더 높은 수준의 직원 인식, 이해, 관심을 보이는 경향이 있으므로 직원들은 기업이 지역별, 상황별로 어느 정도로 지속가능을 실천할 의지가 있는지 더욱 알고 싶어한다.

이렇게 서로 다른 관점하에서는 전 지역에 걸쳐 동일한 비전을 수립하거나 핵심 이니셔티브 실행을 요구하기가 어렵다.

활동하는 시장 수가 제한적인 기업은 별 문제를 못 느낄 수도 있지만, 실상은 그렇지 않다. 여러 시장에서 '물리적' 존재감이 없더라도 지속가능 노력을 추진하기 위해서 함께 연계해야 하는 해외 공급망이나 해외 고객이 있을 수 있다. 해외 고객은 기업 자체에 집중하기보다는 글로벌 네트워크에 좀 더 통합되어 있어서 외부 공급사가 더 많은 노력을 하도록 압력을 넣을 수도 있다.

본 연구를 통해 특히 지속가능 실천을 꽤 오래 이행해온 기업 중에 SDGs에 회의적인 기업도 있다는 점을 발견했다. 그러나 우리의 관점에서 봤을 때 SDGs는 지속가능 전략을 지역적 또는 신흥 시장에 적용할 때 꽤 유용한 플랫폼이다. 모든 국가가 어느 정도 공감하는 보편적인 테마를 가지고 SDGs의 일부 측면을 파악할 수 있다. 그리고 보편적인 테마는 다른 문화와 맥락 사이에 가교가 되는 공통적인 프레임워크를 제공한다.

소니(Sony)는 매일 수많은 시장에서 업무를 처리해야 한다. 약 150개국에서 117,000명의 직원이 영화, 음악, 게임, 금융 서비스, 각종 전자제품 및 서비스라는 다양한 분야에 종사하고 있다. 소니와 같이 복잡한 비즈니스에 개입하고 조정하는 것은 매우 어려운 일이다.

소니는 이런 복잡함을 해소하기 위해 '로드 투 제로(Road to Zero)'라고 명명한 글로벌 전략을 실시했다. '로드 투 제로'는 단순한 지속가능 전략이 아니다. 제품과 비즈니스 활동에 있어 2050년까지 환경에 미치는 영향을 제로(Zero Environmental Footprint)로 달성하기 위한 광범위하고 적극적인 계획이다. 이 프로그램은 두 가지 주요 영역에 집중한다.[11]

1. 환경 활동: 탄소 배출이 제로인 제품으로 전환, 원자재 제거를 통한 자원 보존, 환경에 악영향을 미치는 위험요소를 피하기 위한 화학 물질 관리, 생물종 다양성 증진.
2. 라이프 사이클: 공급망, 혁신, 제품/서비스 기획 및 디자인, 운영, 원자재, 부품 조달, 물류의 전 단계에서 2050년까지 환경에 미치는 영향 제로 달성, 수거 체계 'Take Back' 및 리사이클링.

손을 대고 있는 지역과 산업이 너무 많아서 소니의 본거지인 도쿄를 제외한 다른 지사에서 이 같은 이니셔티브를 시행하고 약속하기는 매우 어려운 일처럼 보인다. 그러나 소니는 계열사와 지사가 해당 주제에 관여하고 행동에 옮기도록 두 가지 필수 단계를 제시했다.

앞서 언급했듯이 강력한 리더십은 성공의 첫 번째이자 가장 필수적인 요인이다. 요시다 겐이치로(Kenichiro Yoshida)는 CEO로 임명된 지 얼마 지나지 않아 사내 블로그에 올린 첫 게시글에서 지속가능성을 언급하고 지속가능경영에 대한 강한 의지를 재확인했다. 요시다는 지속가능성에 맞춘 변화를 주도했는데, 100% 재생가능 전력 사용을 약속하는 RE100에 서명하고 대내외적으로 지속가능성의 핵심 측면으로서 사회적 가치의 중요성을 자주 강조했다.

또 다른 핵심 접근방식으로 소니는 지사 경영진의 개입에 초점을 두었다. 이 과정은 전체 목표를 달성하는 데 필요한 운영상의 변화를 모의해보는 백캐스팅(backcasting) 접근방식에서부터 시작하여, 성공적인 미래 결과를 미리 설정하고 그 결과를 위해서 무엇이 필요한지 거꾸로 재구성해보는 방식이다. 소니는 이러한 방법을 통해 더욱 상세한 5개년 계획 목표를 수립했다.

백캐스팅은 하향식은 아니다. 그러나 글로벌 경영진은 지역 계열사 및 각 그룹의 임원진에게 실현 가능한 행동과 세부 목표에 대한 노력을 요구해야 한다. 이런 노력이 합쳐져 글로벌 계획을 성공적으로 개발할 수 있게 된다.

당연히 지역 단위의 전략과 행동은 글로벌 목표에 기여해야 하며 조직의 광범위한 전략과 가치에 부합해야 한다. 그러나 지속가능 전략이 각 전역에 걸쳐 시행되면 브랜드-포트폴리오 전략, 금융, 운영 등 비즈니스의 다른 영역에서 하듯이 지역의 특색에 맞게 각색하여 수용해야 한다. 상아탑만을 추구하는 접근법은 효과가 거의 없을뿐더러 지속가능성과 SDGs의 시작이 사회적 각 지역에서 먼저 시작되는 경우에는 특히 위험하다.

소니 전자 미국 지점의 기업환경안전건강본부장 케이코 요코야마(Keiko Yokoyama)는 이렇게 밝혔다. "글로벌 이니셔티브와 목표를 함께 내세울 때, 우리는 현지 지사와 이해관계자에 의한 목표 설계에 근거하여 그 지역적인 관점을 가지고자 한다. 지속가능 전략은 글로벌 목표를 중심에 두더라도 지역별로 실행 가능한 업무를 통해 진행하는 경향이 있다."

― 행동, 평가, 조정

사업을 새로운 방향에 맞추어 조정하는 것은 항상 어려운 일이다. 이 새로운 방향이 사업의 접근방식을 근본적으로 바꾸는 경우라면 더욱 그렇다. 지속가능 경영 모델로 전환을 시작했다면 훨씬 앞서 나가고 있는 다른 기업의 좋은 사례를 이해하는 데 시간을 할애하며, 그 과정을 보다 견실하게 만들기 위해 언제든 사용할 수 있는 도구와 기법을 학습하고, 잠재적인 파트너로서 안내자 역할을 할 수 있는 산업 내·외의 이해관계자 관계도 구축해야 한다.

인터뷰한 기업 대부분이 현재 사업 활동을 SDGs에 맞춰 정렬하거나 지속가능성 전략에 관한 커뮤니케이션에 적지않은 시간을 들이고 있다. 이 작업은 대단히 중요하다. 그러나 전략과 계획에 너무 많은 시간을 들이면 실질적인 행동을 취하지 못하고 위험 회피 성향만이 증가하여 타성에 젖게 된다. 간단히 말해서, 계획을 실천에 옮기는 것이 중요하다. 3장에서 HSBC 지속가능경영부서의 CFO 레베카 셀프(Rebecca Self)가 한 말을 기억하라. "완벽해지기 기다리지 마라. 가장 최적의 활동 측정 프레임워크 고르기에 함몰되지 마라. 이 부분에서는 언제나 약간의 시행착오가 발생한다."

기업의 가장 성공적인 행동이 극적이거나 현란하지 않은 경우가 있다. 오히려 단순하고 직관적인 행동이 가장 효과적일 수도 있다. CEO가 SDGs의 중요성을 강력하게 주장하는 기업 리코(Ricoh)는 지속가능성을 직원의 일상적인 역할과 책임에 직접 연관시키고자 시도하고 SDGs와 지속가능성에 대한 직원의 이해를 심화하기 위해 노력해왔다.

리코의 지속가능경영본부 상무를 맡았던 세르지오 카토(Sergio Kato, 현재는 상업 프린팅 기업의 전무)는 최근 영업 제안서에 SDGs를 결합한 세일즈 캠페인을 추진했는데 이는 본 연구를 통해 접한 사례 가운데에서도 가장 흥미로운 이니셔티브이다. 그 이유는 리코의 모든 영업 직원은 제안서 첫 장에 SDGs를 추가하고 고객에게 제품과 프로모션을 영업할 뿐만 아니라 필요하다면 SDGs도 설명해야 한다.

유엔 2030 의제를 알지 못하는 많은 고객은 리코가 채택한 새로운 컨셉에 곧장 주목하며 더 알고 싶어했다. 이로써 리코의 영업팀은 리코의 SDGs를 위한 헌신, 사업전략 조정, 고객에게 보여주는 제품과 서비스와의 연관성에 관한 논의를 이끄는 주체가 되었다. 이제 영업 직원은 단순한 제품 판매를 넘어서, 경쟁사와는 확연히 차별화되는 기업의 견해를 대변하는 역할을 맡고 있다.

처음 만난 자리에서 카토는 캠페인에 대해서 설명하며 그의 요구가 있었던 첫 주에 영업팀이 SDGs를 포함한 4,900개의 제안서를 제출했다고 언급했다. 그는 일주일도 채 지나지 않아 30,000개가 넘는 SDGs를 결합한 제안서를 수리했다고 다시 연락해왔다.

한 달 후 토쿄 오타구 외곽에 위치한 리코의 본부에서 그를 만났을 때 카토는 캠페인이 성공적으로 진행되고 있다는 사실에 흥분을 감추지 못했다. "한 달 만에 영업팀은 57,585개 제안서를 제출했다. 한 사람당 16개를 제출한 셈이다." 카토는 캠페인의 실제 효과에 대해 더욱 기뻐했다. "이제 리코가 지속가능성 프로그램과 SDGs를 논의할 때 고객들과 일반 시민들은 리코를 진지하게 받아들일 것이다."

리코는 전환율을 바탕으로 이 캠페인의 성공 여부를 평가하는 중이다. 그러나 전환율만이 캠페인을 평가하는 유일한 지표는 아니다. 조직 내에 SDGs에 관한 지식을 신속히 전파했다는 점에서도 굉장한 성공이었다. 이를 위해서 영업 직원은 SDGs와 리코가 여기는 SDGs의 중요성을 이해하고 학습해야 하는데 이런 과정은 기업 내부적으로도 그렇지만 외부적으로도 고객에게 기업의 지속가능 노력을 대변할 지식이 있는 인력을 양성한다.

리코의 캠페인처럼 행동에 나설 때, 해당 노력의 성과를 효과적으로 평가할 시스템이나 기법을 확실히 갖추고 있어야 한다. 다른 비즈니스 기능과 마찬가지로 KPIs, 메트릭, 가능한 경우 경쟁력 있는 벤치마크, 채점표를 정기적인 비즈니스 검토에 결합하는 것이 필수적이다.

완전한 지속가능 비즈니스 모델을 달성하도록 성과를 추적하기 위한 모델을 가진 사례도 있다. 대만의 최대 부동산 중개개발업체인 신이 리얼티(Sinyi Realty)는 지속가능성에 대해 경영기획 부서가 주관하고 CEO에게 보고하는 견고한 평가 모델을 갖추고 있다. 사업 계획 내에서 평가 책임을 유지함으로써 신이 리얼티는 필요한 데이터와 보고를 더 잘 활용할 수 있다. 회사는 GRI의 지속가능 보고 표준을 활용하기로 했고 측정 접근법에 있어 탁월한 노력을 보여준 유니레버(Unilever)의 선례를 따르기로 했다.

타이베이에 위치한 Sinyi Realty의 지속가능부장 니코 첸(Nico Chen)은 다음과 같이 말했다. "보고서 작성을 위해 외부 자문을 받는 대만의 다른 기업들과 다르게 우리는 GRI 지침을 참고하고 유럽과 미국의 지속가능 선도기업을 본보기로 삼아 기업 자체적으로 보고서를 작성한다. 이런 지침을 바탕으로 탄소발자국 감소, 직원 전환율, 여성 임원 비율, 성과를 확인하기 위한 기타 지표를 추적한다."

평가 단계는 기업의 또 다른 난제일 수 있다. 끊임없는 평가와 분석에 파묻혀 지치지 않는 것이 중요하다. 평가 단계에서는 어떤 행동도 촉발하지 않아야 한다.

관리자는 이니셔티브를 신속히 조정하거나 새로운 이니셔티브를 모색하거나 둘 다 가능하도록 자원을 확보하기 위한 로비를 할 수 있어야 한다. 인터뷰했던 많은 회사처럼 더 높은 수준의 지속가능 전략과 운영 전환 프로그램을 마련하는 경우, 이는 더욱 필요한 부분이다. 기업 활동의 근간을 전략적으로 지속가능하게 만드는 데 성공한 기업은 다른 기업보다 더 빨리 '행동-평가-조정' 주기를 거치게 될 것이며 결국 업계의 리더로 부상하고 비즈니스의 핵심 부문에서 긍정적인 결과를 얻을 수 있다는 의미다.

━ 고객에게 전파하기

기업이 소매 단위에서 고객을 대면할 일이 없다 할지라도 모든 비즈니스는 급격히 변하는 일용소비재(FMCG), 의류, 소매 은행업에서와 같이 어떤 방식으로든지 대중을 최전선에서 만나야 하는 직원과 연결되어 있다. 이들의 행동은 갈수록 증가하는 행동주의적 투자자와 어느 정도 접촉이 불가피하다. B2B, B2C, B2B2C인지와 관계없이, 지속가능성이 급속도로 최우선 순위가 되어가는 복잡한 비즈니스 환경에 대응하기 위해 기업의 역할을 이해해야 한다. SDGs 채택은 시급한 행동을 촉구하며 해당 주제를 이전보다도 더 강조하고 있다.

그러나 모든 소비자가 지속가능성에만 집중하는 것은 아니라는 점을 주의해야 한다. 세계 곳곳의 많은 소비자들이 더 지속가능한 제품과 서비스를 원한다고 말은 하지만 과연 이런 제품과 서비스의 구매 결정에 있어 어디까지 감수할 수 있는지는 대부분의 기업들에게 불확실한 영역이다. 소비자는 더 많은 돈을 낼 의사가 있을 수 있다. 하지만 얼마까지 더 낼 수 있는가? 10%인가? 50%인가? 아니면 100%인가?

선진 시장의 소비자 대부분은 편리함에 기반한 생활방식, 즉 편리한 포장에 익숙해져 있다. 제철만이 아니라 연중 내내 먹을 수 있는 음식. 값싸고 트렌디하면서 쉽게 구입할 수 있는 옷(패스트 패션). 소비자가 이런 습관을 버리고 사회와 지구에 더 나은 소비 모델로 전환할 의지가 있을까?

소비자는 이런 질문에 대해 여전히 갈등하는 것으로 보이며 아무리 작더라도 자신의 행동이 어떻게 환경과 사회에 중대한 영향을 미칠 수 있는지 잘 이해하지 못하고 있을 수 있다. 이와 관련해 자주 언급되는 사례는 패스트 패션이다. 최신 스타일의 옷을 적은 비용으로 구매하려는 소비자의 욕구로 인해 패스트 패션은 매년 1인당 약 20벌을 새로 구매할 정도로 성장했다.[12] 이 중 60%는 화석 발전 의존도가 높은 인도와 중국에서 생산된다.[13] 지속가능경영을 시작한 기업은 이해관계자와 마찬가지로 소비자와 고객을 따라가기보다 앞서서 이끌어야 한다는 게 현실이다.

이탈리아 소비재 선두주자인 볼튼 그룹(Bolton Group)은 이런 난제를 눈에 띄게 극복했다. 볼튼 그룹은 가족기업으로 126개국에서 식품, 가구 및 세탁, 접착제, 개인 미용 용품 및 웰빙, 화장품의 다양한 브랜드를 내세워 빠른 속도로 일용소비재의 파워하우스가 되어가고 있다.

볼튼 푸드(Bolton Food)는 볼튼 그룹의 통조림 및 육가공업체로 오랜 역사를 가지고 있다. 유럽을 기점으로 점점 더 많은 시장에서 선도적인 위치를 구축하고 있다. 기업의 이런 입지를 강화한 것은 강력한 인수합병 전략과 더불어 볼튼 푸드의 지속가능 발전본부장 루치아노 피로바노(Luciano Pirovano)가 기치를 내건 브랜드의 지속가능한 모델 전략이었다.

볼튼 푸드의 이런 전략은 광범위해서 사업전략, 공급망, 시장진입계획(go-to-market) 활동의 모든 측면을 다룬다. 주 판매 시장은 유럽이지만 볼튼 푸드의 공급망은 전 세계적으로 퍼져있다. 지속가능 접근을 취하려면 2024년까지 지속가능 어업의 비율을 현재의 50%에서 100%로 전환하겠다는 등의 불가능할 것 같은 미래 공약을 내걸어야 한다. 이런 이유로 볼튼 푸드는 2019년에 인수한 트리마린(Tri Marine)과 같은 중요한 공급사를 포함하여 공급사의 지속가능한 소싱으로의 전환을 장려해왔다.

이런 대대적인 운영 전환 방법은 크게 성공적이었으며 솔로몬 제도에 있는 트리마린의 생산 설비에서도 최고의 지속가능 어업 시스템을 구축할 수 있었다. 이를 위해 추가로 그 지역의 주민 1,000명을 고용하여 지역민의 삶에도 유의미한 변화를 가져왔다.

볼튼 푸드의 이런 행보가 10년 전에 처음 시작되었다는 점을 기억하기 바란다. 더 친환경적인 제품에 관심이 있는 소비자들이 있다는 점에서 볼튼 푸드는 소매 고객을 주목했다. 모든 소비자가 그렇진 않지만 볼튼 푸드의 경영진은 지속가능 모델로 나아가는 것이 브랜드를 위한 가장 좋은 장기 전략이라는 점을 깨달았다.

루치아노 피로바노는 "지속가능성의 결과는 장기적으로 봐야한다. 우리는 현재 긴 트랙의 중간쯤에 있다. 가족기업이라는 점이 도움이 된다. 가족이 이 (전환의) 가치를 이해하는 것도 매우 중요하다." 그는 지속가능경영으로 전환한 이래로 눈에 띄는 성과가 있었지만, 기업의 여정은 아직도 진행형이라고 언급했다. "인내할 줄 알아야 한다. 결과를 얻기까지는 시간이 걸린다. 이런 인내심이 있어야 올바른 방식으로 이행할 시간을 가질 수 있다."

수산자원은 점점 더 위협을 받고 있으며 수산업계 내에서도 지속가능 어업 모델이 미래에 가능한 유일한 결과라는 믿음이 커지고 있다. 소비자는 남획의 문제점을 인지하면서도 진열대에서 지속가능한 통조림 제품을 자연스레 찾지 않을지도 모른다.

피로바노는 "소비자는 수산물의 남획이나 해양자원의 고갈에 대해서 알고 있다. 그러나 '진실의 순간'이 왔을 때 소비자들은 이것이 얼마나 중요한 문제인지 정확히 이해하기는 어렵다"고 말하며 고객이 자체적으로 제품 구매 결정을 하는 순간을 묘사했다.

가격과 다른 요인이 작용한다. 스마트폰과 디지털 기술로 인해 특히 젊은 세대 사이에서 지속가능성에 대해 궁금해하는 사람이 많다. 그러니 소비자의 관심이 증가하는 건 알고 있지만, 한편으로는 그들에게 이러한 정보와 사실을 전파할 필요가 있다.

현실에 대응하기 위하여 볼튼 푸드는 일반 시민을 대상으로 한 지속가능 어업 인식 개선으로 활동 영역을 넓혔다. 소비자 인식을 개선하기 위하여 세 가지 핵심 행동을 실행했다. 첫째, 지속가능 어업의 표준을 제정하는 NGO인 해양관리협의회(MSC: Marine Stewardship Council)로부터 매우 엄격한 인증을 받았다. 2016년에는 동종업계의 지속가능성을 증진하기 위하여 세계야생동물기금(WWF)와 제휴를 맺었고 세 번째로 2020년까지 '집어장치 없이 잡은(FAD-free)' 수산물의 비율을 50%까지 달성하기로(즉, 집어장치를 사용한 어업량을 줄이기로) 약속했다. 이 세 가지 행동은 갈수록 소비자의 요구 수준이 높아지는 기업의 '언행일치(walk the talk)'로 향하는 매우 중요한 움직임이었다.

볼튼 푸드의 경험에 기반하여 피로바노는 "위대한 브랜드는 (소비자에게) 지속가능 어업, 인증받은 어장이 의미하는 것이 무엇인지 설명할 수 있어야 한다"고 생각한다.

볼튼 푸드는 남획 문제에 대한 소비자 인식을 제고하는 캠페인을 통해 신뢰할만한 목소리가 되었으며 다른 경쟁사와 차별화된 긍정적인 브랜드 이미지를 구축함으로써 이점을 얻었다.

─ 커뮤니케이션의 힘

17개 SDGs의 큰 장점 중 하나는 그것을 보여주는 방식에 있다. 색감을 활용한 간단한 구조와 쉽게 이해할 수 있는 용어를 사용하여 기업이 복잡한 지속가능개발목표 개념을 전달하는 데 매우 유용한 프레임워크로 부상했다. 선도기업이 비즈니스 커뮤니케이션에 SDGs를 통합하는 방법에 대한 우리의 최근 연구에 따르면 조사한 기업 중 80%가 지속가능보고서나 연차보고서에서 SDGs를 언급했다. (2장 그림 2.4 참고)

이는 지속가능성에 대한 기업의 참여를 독려하는 좋은 신호지만 연구 결과, 커뮤니케이션을 개선하려면 아직 기업이 (특히 내부적으로) 할 일이 많이 있다는 점도 알게 되었다. 조직 내 해당 주제에 대한 지식을 성공적으로 전파하기 위해서는 SDGs에만 의존해서는 안 된다. 앞서 언급한 바와 같이 CEO의 목소리가 지속가능경영으로의 전환에 중요한 역할을 하지만 단순히 CEO가 지속가능 전략의 중요성을 천명하는 것 외에도 커뮤니케이션 도구를 마련해야 한다.

기업의 현주소와 미래 목표를 강조하고 기업이 지속가능과 관련해 무엇을 해야 하는지 정기적·체계적으로 소통하기 위해서 기업 내 협력 캠페인이 필요하다. 이때 지식과 역량은 대부분 기업의 경우 지속가능담당 직원과 팀에 크게 좌우되기도 한다. 기업이 행동을 장려하려면 이런 부분에서 변화가 필요하다.

더 지속가능한 방향으로 비즈니스를 전환하는 대범한 결정에 관하여 모범이 되는 모델로서 비상장 기업 총수들이 부각되는 경우가 종종 있다. 그중 한명을 예를 들면, 경영자 가족을 중심으로 운영하는 폐기물 관리업체 레이근 셀스(Ragn-Sells)의 CEO 라스 린덴(Lars Lindén)은 순환경제에 완전히 공헌하기로 약속했다. 레이근 셀스는 폐기물 관리와 재활용이 그 전통적인 중요성에도 불구하고 그동안 산업 공급망 내의 핵심 활동이 아니었으나, 순환경제 시대에는 근본적인 변화가 있을 것으로 보았다. 머지않아 폐기물 관리업체는 대부분 기업의 핵심 파트너로 떠오를 것이다. 린덴은 "잘 생각해보면, 폐기물 순환은 사라질 것이다"라고 말했다.

오늘날 폐기물 관리와 재활용 산업에서 우리는 본질적으로 중간자의 역할을 맡고 있다. 그러나 미래에는 새로운 사회적 흐름에 깊이 관여하게 될 것이다. 누군가는 이런 새로운 가치 사슬을 발견해야 한다. 누군가는 선형적이 아닌 순환적인 변화를 촉진해야 한다. 이것이 우리가 우리의 전략, 우리의 사업 방식, 미션과 비전에서 맡은 역할이다.

레이근 셀스와 폐기물 산업의 미래에 대한 린덴의 비전을 뒷받침한 것은 수석 지속가능성기업책임대외협력직을 맡은 파르 라르샨스(Pär Larshans)가 설계한 그룹의 핵심 가치를 내세운 내부 캠페인이었다. 지속가능 실행자로서 오랜 경력을 지닌 라르샨스는 조직의 핵심 가치를 사회, 환경, 공공 투명성의 교차점에 놓음으로써 핵심 가치를 정의하고 전파를 돕는 '승리 공식(Victory Formula)'을 개발했다(그림 5.3).

"'승리 공식'은 승리자를 만들기 위한 것이지만 사회의 난제인 세상이 발전하

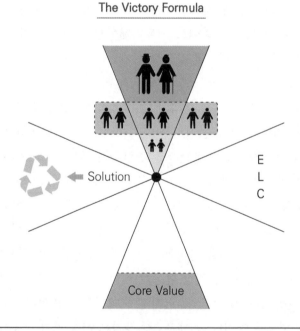

The Victory Formula

그림 5.3 파르 라르샨스의 '승리 공식'은 기업이 핵심 가치를 정하고 이를 교육(E), 로비(L), 커뮤니케이션(C)을 통해 조직 내부와 사회에 전파할 때 인류 전체에 이익이 되는 적절한 솔루션을 만들어 낼 수 있다고 제안한다.

출처: 제공-Pär Larshans.

는 방식을 이해하는 데서 시작한다." 라르샨스는 윈스턴 처칠(Winston Churchill)의 '승리의 V' 사인에 영감을 받아 이질적인 요인이 어떻게 공동의 접점으로 모여드는지 상상해 보았다. 라르샨스는 내·외부적으로 적절한 메시지 전달의 필요성을 이해하기 위하여 외부로부터 시작하여 기업메시지 전달 문제에 대해 수준 높은 전체론적인 관점을 보여준다. 그는 "모두 커뮤니케이션을 위한 것이다"라고 말했다. "사회가 더 투명해질수록 기업의 입장에서는 위기에 대응할 시간이 부족하여 문제가 발생한다. 그러므로 애초에 옳은 일을 해야 한다."

라르샨스에게 있어 첫번째 접점은 고객뿐만 아니라 잠재적으로 직원까지 포함한다. 그는 최근 폭스바겐(Volkswagen)의 배기가스 조작 사건을 예로 들어 최근에 일어나는 문제에 대해 이야기했다. "오늘날 폭스바겐이 안고 있는 가장 큰 문제는 '어떻게 하면 젊은 세대가 폭스바겐에서 일하고 싶게 만들 수 있을까'하는 점이다. 폭스바겐의 미래를 책임질 수도 있었던 똑똑한 인재들은 거기서 일하고 싶어하지 않는다. 왜냐하면 그런 인재들은 회사에 의존하지 않기 때문이다. 보다시피 사회의 투명성이 강화되면서 기업이 직접 나서서 옳은 일을 하도록 압박을 받고 있다." 그는 사회의 새로운 투명성을 적용하기 시작해야 할 곳은 조직 내부라고 말했다.

교육으로 시작한다. 핵심 가치를 창출하기 위하여 조직원을 교육하고 라인 관리자가 그것을 듣게 만들어야 한다. 그렇게 함으로써 모든 직원이 고객의 수요를 염두에 두고 각자의 일을 하며 직접 결정을 내릴 수 있고 그 과정에서 자신이 사회에 어떻게 공헌하는지 알 수 있다. 만약 그 내용이 직원의 업무와 연관성이 더 많다면, 해당 직원은 사회에 공헌하는 바에 대해 가치를 더 잘 이해하고 느끼게 된다. 어쩌면 그 업무를 위해 좀 더 일하려 할 수도 있고 기업을 더 잘 홍보하려고 할 수도 있을 것이다.

리코의 사례와 유사하게 기업의 사회적 역할에 대한 전체론적인 비전 제시는 모든 직원이 이해할 수 있는 핵심 가치를 개발하고 직원이 자발적으로 나서서 회사의 이야기를 들려주고 싶어하는 홍보대사가 되도록 돕는다.

기업이 (그 어느 때보다도) 공개용 문서에 지속가능 행동을 증명하기 위해 그에 맞는 도구로서 SDGs를 활용하는데, 최근 이런 기업들이 연차보고서보다 독자적으로 발간하는 지속가능 보고서에서 SDGs를 강조하는 경우가 더 많다는 점을 다시 한번 언급하고 싶다. 조사 대상 기업 중 약 30%만이 일반 연차보고서에서 SDGs를 '의미 있게' 논의했다.

지속가능성은 더 일반적인 맥락에서 자주 언급되는 것은 사실이나, 아직 이 부분은 더 개선의 여지가 있다. 유엔 글로벌 콤팩트는 최근 회원을 대상으로 한 조사에서 응답자의 55%가 아직 재무보고서에 지속가능성 메트릭을 적용하지 않고 있다고 밝힌 바 있다.[14]

재무보고서, 특히 연차 재무보고서는 어쩌면 기업(특히 공기업)이 가장 두드러진 방식으로 외부와 소통하는 커뮤니케이션 도구일 것이다. 이런 격차가 발생하는 이유는 많은 기업이 아직 적절한 메트릭 세트(기업 활동 영향의 측정 방식)를 찾지 못했기 때문이고, 통상적으로 합의 된 측정 접근법이 생길 때까지 특정 주제에 관해 논하기를 꺼리기 때문일 수도 있다. 물론 보고서는 기업이 활용할 수 있는 하나의 외부 커뮤니케이션 도구 세트일 뿐이다. 그러나 이런 결과는 내부 커뮤니케이션에 대해, 앞에서 언급한 점처럼 지속가능성에 관하여 기업이 외부 커뮤니케이션 영역에서 해야 할 일이 여전히 많다는 것을 보여준다.

━ 답은 내부에서 나오지 않을 수 있다

앞서 논의한 바와 같이 최근 몇 년 사이에 지속가능 제품과 서비스에 대한 소비자의 관심이 상당히 높아졌다. 소비자는 갈수록 자연·환경 친화적이거나 건강, 웰니스(Wellness), 유기적 이로움이 있는 제품을 '신뢰할 수 있는 브랜드에서 구매' 하고 싶다는 의사를 표출하고 있다.[15] 소비자가 지속 가능 제품과 서비스에 돈을 더 지불할 의지가 있음을 보여주는 증거도 있다. 이런 정서는 다양한 인구 집단에 걸쳐 공통으로 드러나지만, 가치 변화를 가장 견인하는 집단은 MZ 세대이다.

지속가능한 제품에 돈을 더 지불할 의사가 있다고 밝힌 MZ 세대는 73%였으며 다른 연령대 인구 구성에서, 평균 66%가 이와 같이 응답한 것과 비교된다.[16] 점점 늘어나는 지속가능성에 대한 관심 덕분에 투자 업계의 판도도 변하고 있어 이 책에서 앞서 언급했듯이 신·구세대 투자자가 함께 사회적 이슈를 금융 영역에 접목한다고 강조했다.

마지막으로 각종 협회와 NGO, 그리고 정부까지도 대중의 인식 개선을 위하여 부단히 애쓰고 있다. 2018년 9월 기준으로 유럽 내 72,227개의 제품이 EU(유럽연합) 에코라벨(Ecolabel)을 획득했다. EU 에코라벨은 1992년에 제정되어 26개의 품목군에 대한 친환경 마크를 부여한다.[17] 이런 이니셔티브는 일부 국가에서는 성공적이었지만 아직 개선의 여지가 있는 국가도 있다. 가령 유럽 전역에 걸친 EU 에코라벨에 대한 인식 수준을 보면 프랑스는 66%인 반면 체코 공화국은 16%일 정도로 그 편차가 다양하다.[18] 에코라벨은 소비자가 제품의 지속가능성에 대한 가이드로서 살펴보는 전 세계 수많은 인증 중 하나일 뿐이다.

새롭고 혁신적이고 지속가능한 제품 및 서비스가 세계적으로 확산될 수 있었던 것은 지속가능 제품과 서비스에 대한 관심이 빠르게 증가하고 사회·환경 문제에 대한 인식이 제고되었기 때문이다. 이 같은 소비자 인식을 중심으로 사업을 키워나가며 생겨나는 신규 브랜드는 기성 브랜드의 성장 속도를 능가하고 있는데 특히 일용소비재와 의류 업계에서 이런 현상이 두드러진다.

기성 회사가 스타트업을 위협으로 여겨온 것은 사실이나, 최근에는 스타트업을 또 하나의 기회로 바라보기 시작하면서 기성 브랜드와 신규 브랜드 사이에 인수합병이나 협업이 다소 늘었다. 2016년 유니레버(Unilever)가 생활용품기업 세븐스 제너레이션(Seventh Generation)을 인수했고, 2018년에는 SC 존슨(SC Johnson)이 생활용품업계에서 떠오르는 또 다른 기업 Method(메소드)를 인수, 그리고 2006년 펩시(Pepsi)가 네이키드 주스(Naked Juice)를 인수한 사례가 있다.

제너럴 밀스(General Mills), 펩시, L'Oréal(로레알)을 비롯한 회사들은 꽤 오랜 시간 포트폴리오에 지속가능 제품을 포함해왔다. 유니레버는 이런 식의 접근을 가장 잘 보여주는 사례로 여러 지속가능 브랜드를 인수했으며 지난 수년간 지속가능경영에 관하여 참고가 되는 회사로 부상했다. 하지만 여전히 많은 기성 기업이 성공적인 지속가능 브랜드를 설립하기 위해 신뢰성, 유연성, 노하우가 부족한 실정이다. 그러한 단점을 보완하고자 지속가능 브랜드를 인수하여 운영하면서 탄탄한 신규 수익창출원으로 삼을 수 있을 뿐 아니라 더 작지만 기민한 회사로부터 얻은 가치 있는 교훈을 기업의 다른 브랜드나 핵심 기능으로 확장할 수 있다.

이런 접근은 B2B에도 유효하다. 물론 이는 지속가능을 더욱 중요시하는 신규 고객 집단에 지속가능 역량을 증명해 보이거나 관계를 맺을 수 있는 공급망 파트너와의 재무적 통합이나 인수를 의미할 수도 있다.

물론 이런 접근에 리스크가 존재한다. 인수한 브랜드의 신뢰도 하락, 문화적 충돌, 운영 면에서의 차이, 강압적인 인수자에 의한 근시안적인 시각 등 실패를 낳을 수 있는 여러 측면이 있다. 그러므로 성공적인 인수를 위해서 인수기업과 피인수기업 모두에게 이로운 운영 모델을 고안하기 위해 명확하고 잘 구성된 절차를 거쳐 인수 계획을 신중하게 실행해야 한다.

다음 장에서는 공동 행동을 통해 더 대대적인 변화를 촉발할 힘을 지닌 '지속가능 혁신을 위한 중점 산업'을 구체적으로 알아보겠다. 그러나 우선 이 장에서 다룬 내용을 복습하기 위해 지속가능경영으로의 전환을 가속할 수 있는 10가지 핵심 행동을 다음과 같이 정리했다.

━ 지속가능성 달성 방법

1. 경영진의 개입 및 승인

조직을 야심 차게 혁신하려면 고위 경영진의 강력하고 헌신적인 리더십이 있어야 성공할 수 있는데 지속가능 모델로의 전환도 예외가 아니다. 아직 고위 경영진이 완전히 참여하지 않았다면 업계 수준에서 경영진의 참여를 늘릴 기회를 찾아야 한다. 그렇게 해야 경영진은 동종업체, 파트너, 경쟁사가 지속가능 모델로 어떻게 진화하고 있는지 좀 더 수준 높은 관점으로 바라볼 수 있을 것이다.

2. 명확한 전략적 선택

지속가능 비즈니스 모델로 전환하고자 하는 기업은 어려운 선택을 할 준비가 되어 있어야 한다. 지속가능성에 대한 이해는 일반적으로 조직 내 해당 영역 전문가에 국한되어 있다. 그러므로 직원, 고객, 다른 이해관계자에게 방향성을 명확히 제시하기 위하여 명확하고 결단력 있는 선택을 내리는 것이 중요하다.

3. 역량 강화를 위한 체계적인 접근

대부분 기업은 조직 측면에서의 지속가능성이나 지속가능성이 사업에 어떻게 적용되는지에 대한 이해가 없다. 조직의 다른 이니셔티브를 시행할 때와 마찬가지로 체계적인 접근을 통해 역량을 강화해야 한다. 계획을 실행하기에 앞서 포함해야 할 이해관계자, 적용해야 할 비즈니스 절차, 필요한 KPIs, 시작하거나 마무리해야 할 활동, 필요한 훈련에 대해서 충분한 시간을 들여 결정해야 한다. 또한, 반드시, 비전을 확고히 할 조직 내 담당자를 지정하고 조직의 전 분야에 핵심 메시지를 완전히 투영하고 이해를 도모해야 한다.

4. 전문 팀 조직

지속가능성을 중심에 두고 기업을 운영하려면 많은 경영진과 직속 직원이 현재 가지고 있지 않은 기량이 요구될 것이다. 각양각색의 기관, 네트워크, 교육 경험을 가진 젊은 세대 인재는 지속가능 비즈니스 모델에 더 잘 준비되어 있고 잘 적응할 역량을 보유한 상태로 기업에 합류한다.

이런 변화를 이끌 인재를 조직 내부에서 발굴하고자 할 때, 지속가능성에 관심이 있고 이런 전환을 통하여 비즈니스를 이끄는 역량을 강화할 의지가 있는 인재를 찾아야 한다. 해당 업무에 자원할 수 있게 하고, 단지 시기가 적절하다는 등의 형식적인 이유로 업무를 배치하기보다는 성과기반의 인재 관리 접근방식이 성공적인 기업 포지셔닝에 더 효과적이다. 또한, 기존 직원에게 적절한 투자를 해야 한다.

5. 다중이해관계자를 위한 접근방식 추구

기업은 수많은 이해관계자와 관계를 맺고 관련된 책임을 지니는 큰 시스템의 일부이다. 중요성에 대한 조직의 관점을 이해하는 것이 중요할 뿐만 아니라 이해관계자가 누구인지 알고 그들에게 중요한 것이 무엇인지 아는 것 또한 중요하다. 이해관계자의 관점을 이해할 때, 가치와 부합하는 분야를 집중적으로 갈고 닦거나 가장 밀접한 이해관계자가 기업의 비전을 지지하도록 참여를 유도하는 전략을 고안할 수도 있다. 상호 호혜적인 분야 발굴과 협업 기회 모색은 추구하고자 하는 전략의 내용과 상관없이 성공적인 전환에 도움이 될 것이다.

6. 글로벌 전략을 현지(로컬)에서 실행할 때 유연성 필요

다양한 문화, 경험, 시장 역학, 관점을 다루는 기업이 하나의 비전을 중심으로 조직을 정렬하거나 핵심 이니셔티브를 전 지역에 걸쳐 실행하는 것은 매우 어려운 일이다. 브랜드 포트폴리오 전략, 재무, 운영에서와 같이 지속가능 중심 전략도 현지 환경과 상황에 맞게 적용해야 한다. 지속가능개발에 대한 보편적이고 이해가능한 프레임을 제공하는 SDGs를 활용하여 본사에서 멀리 떨어진 현지 직원들의 참여를 높일 수 있다. (이에 대해서는 후술).

7. 행동-평가-조정

이런 노력을 시작하거나 확장하고자 하면 동 산업 및 기타산업에서 최고의 사례를 찾아 이해하는 데 시간을 들이고, 그 과정을 보다 견실하게 하기 위한 도구와 기법을 학습하고, 잠재적인 파트너가 될 수 있는 이해관계자와 관계를 구축해야 한다. 그러나 전략과 계획을 세우느라 행동이 지연되어서는 안 된다. 행동-평가-조정의 주기를 숙달해야 한다. 즉, 영향을 미칠 것으로 생각되는 행동을 식별하고, 행동의 효과를 포괄적으로 평가하기 위해 사용할 도구와 프레임워크를 배치하고, 필요에 따라 전략을 조정한다. 지속가능 모델로의 성공적인 전환은 이 주기를 숙달하는 능력에 달려 있다.

8. 고객에게 확산

지속가능성에 관한 고객과 소비자의 지식은 놀라울 정도로 늘었지만, 그들은 이를 제품 구매 결정 과정에 어떻게 적용해야 할지 여전히 갈등하고 있으며 아무리 작더라도 자신의 행동이 환경과 사회에 어떻게 중대한 영향을 미치는지 완전히 이해하지 못하고 있을 수 있다. 기업이 보다 지속가능한 제품과 서비스를 통해 전달하고자 하는 가치에 대하여 B2C 맥락에서 소비자와 고객에게 확산하는 것이 핵심 활동이 되어야 한다.

9. 목표 정렬을 위한 SDGs의 활용

SDGs는 보편적인 목표로서 색감을 활용한 이해하기 쉬운 용어와 개념으로 제시된다. 그러나 목표가 17개나 된다. 따라서 기업에 가장 중요한 몇 가지 목표를 추린 후 이미 만들어진 SDGs 프레임을 사용하고, 계획의 중심에 해당 목표를 놓고, 내부 조직과 외부 이해관계자에게 자주 명확하게 성과를 전달해야 한다. 커뮤니케이션은 동료, 직원, 이해관계자가 아이디어와 피드백을 제공할 기회를 가지도록 양방향으로 이루어져야 한다. 메시지가 공감을 불러일으키는지 정기적으로 평가하고, 이해 증진과 행동 촉구를 위해 필요한 경우 수정한다. 다른 SDGs로 개입을 확장하고자 할 때는 이에 상응하여 커뮤니케이션 노력도 확대해야 한다.

10. 전환을 가속화하기 위한 대내외 파트너십 및 인수 고려

고품질의 지속가능 제품과 서비스가 시장에 확산된 것은 지속가능성에 대한 소비자의 관심이 증가했기 때문이다. 이런 제품과 서비스를 생산하는 기업과 파트너십을 맺거나 이들을 새로운 경쟁이라는 리스크로 생각하기보다 같은 진영으로 끌어들이는 방법도 고려할 수 있다. 새로운 브랜드는 유망한 신규 수익원이 될 수도 있으며 지속가능 중심 운영의 가치 있는 노하우를 얻어 기존 비즈니스의 제품, 서비스, 핵심 기능으로 확장할 수도 있다. 이런 경로를 밟기로 했다면 인수기업과 피인수기업 모두에게 상생의 결과를 가져오는 운영 모델을 확보하기 위한 명확하고 잘 구성된 절차를 마련해야 한다.

Notes

1 Ricoh founder Kiyoshi Ichimura's founding principles: The Spirit of Three Loves—a dedication to people, one's country, and a passion for work.

2 Ricoh company website (2018). Ricoh CEO message for sustainability. Retrieved from www.ricoh.com/sustainability/message/.

3 Kocher, I. (2018). The age of responsibility. LinkedIn. Retrieved from www.linkedin.com/pulse/age−responsibility−isabelle−kocher/.

4 Sekisui figures in this chapter are based on an interview conducted by the authors.

5 UNESCO (2019). What is education for sustainable development? Retrieved from https://en.unesco.org/themes/education−sustainable−development/what−is−esd.

6 A wicked problem is a problem that is difficult or impossible to solve because of incomplete, contradictory, and changing requirements that are often difficult to recognize. The use of the term "wicked" here has come to denote resistance to resolution, rather than evil. Australian Public Service Commission (2007). Tackling wicked problems: A public policy perspective. Retrieved from www.apsc.gov.au/tackling−wicked−problems−public−policy−perspective.

7 Ørsted (2017). Historical partnership saves the climate from 200,000 tonnes of CO_2. Press release, November 5. Retrieved from https://orsted.com/en/Media/Newsroom/News/2017/05/Historical−partnership−saves−the−climate−from−200000−tonnes−of−CO_2.

8 Sustainable Apparel Coalition (2019). The Higg Index. Retrieved from https://apparelcoalition.org/the−higg−index/.

9 Consumer Goods Forum (2019). Home page. Retrieved from www.theconsumergoodsforum.com/.

10 UNFCCC (2018). About the Fashion Industry Charter for Climate Action. Retrieved from https://unfccc.int/climate−action/sectoral−engagement/global−climate−action−in−fashion/about−the−fashion−industry−charter−for−climate−action.

11 Sony (2010). Sony Global Road to Zero plan. CSR/Environment webpage. Retrieved from www.sony.net/SonyInfo/News/Press/201004/10−0407E/.

12 Drew, D., and Yehounme, G. (2017). The apparel industry's environmental impact in 6 graphics. World Resources Institute. Retrieved from www.wri.org/

blog/2017/07/apparel−industrys−environmental−impact−6−graphics.

13 Editorial (2018). The price of fast fashion. Nature Climate Change, 8, 1.

14 UN Global Compact (2018). United Nations Global Compact Progress Report. Retrieved from www.unglobalcompact.org/library/5637.

15 Nielsen (2015). Consumer brands that demonstrate a commitment to sustainability outperform those who don't. 2015 Nielsen Global Corporate Sustainability Report. Retrieved from www.nielsen.com/us/en/press−releases/2015/consumer− goods− brands−that−demonstrate−commitment−to−sustainability−outperform/.

16 Ibid.

17 European Commission Environment (2018). Facts and figures. Retrieved from https://ec.europa.eu/environment/ecolabel/facts−and−figures.html.

18 Goyens, M. (2017). EU report confirms Ecolabel must keep benefiting consumers and the environment. EEB.org. Retrieved from https://eeb.org/eu−report−confirms−ecolabel−must−keep−benefiting−consumers−and−the−environment/.

TBM의 라이멕스(LIMEX)

종이와 플라스틱의 새로운 상상

기업이 어떻게 과거와 미래를 동시에 볼 수 있을까? 이것은 TBM(Times Bridge Management)이 고민했던 사명 '과거, 현재, 미래를 어떻게 연결할 것인가'를 뒷받침하는 질문이다.

TBM은 현대 기술과 과거의 지식을 바탕으로 장기적으로 사회에 이로운 신제품을 개발하기 위해 설립되었다. 연속창업가(창업을 지속적으로 하는 기업가)이자 TBM의 창립자인 노부요시 야마사키(Nobuyoshi Yamasaki)는 이 목적에 부합하는 혁신적인 기술을 모색하던 중, 돌로 종이를 만드는 대만 기술 업체를 알게 되었다.

야마사키는 석회석을 이상적인 재료로 보았는데 그 이유는 석회석은 풍부한 자원이며 값이 저렴하고 종이의 주재료인 삼림자원과 수자원에 미치는 부정적인 영향을 상당히 줄일 수 있기 때문이다. 그러나 그가 대만에서 발견한 이 혁신적인 제품을 일본에서 판매하려는 첫 시도는 실패로 돌아갔다. 당시 생산된 제품은 일본 시장이 요구하는 높은 수준의 품질 표준을 충족하지 못했다. 그래서 야마사키는 일본 현지의 연구원을 지원하여 제품 품질 향상을 위한 새로운 제조공정과 설계 접근방식을 개발하게 했다.

석회석으로 만들어진 '시트'는 질감이 두껍고 광이 있으며 내구성이 좋아 단단한 유광종이의 이상적인 대체품이 되었다. 야마사키가 라이멕스(LIMEX)라고 명명한 이 '종이'가 기존에 있던 더 고품질의 종이와 가격 책정을 비슷하게 할 수 있다는 것도 장점이었다. 라이멕스는 메뉴, 브로셔, 판촉물, 지도, 명함과 같은 품목의 완벽한 대체물이 되었다.

라이멕스는 재활용과 업사이클이 상당히 용이해서, 사용한 뒤 버린 제품이나 사용하지 않은 제품 모두 TBM에 반환되어 재활용할 수 있었다. 마침내 야마사키는 꾸준한 성장을 돕는 생산 및 유통 모델을 개발했다.

그림 5.4 TBM 라이멕스의 여러 제품
출처: TBM Co., Ltd.

야마사키는 결국 플라스틱의 대체품으로 사용될 수 있는 라이멕스를 발견했고 이는 여러 제품에 사용되는 플라스틱의 양을 줄이고 종이 대체품을 더욱 매력적으로 만들었다. 라이멕스는 커피 컵 뚜껑, 요리 도구, 쟁반, 즉석식품용 용기와 같은 제품용 비플라스틱 구조를 제작하는데 특히 유용하다.

TBM은 종이 대체품으로서의 라이멕스 제품 개발에 집중하는 한편, 플라스틱의 대체품 개발이라는 회사의 선택이 수많은 기회를 제공하며 해당 사업이 다수의 신규 업종과 활용 분야로 확장될 수 있다고 믿었다.

야마사키는 8년이라는 기간에 걸쳐 이 기술 분야에서 국제적인 선도기업으로 올라섰다. 기업의 평판이 높아지면서 고객층도 증가했다. 현재 일본에는 4,500개의 회사가 TBM의 제품을 사용하고 있으며, CSR 유럽이 브뤼셀(Brussels)에서 개최한 SDG 정상회담을 비롯해 탄소 공개 분야를 이끄는 국제이니셔티브인 탄소정보공개프로젝트(CDP: Carbon Disclosure Project) 등 다수의 국외 고객도 TBM을 주목하고 있다.

일본 외 국제 시장에서의 성장을 위해 구축한 파트너와의 네트워크는 이미 결실을 맺고 있어 500개의 국제 리드가 활발히 활동 중이다. TBM은 역량 개발과 해외 확장의 핵심으로서 민관 파트너십을 도모하고 있다.

예를 들어 TBM은 라이멕스 공장 건설을 위해 사우디아라비아의 국립 산업 클러스터개발 프로그램(NICDP: National Industrial Cluster Development Program)과 파트너십을 맺었으며 가장 최근에는 몽골 정부와 협업 이니셔티브를 추진하는 등 (가능성 연구, 시장 테스트를 목적으로) 세계의 각지와 협업을 늘리고 있다.

TBM은 제지 산업에서 환경적으로 보다 건전한 솔루션을 제시하는 것을 궁극적인 목표로 삼으며, 라이멕스에 큰 기대를 걸고 있다. 종이의 제작, 사용, 폐기 방법의 큰 변화는 시스템 측면에서도 근본적인 변화를 요구하기 때문이다.

석회석과 같은 대체 물질로 전환하는 지속가능 사례를 만드는 것은 매우 중요하다. 이를 위해 TBM은 제품의 수명주기 평가를 실시하여 기업의 제조와 조달이 환경에 미치는 영향을 조사하고 필요에 따라 부정적인 영향을 줄이기 위해 공정을 조정하고 있다.

그러나 라이멕스는 처음에는 시장에 진입하자마자 커다란 난관에 봉착했다. 세계 각지의 재활용 시스템 대부분은 이미 오랜기간 발전 과정을 거쳐 자리잡은 대중과 지자체에 익숙한 장비와 운영 절차가 있기 때문이다. 관습적으로 사용하는 특정 물질과 형식이 존재하며 이를 수용할 장비와 절차로 구성되어 있었다.

석회석 기반의 제품은 현재 쉽게 수용할 수 있는 물질은 아니다. 최적의 솔루션이 없는 상황에서 TBM은 고객이 해당 지역의 폐기 규칙을 따르도록 권유하고 지자체가 혁신적인 물질을 수용할 새로운 방법을 모색하도록 독려하고 있다.

새로운 물질을 도입하려면 새로운 교육, 시스템, 절차를 안내하는 수정된 접근법이 필요하다. TBM의 가장 큰 포부 중 하나는 지자체와 제휴하여 이 문제를 해결할 수 있는 폐쇄 루프 생태계를 조성하는 것이다. TBM은 일본 가나가와현과 파트너십을 맺고 가나가와 업사이클 컨소시엄(Kanagawa Upcycle Consortium)을 출범했다. 이 컨소시엄은 지역에서 라이멕스의 사용, 수집, 업사이클링을 촉진하는 독특한 민관 이니셔티브이다. 이런 유형의 이니셔티브는 새로운 형태의 종이와 플라스틱의 도입을 둘러싼 장벽을 제거

할뿐 아니라 환경적 영향 감소에 구심점 역할도 할 수 있을 것이다.

마지막으로 TBM은 바이오매스 기반 또는 생분해성 부원료 물질로 전환하여 제품이 환경에 미치는 영향을 더욱 줄이는 것을 목표로 하고 있다. 가방 등 바이오매스 기반 재료를 활용한 제품의 경우, 이미 목표를 달성했다.

TBM의 비전은 포부가 크고 지리적으로도 날로 더 확장하고 있어 종이와 플라스틱의 제조방법을 다시 상상할 수 있는 좋은 위치에 있다.

구체적 다음단계

지속가능 혁신을 위해 주목해야 할 중점 대상 산업

지속가능하게 리드하라
Leading Sustainably

기업이 지속가능 비즈니스 모델로 전환을 결정하는 것은 축하할 일이기는 하나 패러다임을 전환하려면 산업 전반에 걸친 변혁이 필요하다. 그간의 역사를 살펴보면, 변화가 가능할지 가장 의심스러웠던 관행조차도 산업 내 또는 산업간 협력을 통해 극적으로 최소화하거나 제거할 수 있다는 점이 입증되었다.

지속가능 모델로의 전환 압박이 모든 산업계에 영향을 미치고 있지만 그중에서도 동종업계뿐만 아니라 관계를 맺고 있는 다른 산업계에도 영향을 미칠 수 있는, 이른바 '중요한 위치에 있는' 몇몇 산업이 있다. 이들 산업이 올바른 방향으로 나아가면 지속가능한 발전으로의 광범위한 전환을 가능케 하는 특별한 원동력이 될 수 있으나 그렇지 못한 경우, 지속가능성 실현의 강력한 장애물이 될 수 있다.

여기서는 보험, 관광, 부동산, 패션 및 의류, 건강 및 웰니스의 5개 산업이 어떻게 지속가능 제품을 구현하고, 운영 및 사회적 혁신을 초래하고, 인류의 생활방식을 변화시키고, 사회를 더 지속가능한 경로로 안내하는지 살펴볼 것이다.

금융의 재편이 어떻게 모두의 판도를 바꾸게 될지에 대해서 이미 충분히 다루었다. 투자자가 지속가능하지 못한 비즈니스 관행이 초래하는 리스크만이 아니라 지속가능한 제품과 서비스가 장래 회사에 가져올 기회를 고려한다는 점을 뒷받침할 강력한 증거들이 많이 있다. 지속가능한 소비 시대는 현 인류에게 달려있다. 그리고 이를 주도하는 요인은 소비자의 기호와 가치 변화, 개발도상국과 선진국 시장의 소득 변화, 갈수록 심각해지는 기후변화, 지속불가능한 관행과 행동의 영향에 대한 거의 끊임없는 실시간 정보다.

기업은 공급망의 지속가능성을 강화하고 결과적으로 제품 포트폴리오를 재정비하기 위해 운영 방식을 바꿔야 한다. 그러나 기업의 개별적인 변화는 필요한 차이를 만들기에는 충분하지 않으므로 산업 전반의 변화가 요구된다.

예를 들어 수천 년간 사회적 병폐였던 아동 노동 문제는 시간이 지남에 따라 극적인 개선을 보여줬다. 20세기 초 유럽과 북미의 산업화, 1973년 국제노동기구(ILO: International Labor Organization)의 최저연령협약(Minimum Age Convention)과 같은 합의와 함께 기업의 사회적 책임(CSR)의 부상과 공정무역(Fair Trade) 운동과 같은 다른 노력 덕분에 이제 선진국 시장에서는 아동 노동이 거의 존재하지

않게 되었다.[1]

그러나 곳곳에서 나타나는 아동 노동의 피해자 수는 아직도 많다. 국제노동 기구의 '국제 아동 노동 추정: 2012 – 2016 결과 및 동향(Global estimates of child labor: Results and trends, 2012-2016)'[2] 보고서에 따르면 신흥시장에서 아동 노동 피해가 계속된다는 점에는 논란의 여지가 없다. 오늘날에는 전 세계의 대부분 기업과 산업이 아동 노동에 강력히 반대하는 입장이며 관련 정책을 시행하고 아동 노동을 근절하기 위한 단결된 조치를 취하고 있다.

그러나 과거에도 항상 이렇지는 않았다는 것을 기억해야 한다. 이 사안에 대한 견해와 사업 관행을 바꾸기 위해 산업계 전체가 자기 파괴적인 노동 관행에 정면으로 함께 맞서야만 했다. 산업 전반에 걸친 변화는 한 곳 혹은 몇 개 기업의 힘으로 달성하기 어렵다. 산업 전체가 나서서 판도를 바꿔야 한다.

이제, 지속가능 비즈니스 모델로의 광범위한 전환과 SDGs 달성을 가능케 하는 (혹은 실패했을 경우에는 커다란 방해물이 되는) 주요 5개 산업을 살펴보겠다.

一 보험

지속가능 비즈니스로의 전환의 성공과 실패에서 가장 큰 이득이나 손해를 보게 될 산업은 아마 보험업계일 것이다. 모든 SDGs는 보험업계에 도전과제를 안겨주는 동시에 기회를 부여하기도 한다.

보험업계와 가장 명백히 직결되는 13번째 SDG인 기후 행동(Climate Action)을 예로 들어보자. 세계가 기후변화 문제에 대처하지 못한다면 기상 재난은 계속 급증할 것이며 당연히 보험사가 처리해야 할 보험 청구와 지급해야 할 보험금이 증가한다. 보험업계는 기상 예측 모델, 기타 분석 접근, 기술적 접근을 통해서 보험료 책정과 비즈니스 모델에 기후 리스크를 적절히 통합하여 이 문제를 신속히 해결하려고 노력 중이다. 보험사는 보험금을 지급하기 위해서 재보험 시장에 의존하는데 이는 단기적인 문제 처리를 도울 뿐이다. 그러나 기후변화로 인해 전 세계의 건물, 기반시설, 건강, 복지가 갈수록 큰 타격을 받고 있어 이런 단기적인 해결책만으로 대응하기에는 역부족이다.

이처럼 늘어나는 보험금 지급을 감당하기 위해서 보험업계는 보험료 인상 또는 더욱 엄격한 보험금 지급 정책을 통해 기업과 소비자에게 비용을 전가하는 것이 불가피하다고 생각할 수 있다. 그러나 그렇게 하면 모든 종류의 보험이 다수의 기존 고객 입장에서 이용 불가능해지는 상황이 발생하기 때문에 이는 실현 가능한 해결책이 아니다.

반면, 기후변화에 성공적으로 대처하면 보험업계의 전망은 완전히 달라진다. 보험은 여전히 중요하지만 보험업계를 위해 좀 더 재정적으로 지속가능한 모델이 신속히 제안되는 셈이다.

보험금 지급을 최소화하기 위해 회복력이나 범위지정 전략과 같은 주제에 우선순위를 둘 필요가 없어지고, 대신 이전에 혜택을 받지 못했던 신규 고객 확장과 제품 및 서비스 혁신을 통해 고객에게 더 나은 가치를 제공하는 데 집중하여 고객이 삶의 자연스러운(또는 부자연스러운) 변화를 더 잘 관리할 수 있도록, 그리고 더 풍요롭고 안전한 사회를 구현할 수 있다.

일부 거대 보험사는 더 나은 접근방식을 제공하기 위해 모델을 조정할 필요성을 깨닫고 있다. 독일의 알리안츠(Allianz SE)는 지속가능성에 관하여 높은 평판을 쌓아온 업계 선구자다. 많은 지속가능 순위에서 상위권을 차지하는데 가장 눈에 띄는 것은 다우존스 지속가능경영지수(DJSI: Dow Jones Sustainability Index)[3] 편입과 로베코 샘(Robeco Sam)의 기업지속가능성평가(Corporate Sustainability Assessment)[4] 최우수 수행 보험사로 선정된 것이다.

그러나 알리안츠의 목표는 상위권을 차지하는 것보다 더 근본적인 데 있다. 알리안츠는 지속가능성에 대한 다각적이고 강력한 접근방식을 개발한 뒤, 이를 전략의 핵심에 확실히 포함하고 비즈니스 핵심 활동으로서 적극 구현해왔다. 몇 가지 활동만 나열하자면 신흥 시장의 소외계층에 중점을 둔 서비스 확대, 환경·사회·지배구조(ESG) 리스크에 대한 보험 거래 평가, 지속가능한 투자 확대, 사회혁신기금(Social Innovation Fund)[5]을 통한 사회적 기업가에 대한 투자, 그리고 더 중요한 것은 자사 보상구조에 핵심적인 지속가능 요인을 통합한 것이다.

알리안츠의 사례에서도 보듯이, 자체 운영 모델의 지속가능성을 해결하는 것이 보험업계의 최우선 사항이 되어야 한다. 보험업계가 접근방식에 대대적인 변화를 감행해야 했던 상황은 이번이 처음이 아니다. 사실 현대 사회에서 가장 큰 혼란은 디지털화에서 비롯되었다.

한때 지역 사무소에서 수많은 서류작업으로 업무를 처리했던 보험사들은 빠르게 디지털 기술을 수용하고 있다. 디지털 모델을 수용하는 보험사가 얻는 비용 절감과 효율성에 관한 상당한 진전이 있었기 때문에 디지털화는 더 이상 고민할 필요 없는 단계가 되었다. 디지털화는 보험사가 지속가능 비즈니스 모델로 전환하고자 할 때 도움이 되는 지속가능성이라는 퍼즐의 핵심 조각이기도 하다.

분명한 이점은 종이 사용을 줄이는 것이다. (물론 디지털 탄소 발자국도 주의 깊게 관리하고 상쇄해야 한다.) 또 다른 이점은 보험업계가 새로운 보험 상품과 서비스를 소외된 계층으로 확대할 수 있는 능력을 확보할 수 있다는 점이다. 예를 들어 이 분야의 떠오르는 스타트업과의 협력이 될 수 있다. 보험과 기술을 접목하여 소외된 소비자층을 돕고 새롭고 유망한 솔루션을 제공하는 인슈어테크(insurtech) 스타트업은 이런 기회에 대한 민첩한 대응이 어려울 수 있는 대기업 보험사의 훌륭한 파트너이다.

마지막으로 보험업계는 기업과 사회를 위한 지속가능 모델로의 전환을 재촉하는 큰 역할을 할 수도 있다. 막대한 자원을 재량껏 사용할 수 있는 보험사 역시 주요 투자자로서 시장의 여러 유형의 자산에 자본을 배치한다. 최근에는 보험업계가 지속가능 투자 모델로 방향을 전환하려는 움직임이 늘고 있다.

이 분야의 선도기업 중 하나는 세계 1위 보험사인 악사 그룹(AXA Group)이다. 악사는 책임투자(Responsible Investing)의 개척자이며 지속가능성에 관한 관심을 표출하고 핵심 운영을 CSR 활동에 맞추는 기업과 자산에 집중하는 투자전략을 목표로 한다. 2014년으로 거슬러 올라가서 악사 자산운용(AXA Investment Mangers Group)이 임팩트 투자 이니셔티브(Impact Investment Initiative)[6]를 발표했을 때 악사는 기업의 자산 배치 방식을 바꿀 뿐 아니라 투자업계 전체를 재정적·사회적 환원을 추구하는 모델로 견인할 힘이 있다는 사실을 깨달았다.

악사의 책임투자 위원회(Responsible Investment Committee)는 이 방향으로 포괄적인 정책을 수립하여 더욱 엄격한 분석을 위해 5개의 '민감한 업계'를 식별하고 자산 관리에 ESG 기준을 체계적으로 통합할 수 있게 했다. 악사 자산운용이 다른 투자자의 자산도 관리하기 때문에 이 접근은 사업에 중대한 기회를 제공한다. ESG와 더불어 곧 SDG 관련 자산등급에 대한 투자자의 요구가 늘어나면서 투자자는 결국 이 새로운 모델에 맞춘 자산 관리사에게 끌릴 것이다. 책임 투자의 글로벌 헤드를 맡고 있는 매트 크리스텐슨(Matt Chirstensen)은 오늘날 이러한 상황이 벌어지는 것을 목격하고 있다. 크리스텐슨은 "우리는 여러 자산군, 확신 지향 주식, 고정 소득 등을 고려하여 SDGs를 검토하고 있다"고 말했다.

앞으로 SDG 지향 펀드가 대량으로 쏟아져 나오는 것을 보게 될 것이다. 여기 유럽에서만이 아니다. 특히 향후 2년 동안 시장의 주요 추진 방향이 될 것이라고 생각한다.

보험업계 기업들이 비즈니스 모델 전환을 위하여 많은 조치를 취할 수 있지만 사실상 가장 큰 영향을 줄 수 있는 조치는 마지막 악사의 예처럼 투자 활동에 관한 접근방식이라고 생각된다.

━ 관광

의심의 여지없이 현시대에 가장 빠르게 성장하는 산업 중 하나는 (적어도 코로나19 위기 이전까지는) 관광이었다. 관광업계 성장 지표로 가장 자주 언급되는 국제 관광객 도착인수는 지난 20년간 두배 이상 증가하여 2016년에는 12억 4,500만 명을 기록했다.[7]

전 세계 국가는 관광을 경제성장의 주요 원동력 중의 하나로 언급하면서, 관광객에 대한 입국 규제를 완화하고, 관광업계 내 기업 및 혁신가를 위한 재정적인 인센티브를 제공하고, 관광객을 위한 기반 시설과 서비스 개선에 투자하며, 관광객(관광수입) 유치를 위해 화려한 광고 캠페인을 벌였다. 동시에 중국 및 인도와 같은 중산층 시장의 급성장, 항공편 운항능력 증대, 온라인 여행 통합 플랫폼과 에어비앤비(Airbnb)와 같은 업계 내 혁신이 선진시장 및 신흥시장 관광업의 폭발적인 성장을 이끌었다.

현재 관광은 글로벌 GDP의 10.4%를 차지하고 있고, 전 세계에는 3억 1,300만 개의 관광과 관련된 직업이 존재한다.[8] 맹렬한 기세의 성장은 관광업계, 국가, 관광객에는 매우 긍정적으로 작용했지만 그렇다고 단점이 없었던 것은 아니다.

도심 지역의 주택가격 급등, 주민 불만 증가, 유적지나 기물의 일반적인 마모와 파손, 과잉관광에 따른 간헐적 반달리즘이라는 단점도 존재한다. 그러나 관광업이 그 특성상 세계적인 현상인 경제적 불확실성과 많은 사회적 문제에 실질적인 해결책을 제공하기에 유리한 위치에 있다는 점은 분명하다.

관광산업은 17개 SDGs에 대한 긍정적인 영향과 부정적인 영향이 매우 분명한 몇 안 되는 산업이다. 매우 세계적인 산업이지만 사실 현지에서 일어나는 일에 깊이 관여하는 특성상 세계 각지의 지역사회에 직접 영향을 미칠 수 있어 다른 산업이 행동에 애를 먹고 있는 SDG1 '빈곤 퇴치'와 SDG15 '육상생태계 보전'과 같은 목표에 진전을 이룰 수 있다.

관광산업은 항공, 숙박, 요식업, 엔터테인먼트, 기타 교통 등 여러 측면이 존재하는 산업이며 이 모두가 의미 있고 소중한 관광경험을 선사하기 위해 총체적으로 작동해야 한다. 이런 역학 때문에 관광업은 'SDGs를 위한 파트너십(Partnership for the Goals)'이 기업과 사회 모두에 어떻게 상당한 기회를 제공하는지 보여줄 수 있는 가장 좋은 위치에 있다.

더 새롭고 지속가능한 관광산업 모델의 길을 닦는 다수의 혁신적인 이니셔티브가 진행 중이다. 그 예로 지속가능관광위원회(GSTC: Global Sustainable Tourism Council)가 제공하는 인증과 표준은 기업과 관광객 모두 지속가능성에 참여할 수 있도록 돕는 유용한 도구가 되고 있다. 관광객은 관광에 관한 결정을 내릴 때 품질의 척도로서 등급, 인증, 기타 유사 기준을 찾는 데 익숙해지고 있다. 이와 마찬가지로 업계 참여자들은 이러한 요구사항과 더욱 지속가능한 비즈니스 모델을 구현할 수 있는 지원을 검토해야 한다고 주장한다.

활동범위가 세계적으로 광범위한 관광 관련 기업이 지속가능 모델로 전환을 결정하면 SDGs 달성을 위한 진전은 급격히 빨라질 것이다. 코로나19 위기 이전에도 항공업계는 지속가능성에 대한 늘어나는 인식 변화로 인해 비즈니스 모델이 난관에 봉착할 수 있다는 사실을 빨리 깨달았던 업종 중 하나이다. 항공사, 제조사, 공급사를 일찍부터 움직인 주된 동기는 유류가격 변동성이었으나, 연료 효율성에 대한 집념은 의도하지 않았지만 업계가 좀 더 지속가능한 솔루션을 향해 나아가는 결과를 낳았다.

연료가 총 비용지출의 거의 4분의 1을 차지하는 만큼[9] 항공사는 연료 효율 솔루션을 강력히 요구했었다. 이는 일부에 불과하다. 항공사는 대대적인 탄소 발자국 감축의 중요성을 절실히 느끼고 있었고 이런 역학은 팬데믹의 여파가 가라앉아도 사라지지 않을 흥미로운 혁신의 문을 열었다.

보잉(Boeing)은 탄소 배출 감소에 대한 엄격하고 야심찬 목표를 설정하고 공급망과 제조 과정의 수많은 부분에서 지속가능성을 향상하기 위한 중요한 조치를 취하고 있다. 영국에 신설된 제조설비는 세계적인 친환경 건축물 인증제도인 BREEAM(Building Research Establishment Environmental Assessment Method)의 최고 등급인 'Excellent'를 받을 예정이다.[10]

지속가능성에 대한 논의는 혁신 없이 이루어질 수 없다. 전기, 수소 동력, 하이브리드 항공기와 같은 신기술이 있긴 하나 이런 기술들을 아직 보편화하기에는 항공산업은 아직 조금 멀리 있다. 하지만 항공산업에서 상상조차 하지 못했던 실현 가능한 다른 솔루션이 분명히 있을 것이다.

17개 SDGs 모두와 명확한 연관성을 가지고 있는 호텔업계는 더욱 광범위한 영향을 미칠 수 있는 더 좋은 위치에 있다. 글로벌 호텔 체인 개척자인 힐튼(Hilton)은 지속가능 솔루션의 오랜 지지자로서 앞으로 수년간 지속가능 실천을 현저히 강화하여 업계의 동향을 따라가기보다는 주도하는 것을 목표로 삼는다.

10여년 전, 힐튼은 지속가능성을 향한 주목할만한 두 가지 조치를 취했다. 그 첫 번째로 '라이트스테이(LightStay)' 프로그램을 시작했다. 이 프로그램은 전 세계 500개 이상의 모든 힐튼 소유 시설이 지속가능성 목표를 설정하고 달성하기 위해서 이행해야 하는 에너지, 폐기물, 물 관리 프로그램으로 발전했다. 또한, 힐튼은 산업계 최초로 탄소 배출 감축을 위한 과학기반목표를 설정하고 이런 접근을 산업 표준으로 만들기 위해 적극적으로 개입하고 있다. 이는 단순히 시작 단계였을 뿐이다. 힐튼은 공헌을 약속하며 SDGs를 더욱 심화시켜 사업의 당위성으로 삼았다. 힐튼의 전 글로벌기업책임부장 다니엘라 포스터(Daniella Foster)는 "우리가 전달하고 싶은 메시지는 SDGs가 전략적인 조치이며 비즈니스의 핵심이라는 것이다. 이것이 우리의 (동산업의) 미래 고객과 함께 하는 방법이자 산업의 미래"라고 말했다.

현재 활동을 전반적으로 SDGs에 맞추고 특별히 전념하고자 구체적인 SDGs를 식별하는 것 외에도, 힐튼은 2030년까지 환경 영향을 절반으로 줄이고 사회적 임팩트 투자를 두 배 늘리는 것을 목표로 한 2030 의제를 제정했다. 계획의 성공 여부는 조직 내 지속가능성 지식의 전파, 지속가능 혁신에 대한 투자, 세계에서 그동안 소외되어 온 새로운 대상으로의 확대에 달려 있다.

마지막 전략은 아마도 힐튼의 계획에서 가장 대범한 부분일 것이다. 여기에는 향후 5년 이내에 사하라 이남 아프리카에 50개 힐튼 소유 시설 개시가 함께 포함되어 있어, 백만 명의 젊은이에게 일자리와 직업 훈련 제공이라는 기념비적인 목표 달성을 지원할 것이다.

이것은 하나의 기업 사례에 불과하다. 20년 전 인터넷이 여행 방식을 바꿔놓은 이후 관광업계에 굵직한 변화를 이끌었던 많은 주체가 있다. 유엔 세계관광기구(World Tourism Orgnization)의 '지속가능한 관광(Tourism for the SDGs)' 플랫폼은 새로운 아이디어와 이니셔티브 발굴을 위한 좋은 자원으로 특히 유엔이 관광업계에 이행을 촉구한 '양질의 일자리와 경제성장(SDG 8)', '지속가능한 소비와 생산(SDG 12)', '수(바다)생태계 보전(SDG 14)'에 관한 이니셔티브를 포함하여 긍정적인 사례를 찾을 수 있다.[11] 게다가 코로나19 위기는 관광산업에 더욱 근본적인 변화를 불러올 것이다. 팬데믹 위기 때문에 우리가 아는 관광 모델이 흔들리고 관광업이 초토화되었다는 점은 부정할 수 없는 사실이다. 그러나 한 줄기 희망이 있다. 이제 업계 선구자들은 관광업계를 재구축해야 할 의무가 있다. 이 위기를 앞서 언급했던 노력에 전념하기 위한 기회로 받아들이고 향후에는 장기적으로 더 개선되고 지속가능하고 회복력 있는 산업으로 구축해야 한다.

━ 부동산 개발

10여 년 전, 전 지구적 환경 오염으로 인해 사람들은 음식, 물, 깨끗한 공기와 같은 기본적인 욕구에 대해 더 자각하게 되었다. 오늘날, 인류의 관심은 삶의 근간을 이루는 공간으로까지 확장했다. 건설된 환경(built environment)의 신뢰도, 편안함, 가격은 일상생활과 직결된다. 따라서 지속가능한 삶 개발에 있어 부동산업계 역할이 매우 중요하다.

부동산 개발업, 특히 건설 부문은 환경에 큰 피해를 주었다. 2017년 세계경제포럼이 발간한 보고서 추정에 따르면, 건물은 전 세계 가장 큰 에너지 소비원이자 CO2 배출의 가장 심각한 주범이다. 더 나아가 건설된 환경은 원재료 소비의 30%, 고형폐기물(solid waste) 발생의 25%~40%를 차지한다.[12] 의심의 여지없이 지속가능성 기준에 부합하는 친환경 부동산에 대한 긴급한 요구들이 나오고 있다.

이런 긴급한 개선 요구는 혼란스러운 보고서 표준과 각종 프로그램, 지표가 난무하는 결과를 초래했다. 현재 기업들은 누구에게 보고해야 할지 다양한 알파벳이 혼재하는 선택지 사이에서 혼란스러워하고 있다. 건물 소유자 및 관리자 협회(Building Owners and Managers Association International)의 BOMA 360인가? 아니면, GRESB(글로벌 부동산 지속가능성 벤치마크)인가? SASB(지속가능 회계기준위원회)를 비롯하여, GRI, CDP, DJSI, 또는 건축물 대상 프로그램인 BREEAM, 그린스타(Green Star), LEED(에너지 및 환경 디자인)인가.

보고의 부담 때문에 투자자의 요구사항에 맞추어 매년 다른 문서를 몇 개씩 준비하는 기업도 있고 더 표준화된 시스템이 나올 때까지 기다리는 기업도 있다.

넘쳐나는 측정 및 보고 방법이 지속가능 부동산 개발의 유일한 장애물은 아니다. 친환경 건축은 시공과 인증에 비용이 많이 든다는 보편적인 인식도 존재한다. 그러나 많은 연구가 "일반 건축과 친환경 건축의 평균 비용에는 큰 차이가 없음"을 보여주었다.[13] 지속가능 지침에 충족하는 건물의 건설과 투자는 에너지 효율이 높아 비용을 절감할 수 있으며 구매자, 세입자, 투자자에게 더 매력적으로 다가올 수 있다.

가장 최근의 GRESB 평가를 통해 오세아니아 지역이 여러 주요 메트릭에서 좋은 성과를 보여주면서 건물의 전 세계적인 지속가능성 성과가 증진되었음을 알 수 있다.[14] 비거주목적의 건물을 대상으로 하는 유럽연합의 그린빌딩(GreenBuilding) 프로그램처럼 몇몇 정부는 현지 시장에서 친환경 건축 운동을 촉진하기 위해 규제와 인센티브 제도를 시행했으며, 고객의 요구가 정부 제도 못지않게 중요한 성장 동력이라는 증거도 많아지고 있다.

미국 그린빌딩협의회(Green Building Council)의 '2018 세계 그린빌딩 트렌드 스마트 시장 보고서(World Green Building Trends 2018 Smart Market Report)'는 그린빌딩 활동의 세 가지 주요 촉발요인이 고객의 요구(34%), 환경 규제(33%), 건강한 건축(27%)이라고 밝혔다.[15] 여기서 중요한 점은 정부가 친환경 건축 전환의 여건을 조성하는 데 도움을 주었다는 것이며 고무적인 점은 건물의 설계와 건설의 새로운 접근방식에 대한 고객의 수요가 증가하고 있다는 것이다.

건축 자재부터 기존 건물의 리트로핏(retrofit)에 이르기까지 건축 과정의 모든 요소에서 혁신의 가속화도 친환경 건물의 부상을 촉진하고 있으며 결국 확장의 원동력이 될 것이다. 친환경 건축이 주류가 되어감에 따라 친환경 건축에 막대한 비용이 든다는 기존의 인식도 사라져야 한다.

부동산이 경제의 중심적인 역할을 하는 아시아 국가의 경우, 부동산업계의 지속가능 성과는 아직 일부 시장이나 산업 부문을 따라가는 추세이긴 하지만 최근 몇 년 사이에 급격한 개선을 이루어냈다. 통합 개발과 서비스로 구성된 인상적인 포트폴리오를 가진 아시아의 부동산 선도기업이 자국의 지속가능 건축을 견인하는 경우도 종종 있다.

대부분 기업이 여전히 CSR에 집중하고 있는 대만에서는 신이 리얼티(Sinyi Realty)가 SDGs를 비즈니스 계획에 접목시키며 지속가능한 부동산 개발을 개척하고 있다. 신이 리얼티는 수십 년간 부동산 중개업계에서 신뢰받는 기업이었으며 가장 최근에는 부동산 개발 및 건축으로 사업을 확장했다. 신이 리얼티는 좀 더 광범위하게 아시아 시장에서 이해관계자를 최우선 순위에 두고 그와 동시에 탄소 발자국을 성공적으로 관리하면서, 서비스 모델을 혁신적으로 바꾸는 포괄적인 비즈니스 시스템을 구현했다.

환경 부문에서 더 큰 발전을 목표로 하고 있지만, 기업의 접근방식은 이미 고객 증가, 이해관계자 신뢰도 상승, 안정적인 인재 채용 및 확보, 그리고 보다 적극적인 직원 참여 등 수많은 긍정적인 결과로 이어졌다. 신이 리얼티의 성공은 다른 대만 기업들도 같은 행보를 따르도록 독려하여, 기업들은 정부가 더욱 단호한 정책을 취하도록 요구하는 운동을 시작할 수 있었다.

신이 리얼티는 대만에서 시작하여 중국, 일본, 말레이시아로 시장을 넓혀가면서, 경험과 노하우를 공유하고 있고 현지에서도 이에 부합하여 부동산업계에 매우 필요한 변화를 불러일으키고 있다. 일본의 대형 주택건설업체 세키스이 하우스(Sekisui House Group)는 아시아의 지속가능 부동산업체를 보여주는 또 다른 사례다. (현재는 글로벌 기업이 되었다). 이전 장에서 다루었듯이 세키스이 하우스는 글로벌 탈탄소화에 적극 기여하고 해당 산업을 지속가능성으로 이끈다.

11번째 SDG인 '지속가능한 도시와 지역사회'를 달성하기 위해서는 사업체를 규제하는 국가나 보고 시스템의 종류와 관계없이 부동산업계의 행동 자체가 매우 중요하다. SDG11 목표를 이행하기 위한 행동은 해당 목표와 관련된 다른 목표 가령 7번째, 13번째, 15번째 목표에도 기여하며 추가로 영향을 미칠 수 있다.

기후변화와 에너지 가격 급등에 직면하여 부동산업계는 미래에 더욱 많은 생명에 대한 책임을 지게 될 것이다. 2050년까지 도심 거주 인구수는 25억 명이 증가할 것으로 예상된다.[16] 세계 경제, 환경, 사회에 미치는 가공할 만한 영향력을 고려할 때, 이 산업은 계속 성장할 것이며 동시에 환경의 가장 큰 위협에서 환경의 수호자가 될 것으로 예상된다.

패션 및 의류

지속가능 비즈니스 모델을 논할 때 패션 및 의류업계만큼 철저하게 주목 대상이 된 산업도 드물다. 20세기 후반 '소비문화'의 급증은 패션 및 의류산업에 있어 축복이자 저주였다. 전 세계적으로 유명한 브랜드의 부상, 번화가와 쇼핑몰의 출현, 중산계층의 등장이 모두 복합적으로 작용하여 갈수록 통합되고 있던 글로벌 패션 및 의류업체, 그리고 소매업체를 위한 이상적인 시장 환경이 조성되었다.

탑샵(Top Shop)과 자라(Zara)와 같은 개척자들이 견인한 소매 및 패스트패션 모델을 통한 빠른 유입은 최신 유행에 대한 소비자의 욕구를 더욱 부추겨 전 세계적으로 의류 생산과 운송량이 증가하게 했다. 누가 가장 효율적이고 비용 효과적인 공급망을 구축하느냐가 사업의 성패를 결정하게 됨에 따라, 패션업계는 빠른 시제품화, 빠른 원단 소싱, 빠른 생산, 소매점을 통한 매끄럽고 신속한 유통에 더욱 박차를 가했다.

그 여파로 신흥 시장의 환경, 사회, 지역사회는 엄청난 부담을 안게 되었다. 세계화가 시작되고 수요가 늘면서, 패션 및 의류업체는 생산시설을 처음에는 일본과 대만으로 옮겼다가 이후에는 중국으로, 현재는 방글라데시, 베트남, 인도네시아로 옮겼다. 이에 따라 계약생산(contract manufacturing)은 산업 전반에 걸쳐 일반적인 관행이 되었다.

이런 변화를 재촉한 원인은 (의도치 않은 결과를 낳은) 세계무역기구(WTO: World Trade Organization)의 정책이었다. 1973년 미국을 비롯해 몇몇 국가가 특정 신흥 시장으로부터의 원단 및 의류 수입을 제한하는 WTO의 쿼터제에 서명했다. 원래 목적은 미국과 다른 선진국의 국내 생산 보호와 고용 안정화였지만 이 때문에 서명한 국가의 임금이 상승하여 패션업계가 임금이 저렴한 시장의 계약생산업체에 의류 생산을 맡기는 근본 원인이 됐다.

2005년에 쿼터제를 폐지했을 때 이 추세는 가속화되어 계약생산은 이미 일반적인 관행으로 자리 잡았다.[17] 예상대로, 이러한 공급망의 변화는 패션 및 의류산업에 많은 문제를 야기했다.

아마도 가장 유명한 사건은 나이키로 인한 "노동력 착취공장(sweatshop)"이라는 단어가 대중들의 의식에 각인된 사건일 것이다. 아시아 하청 제조업체에서 노동 및 환경 관련 문제가 연달아 터지면서 1990년대는 나이키에게는 "끔찍한 10년(decade horribilis)"이 되었다. 언스트 앤 영(Ernst and Young)의 연구에서는 한 공급업체 공장 근로자 중 무려 77%가 호흡기 질환이 있고 법적 허용 기준치의 177배에 달하는 위험한 발암물질에 노출되어 있다는 것을 발견했다고 밝히고 있다.[18]

나이키는 대대적인 쇄신을 통해 이제는 업계에서 지속가능성 지향 방식의 모범사례로 여겨지고 있지만, 당시 실추된 브랜드 이미지를 회복하고 업계 전체가 나이키를 따라 관행을 바로잡는 데는 수년이 걸렸다. 패션 및 의류 산업계에서 과감히 앞서 나가는 지속가능한 패션 혁신업체들과 지속가능성 문제에 대해 계속해서 발전하는 소비자 사고방식에 힘입어 해당 산업은 성찰과 재창조의 시대로 접어들고 있다. 정보기술 부문에서 보았듯이 혁신은 기존 기업에서는 거의 나오지 않는다. 혁신은 해당 부문이 직면한 문제를 혁신을 주도하고 시스템 작동 방식을 재구상할 기회로 보는 획기적인 소규모 혁신업체에서 나온다.

패션 및 의류 산업의 혁신도 이와 비슷한 궤적을 따르고 있는 것으로 보인다. 가치사슬의 모든 단계에서 혁신이 주도했다. 지속가능성을 가능하게 하는 혁신에서 기회를 본 글로벌 패션 및 의류 기업은 패션 기술 스타트업과 혁신에 투자하기 시작했다.

경쟁업체보다 우위를 점한 기업은 H&M 그룹(H&M Group)이다. 2010년대 초부터 H&M 그룹은 가치사슬의 모든 단계에서 지속가능성을 지향하도록 하기 위해 다양한 이니셔티브를 추진하고 있다. H&M 그룹은 공급업체 목록을 공개한 첫 번째 소매업체로서 투명성을 기업경영 과정의 일부로 받아들였다.[19]

다음으로 추진한 대대적인 조치는 신흥시장 공급업체가 임금관리시스템을 시행하도록 장려하는 노력하고 이를 통해 공정임금 문제를 해결하는 것이었다. H&M 그룹의 이러한 시스템은 임금이 향상되고 근로자가 단체교섭 및 임금 협상에 참여할 수 있게 하는 중요한 첫 단계라는 것을 알게 해주었다.

H&M 그룹은 아직 공급업체와 계약 시 "생활임금(living wage)"을 운영표준에 포함시키지는 않았지만, 모든 가격협상에서 임금비용을 분리해 제거하는 시스템을 만들어 적절한 임금수준 지불 비용이 어떤 주문으로도 충당될 수 있도록 했다.

그 결과 H&M 그룹 제품 물량의 67%가 개선된 임금관리시스템을 시행 중인 공장에서 생산되고 있고, 이는 당초 목표치 50%를 훌쩍 넘어선 고무적인 결과다. 이는 500개의 공장과 635,000명의 노동자에 해당하는 것으로, 불과 5년 만에 상당한 진전을 이룬 것이다.[20]

이는 H&M 그룹이 이 중요한 분야에서 취하고 있는 첫 번째 단계일 뿐이다. 전체 산업, 궁극적으로는 모든 국가의 임금산정시스템을 바꾸는 것이 이들의 더 큰 목표다.

H&M 그룹의 지속가능성 참여 매니저이자 팀장(Sustainability Engagement Manager and Team Lead)인 헨드릭 알펜(Hendrik Alpen)은 "우리는 다른 약 20개의 브랜드 및 국제산별노조연맹 인더스트리올(Global Union Federation IndustriALL)과 업계 이니셔티브 ACT(행동, 협업, 변화(action, collaboration, transformation))에 함께 했다"고 말했다.

이 이니셔티브는 공급업체와 지역 노동조합이 임금과 근로조건을 공정하게 협상할 수 있는 단체교섭 체제 구축을 목표로 하고 있다. 여기에는 예를 들어 임금 인상 시에도[우리가 강조한 부분] 재정적인 지원을 하고 이러한 시장에서 공급업체와 계약관계를 지속하고 금융 지원을 하겠다는 약속이 포함된다. 중요한 것은 이 이니셔티브가 "책임 있는 구매 관행"에 대한 브랜드들의 고유한 약속에 의해 뒷받침된다는 것이다.

H&M 그룹이 다음으로 추진할 대대적인 조치는 생산과 운영에서 순환 체제로 전환하는 것인데, 이는 분명 패스트 패션(fast fashion) 기업에게 쉬운 일이 아니다.

패스트 패션과 순환성이라는 두 가지 개념은 직관적으로 보기에 양립하기 어렵다. 그러나 H&M 그룹은 책임있는 방법을 찾기 위해 최선을 다하고 있다. 그리고 그렇게 해야만 하는데 알펜은 비순환 모델이 환경에 미치는 부정적인 영향 외에도 기후 변화의 영향으로 급격히 바뀌는 세계에서 발생할 광범위한 공급 차질로 인해 H&M 그룹이 사실상 사업을 접어야 할 수도 있다는 점을 알기 때문이라고 말한다.

그래서 어떻게 그 목표를 달성할 계획인가? 중요한 요소 중 하나는 기술이될 것이다. 그들의 기술 중심적 역할이 가장 명확하게 드러나는 곳은 5년 이상 운영한 업계 최초의 글로벌 의류수거프로그램(Garment Collection Program)이다. 여전히 방대한 양의 수거된 의류가 쓰레기 매립지나 소각장으로 가고 있어 의류 수거프로그램이 정말로 순환성이 있는가에 대한 비판이 커지고 있지만 H&M 그룹은 이러한 경향과 상당히 다른 성과를 보이고 있다.

이 성과는 "0%" 매립 공약을 포함한 "재활용 – 재사용 – 재착용(recycle-reuse-rewear)" 접근방식을 통해 달성되었다. 40~60%는 재사용 또는 재착용되어 "업사이클링(upcycled)"되었고, 나머지는 "다운사이클링(downcycled)" 되었다. 즉, 주택 및 자동차 단열재를 만드는 것과 같은 다른 분야에 사용되었고, 소각되는 비율은 매우 낮아졌다. 물론 다운사이클링은 매립이나 소각보다 더 낫다.

패션업계의 바람은 직물을 재사용하여 새 옷을 만드는 것이다. 관련 기술은 초기 단계이지만, 긍정적인 발전이 가능할 것이라는 강력한 흐름이 있다. H&M 그룹은 특히 이 분야의 새롭게 부상하는 혁신에 대해 기대하고 있으며, 기술개발을 지원하기 위해 적극적으로 투자하거나 기업 및 기타 이해관계자와 협력하고 있다. H&M 그룹과 협력하고 있는 기업은 폴리머 재활용 스타트업인 원어게인테크놀로지(Worn Again Technologies)가 있다. 또한 면과 폴리에스테르 혼방을 재활용하여 풀 루프 열수(full – loop hydrothermal) 방식으로 재료의 구조적 품질을 유지할 수 있는 홍콩섬유의류 연구소(Hong Kong Research Institute of Textiles and Apparel: HKRITA)도 있다.

"대형 패션업체(Big Fashion)"가 비즈니스 모델을 재고하여 지속가능성을 전략의 핵심으로 하고 이를 비즈니스 모델로 발전시키는 데 주도적인 역할을 한다는 것은 매우 중요(디지털 기술의 발전에서 보았듯이)하다. 여기에 더해 지속가능한 패션 운동의 핵심은 수많은 소규모 혁신업체와 같은 생각을 가진 투자자도 포함된다.

브랜드

아직 중대한 산업 변화가 될 만한 변화의 초기 단계에 있지만, 전 세계적으로 새롭고 혁신적이며 지속가능한 패션 브랜드와 지원 플랫폼이 속속 등장하고 있다. 아일린 피셔(Eileen Fisher), 스텔라 매카트니(Stella McCartney), 파타고니아(Patagonia)와 같은 선두주자들과 우리가 이 책에서 소개한 킨(KEEN), 토드앤코(Toad & Co)와 같은 브랜드 등 대형 패션의 뒤를 잇는 차세대 지속가능한 패션 혁신업체들이 주류 시장에 이러한 생각을 보다 확실히 심어주고 있다.

일본에 본사를 둔 가족 소유 브랜드인 리치 에브리데이(Ricci Everyday)는 보다 인간 중심적인 패션을 만들기 위해 노력하고 있다. 나카모토 치즈루(Chizuru Nakamot) 회장이 이끄는 리치 에브리데이는 강렬한 아프리카 프린트로 만든 가방 및 기타 액세서리를 생산한다.

하지만 리치 에브리데이가 독특한 점은 생산 모델이다. 아프리카에서 원단을 수입해 수천 킬로미터 떨어진 하청 제조업체에서 제품을 생산하는 대신 우간다 소재 자체 생산시설에서 장인과 함께 모든 제품을 직접 수작업으로 생산하는 방식을 택했다. 현지에서 생산하기로 결정했을 뿐 아니라, 고용한 장인 모두 미혼모나 전직 소년병으로 우간다 평균보다 훨씬 높은 소득과 연금, 교통비 등의 혜택을 받는다. 우간다에 2개의 플래그십 스토어(flagship store)가 있고 일본 내 여러 백화점에 입점해 있으며 도쿄(Tokyo)에 신규 플래그십 스토어 매장을 연 리치 에브리데이의 사업 모델은 업계로서 매우 드문 경우인데 효과적으로 진행되고 있다.

플랫폼

지난 20년간 전자상거래와 플랫폼 개념이 패션을 변화시켰다는 것은 부인할 수 없는 사실이다. 네타포르테(Net-a-Porter) 웹사이트와 같은 고급 온라인 패션 플랫폼, 자라(Zara)와 같은 회사의 온라인 브랜드 상점, 그리고 아마존(Amazon)과 같이 잘 알려진 전자상거래 플랫폼이 생기면서 온라인에서 스타일이나 가격 면에서 자신에게 맞는 패션을 찾는 문제는 훨씬 쉬워졌다.

하지만, 이러한 사이트는 지속가능성을 생각하는 쇼핑객이 "의식있는 패션" 브랜드를 찾는 데 거의 도움이 되지 않는다. 대신 수많은 혁신업체가 브랜드 제품과 서비스의 실제 지속가능성을 투명하게 알려주어 소비자가 미처 인지하지 못했던 브랜드를 찾을 수 있도록 도와줌으로써 이러한 역할을 대신하고 있다. 몇 가지 주목할 만한 예는 다음과 같다.

- 고쇼피아(Goshopia): 두바이에 기반을 둔 전직 프로젝트 매니저이자 패션 블로거인 아라셀리 갈레고(Araceli Gallego)가 설립한 고쇼피아 플랫폼은 이른바 3S, 즉 슬로우 패션(Slow Fashion)(대량 생산 품목이 아님), 지속가능성, 사회적책임 중 하나 이상을 포함한 제품을 소개한다.
- 웨어웰(Wearwell): 에밀리 케니(Emily Kenney)와 에린 휴스턴(Erin Houston)이 2015년 필라델피아에서 설립한 웨어웰은 전 세계 의식있는 브랜드에서 구독자의 스타일 선호도와 예산에 따라 옷을 골라주는 패션 구독 서비스이다.
- 굿온유(Goodonyou): 비영리 단체인 호주윤리적소비자(Ethical Consumer Australia)가 설립한 굿온유는 업계 인증 프로그램 및 비정부기구(NGO) 조사 결과 보고서를 바탕으로 패션 브랜드에 대한 데이터를 통합하고 이를 활용하여 앱과 웹사이트를 통해 쇼핑객에게 브랜드의 지속가능성 등급을 제공한다.

자금 제공자

앞서 언급한 브랜드와 플랫폼은 소비자 교육과 패션의 지속가능성에 대한 투명성을 제공하는 데 있어 중요하지만, 업계가 경영 관행을 쇄신하기 위해 필요한 혁신과 신기술의 유형에 있어서 이들은 빙산의 일각에 불과하다.

업계에서 필요로 하는 많은 기술은 해당 업계 및 전 세계적으로 개발, 개선, 확장하기 위해 상당한 투자가 필요하다. 많은 업계 종사자는 직물을 원 섬유로 분해하여 기부하거나 버린 의류를 재사용할 수 있다는 가능성에 들떠 있다. 이렇게 된다면 기부하거나 버린 의류가 소각로와 매립지로 가지 않을 뿐만 아니라, 기업이 원자재 비용을 절감하는 데 상당한 도움이 될 것이다.

H&M 그룹과 마찬가지로 LVMH, 케링(Kering) 등 글로벌 패션 주도업체들이 이 같은 획기적인 기술을 보유한 중소기업과 스타트업에 직접 투자하고 있다. 또한 이들은 지속가능한 패션 또는 일반적으로 지속가능성을 중심으로 구성된 신규 펀드에서 유한합자회사 역할을 하고 있다.

이러한 펀드 중 하나는 알란테 캐피털(Alante Capital)로, 경력이 풍부한 투자자 칼라 모라(Karla Mora)와 레슬리 하웰(Leslie Harwell)이 출시하고 지속가능한 패션의 선두주자인 아일린 피셔(Eileen Fisher)가 후원한다. 알란테 캐피탈은 가치사슬 전반의 혁신에 투자하지만 생산, 유통, 순환회복 등의 문제를 해결하는 혁신에 특히 관심이 많다. 이러한 획기적인 혁신 방안을 찾기 위해 알란테 캐피털은 업계 전반의 생태계 파트너 시스템을 활용하고 있다.

이 분야의 펀드 수가 증가하고 있으며, 여기에는 2019년 9월에 출시되어 암스테르담에 기반을 둔 굿패션펀드(Good Fashion Fund)와 같은 패션 전문펀드와 파리 및 뉴욕시에 기반을 둔 소비자 창업 펀드 유토피아(Eutopia), 클로즈드루프 파트너스(Closed Loop Partners), 사회혁신 펀드인 공동기금(Collaborative Fund)과 같은 보다 광범위한 범위의 펀드가 있다.

패션과 의류의 세계를 보다 지속가능한 미래로 나아가게 할 사고방식과 혁신에 있어, 현재는 많은 고무적인 변화가 있다. 하지만 과감하고 새로운 경영 접근방식, 변화를 일으키기 위한 업계 간 협력 의지, 그리고 이러한 제품과 솔루션을 전 세계적으로 확장 및 이식할 수 있는 상당한 자원 없이는 이러한 미래를 실현할 수 없다.

━ 건강과 웰빙

우리가 건강과 웰빙을 단일 부문으로 강조한 이유가 궁금할 것이다. 일반적으로 이 둘은 예를 들어 의약품, 비처방 의료제품, 의료기기, 포장식품, 유제품 및 기타 같은 각 요소로 나눠진다. 우리는 미래에 이러한 부문의 경계가 훨씬 더 옅어 질 것이라고 생각한다.

현대 생활방식이 사회 전체로서 우리에게 가르쳐 준 것은 건강 관리에는 포괄적인 접근방식이 필요하다는 것이다. 치명적인 질병의 치료법을 개발하는 데 자원을 사용하는 것은 항상 중요하지만, 질병 발병을 예방하기 위해 특히 식습관과 신체활동에 있어 생활방식 그리고 점차적으로 유전적 소인에 대한 이해가 필요하다는 것을 우리는 알고 있다.

이는 건강과 웰빙 관리의 다음 단계 변화를 이끌어 내기 위해 앞서 설명한 모든 부문과 그 외 많은 부문이 협력해야 함을 의미한다. 본질적으로 기아와 건강에 관한 2030 의제(2030 Agenda) 목표를 달성하기 위해 SDG 17, 즉 목표를 위한 파트너십(Partnership for the Goal)이 가장 중요해질 것이다.

이러한 상황에서 건강 및 웰빙과 관련된 세 가지 중요한 당면 과제가 상호연결된 의료의 미래를 가속화하고 주도할 것으로 예상한다.

1. 사회 고령화: 급속한 고령화가 사회에 미치는 영향에 대해 많은 연구가 이루어졌다. 전 세계 사회가 빠르게 고령화됨에 따라 경제 예측은 약간의 우려에서 극단적인 종말에 가까운 시나리오에 이르기까지 점점 더 암울해지고 있다. 기대수명 증가와 출산율 감소라는 장기적 추세와 함께 과거와 달리 현재 증가하는 노인 인구를 부양할 젊은 인구가 더 적은 실정이다.

2. 생활 습관성 질환의 급속한 증가: 신흥시장에서 중산층이 증가하는 것은 환영할 만한 일이지만, 부정적인 건강 결과는 부의 증대의 주요 역효과이다. 빈곤으로 인한 질병으로 사망할 위험은 시간이 지남에 따라 현저히 감소했지만, 비만, 제2형 당뇨병, 특정 암, 심혈관 질환과 같은 만성 생활습관 관련 질병 및 질환의 발병률은 폭발적으로 증가했다. 생활습관 혹은 비전염성 질병은 현재 전세계적으로 사망자의 71%를

차지하고 있으며, 저소득 국가의 경우 37% 고소득 국가의 경우 88% 이다.[21] 그러나 2030년까지 아프리카와 중동에서 생활 습관성 질환 유병률이 가장 크게 증가할 것으로 예상되기 때문에 이러한 고소득/저소득 국가 간 격차가 오래 지속되지는 않을 것이다.[22]

3. (공공 및 민간) 의료 시스템에 대한 지속적인 부담: 다양한 의료 모델이 있음에도 불구하고 대부분의 선진국은 일종의 국가 의료 시스템을 선택했다. 이러한 시스템은 단일보험지급인부터 사회보험 모델까지 구조는 다양할 수 있지만,[23] 모두 의료 시스템 요소에 자금을 조달하는 데 어떤 형태로든 정부 참여에 의존한다. 고령화를 둘러싼 역학관계 및 생활 습관성 질환 증가와 증가하는 의료 서비스 비용 때문에, 각국 정부는 비용을 최소화하거나 민간보험사 또는 환자 본인에게 일부 비용을 부담시키는 방법을 모색하고 있다. 민간보험이 의료 자금 조달에 중요한 역할을 하는 경우, 보험 산업은 고객의 의료 접근성 제고를 위한 새로운 모델을 고려해 보아야 할 것이다.

따라서 우리 사회는 여러 난제에 직면해 있지만, 공공 및 민간 기관과 실질적인 영향을 미칠 수 있는 좋은 기회도 있다. 이를 위해 정부 및 영리 조직은 장벽을 허물고 협력해야 한다. 그러한 장벽이 무너지기 시작하고 있다는 희망적인 징후들도 있다. 제약, 식품 및 식재료 기업들은 다년간 공중보건 부서를 운영해 전 세계 빈곤 지역의 건강 요구를 해결하는 데 도움을 주고 있기 때문이다.

말라리아와 영양실조와 같은 치명적인 질병에 대처하기 위해, 이러한 공중보건 부서는 기금, 무료 또는 할인된 가격의 의약품을 포함한 지원 및 직접 또는 NGO를 통해 지역사회에 의료 서비스 같은 기타 지원을 제공했다. 최근 일부 조직에서는 접근방식의 변화가 나타나고 있다. 극심한 빈곤이 감소하고 소득 증가가 당뇨병과 특정 암과 같은 새로운 건강 문제를 발생시킴에 따라, 기업은 개발도상국과의 관계에서 시혜적이기보다는 보다 전략적인 관점을 취하기 시작한 것이다. 이러한 기업에게 NGO는 더 이상 원조 전달만을 위한 단체가 아니라, 전 세계의 건강과 웰빙 요구를 해결하는 데 있어 진정한 파트너가 되었다.

DSM, 네덜란드개발은행 FMO, CDC 그룹(CDC Group)이 관리하는 DFID 임팩트액셀러레이션퍼실리티(DFID Impact Acceleration Facility) 및 국제금융공사

(International Finance Corporation, IFC)가 포함된 컨소시엄이 2017년 르완다 정부와 민관 파트너십인 아프리카 식량개량(Africa Improved Foods)을 출범했다. 이 이니셔티브는 더 이상 식량 원조에 의존하지 않지만 여전히 기본 영양소에 대한 접근성이 떨어지는 사회 부문에 영양이 풍부한 곡물을 제공하는 것에 중점을 둔다.

노보 노르디스크(Novo Nordisk)는 주요 치료 분야 중 하나인 당뇨병에서 비슷한 길을 가고 있다. 적십자(the Red Cross)와 협력하여 인도적 위기에 처한 사람들에게 당뇨병 치료제를 할인된 가격으로 제공한다. 노보 노르디스크의 생각은 이러한 환자들은 중증이지만 종종 의료서비스를 제대로 받지 못하고 취약한 상황으로 인해 필수적인 의약품에 대한 접근성이 제한된다는 것이다. 적십자는 노보 노르디스크의 도움이 미치지 못하는 이러한 환자에게 직접적인 접근성을 제공하고 있다.

분명히 음식(식품)산업도 건강과 웰빙에 현재보다 미래에 더 큰 역할을 할 것이다. 유기농[24] 비GMO(non-GMO)(유전자조작유기물) 및 로컬푸드운동[25]이 전 세계적으로 확산되면서 식품과 소비자의 관계도 눈에 띄는 변화가 일어나고 있다.

우리는 규칙적으로 섭취하면 건강에 위협이 될 수 있는 음식을 계속 먹을 수도 있지만, 그러한 식습관이 우리의 전반적인 건강과 웰빙을 결정하는 중요한 요인이라는 인식이 증가하고 있다. 소비자는 이제 식품에서 더 많은 것을 요구하고 있으며, 식품 기업은 건강을 중시하는 신흥기업 인수[26]나 기능식품과 같은 식품 기술 혁신에 투자함으로, 이러한 추세에 대응하고 있다. 기능식품 부문은 2018년부터 2023년까지 매년 8% 성장하고 이러한 성장의 대부분은 아시아태평양 지역이 될 것으로 예상된다.[27]

이러한 변화 역학관계는 식품 기업에게 큰 기회이다. 미국의 홀푸드(Whole Foods)와 내추럴 그로서(Natural Grocers), 프랑스의 내츄랄리아(Naturalia), 영국의 플래닛 오가닉(Planet Organic), 독일의 덴(Denn)은 지난 20년 동안 크게 부상하면서 소매업에서 꽤 많은 혁신을 이루었다. 이러한 혁신은 당연히 특수 식품 시장에만 국한되지 않는다. 선진국의 대형 소매업체 대부분은 과거보다 훨씬 더 많은 유기농 및 자연식품을 취급하고 있으며, 몇몇 소매업체는 이러한 제품 전용 매장을 운영하고 있다.

일본에서는 선도적인 소매업체 아에온(Aeon)이 현재까지 1,100만 그루의 나무를 심으며 지속적으로 운영해 온 나무심기 프로그램 같은 보다 환경 중심적인 이니셔티브를 확장해 지속가능성에 중점을 둔 "당신에게 더 나은(better for you)" 제품군을 선보였고, 이로 인해 눈에 띄는 성장세를 보였다. 아에온은 이제 글루텐 성분이 "없는"[28] 혹은 자연 또는 인증된 유기농 식품 자체 브랜드를 출시하고 있으며, 가까운 장래에 이러한 브랜드가 계속 성장할 것으로 기대하고 있다.

그러나 이러한 조치는 첫 번째 단계에 불과하다. 소비자가 식품 성분에 대해 더 잘 알게 되면서 소매업체에게는 소비자가 자신만의 식품을 만들고 배합할 수 있는 시설을 제공할 기회가 생겼다. 예를 들어 소매업체는 그동안의 관행 대신 최근 기능식품 부분으로 사업을 확장한 DSM, 지보단(Givaudan)과 같은 업체와 제휴하여 새로운 식재료를 자체 생산제품에 넣게 되었다.[29] P&G, 네슬레(Nestlé), 유니레버(Unilever)와 같은 브랜드가 이러한 유형의 제품 시장 트렌드를 만들고 있다. 그리고 궁극적으로 수직농법 스타트업과의 제휴를 통해 소비자들에게 신선한 농산물에 대한 접근성을 훨씬 더 높여주고 있다.

우리가 건강을 관리하는 방법에 큰 변화를 일으킬 더 많은 혁신이 있다는 것은 당연한 이야기다. 오늘날 대부분 의료시스템은 이러한 솔루션이 필요로 하는 협업, 파트너십 중심의 접근방식이 가능하도록 만들어지지 않았다. 그러나 정부, 기업, 시민사회가 협력이 건강 증진을 위한 유일한 실행 가능한 길이라는 것을 깨닫게 되면서 이는 변할 것이고 반드시 변화해야 한다.

▬ 비결은 '협력'(SDG 17)이다

이는 우리가 알고 있던 삶을 변화시킬 지속가능한 혁신을 제공할 뿐 아니라 기업경영 방식에 더 큰 변화를 일으킬 힘이 있다고 생각하는 산업의 몇 가지 예에 불과하다. 이러한 비전을 실현하려면 한 가지 요소가 더 필요하다, 즉 업계 협력이 필수적인 요소다.

SDG 17(목표를 위한 파트너십(Partnership for the Goal))이 가장 중요하다고 주장하는 데에는 그럴만한 이유가 있다. 실제로 한 주체만 행동을 조절한다고 해서 시스템 전체의 변화가 이뤄지지는 않는다. 많은 이들 혹은 거의 모두가 더 나은 방향으로 함께 움직여야 한다.

기업입장에서는 어려운 일이다. 많은 기업은 경쟁자를 적으로 생각하는 데 익숙하다. 종종 정당한 이유 때문에 협력하거나 기초적인 수준의 정보조차 공유하는 것을 꺼린다. 그러나 산업이 더 우수하고 지속가능한 모델로 전환하기 위해 필요한 변화에는 당연히 지금과는 다른 패러다임이 필요하다. 정부와 시민사회 참여자를 포함한 산업 간 또한 산업 내 협력은 이 새로운 접근방식의 기반이 될 수 있다.

Notes

1 Ortiz−Ospina, E., and Roser, M. (2016). Child labor. Our World in Data. Retrieved from https://ourworldindata.org/child−labor.

2 ILO (2017). Global estimates of child labor: Results and trends, 2012-2016. Retrieved from www.ilo.org/wcmsp5/groups/public/−dgreports/−dcomm/documents/publication/wcms_575499.pdf.

3 Allianz SE (2018). Dow Jones Sustainability Index. Press release. Retrieved from www.allianz.com/en/press/news/commitment/community/180913−allianz−tops−dow−jones−sustainability−index−2018.html.

4 RobecoSAM (2019). Industry Leaders List. RobecoSAM Corporate Sustainability Assessment. Retrieved from www.robecosam.com/csa/csa−resources/industry−leaders.html.

5 Allianz Group (2018). Sustainability report: Shaping our sustainable future, 5. Retrieved from www.allianz.com/en/sustainability/strategy−governance/sustainability−report.html.

6 Duncan, H. (2014). Axa builds "fund of funds" for socially responsible investing. The Guardian. Retrieved from www.theguardian.com/sustainable−business/axa−fund−socially−responsible−investment.

7 World Tourism Organization (1995-2017). International tourism, number of arrivals. Yearbook of Tourism Statistics, Compendium of Tourism Statistics and Data Files. Retrieved from https://data.worldbank.org/indicator/st.int.arvl.

8 Travel and Tourism Council (2019). Travel & Tourism Economic Impact World 2018, 3.

9 Mazareneau, E. (2019). Share of fuel costs in the aviation industry 2011-2019. Statista. Retrieved from www.statista.com/statistics/591285/aviation−industry−fuel−cost/.

10 Boeing (2019). Boeing global environmental report. Retrieved from www.boeing.com/principles/environment/report/index.page.

11 UN World Travel Organization (2019). Tourism for the SDGs platform. Retrieved from http://tourism4sdgs.org/tourism−for−sdgs/tourism−and−sdgs/.

12 World Economic Forum (2016). Environmental sustainability principles for the real estate industry, 6. Retrieved from www3.weforum.org/docs/GAC16/CRE_Sustainability.pdf.

13 Mathiessen, L.F., and Morris, P. (2007), The cost of green revisited: Reexamining

the feasibility and cost impact of sustainable design in the light of increased market adoption, 3. Davis Langdon. Retrieved from https://global.ctbuh.org/resources /papers/download/1242−cost−of−green−revisited−reexamining−the−feasabilit y−and−cost−impact−of−sustainable−design−in−the−light−of−increased−market −adoption.pdf.

14 GRESB. 2018 GRESB Real Estate Results. Retrieved from https://gresb.com/ 2018−real−estate−results/.

15 Benjamin, H. (2018). World green building trends in 2018: Green keeps growing. USGBC. Retrieved from www.usgbc.org/articles/world−green−building−trends− 2018−green−keeps−growing.

16 United Nations. (2017). World population prospect revision. Retrieved from www.un.org/development/desa/publications/world−population−prospects−the− 2017−revision.html.

17 Gonzalez, N. (2015). A brief history of sustainable fashion. Triple Pundit. Retrieved from www.triplepundit.com/story/2015/brief−history−sustainable− fashion/58046.

18 Abnett, K. (2016). Just fix it: How Nike learned to embrace sustainability. Business of Fashion. Retrieved from www.businessoffashion.com/articles/people/ just−fix−it−hannah−jones−nike.

19 Dienel, E. (2014). Two questions for H&M CEO Karl−Johan Persson: How do you promote transparency and transformation? BSR.org Blog. Retrieved from www.bsr.org/en/our−insights/blog−view/two−questions−for−hm−ceo−karl− johan− persson−how−do−you−promote−transparency.

20 H&M (2018). Fair Living Wage Strategy: Key impacts and learnings. Retrieved from https://hmgroup.com/content/hmgroup/groupsite/sv/sustainability/sustainable −fashion/wages/key−impacts−and−learnings2.html.

21 World Health Organization (2018). The top 10 causes of death. Retrieved from www.who.int/news−room/fact−sheets/detail/the−top−10−causes−of−death.

22 Al−Maskari, F. (2010). Lifestyle diseases: An economic burden on the health services. UN Chronicle, Vol. XLVII No. 2. Retrieved from https://unchronicle. un.org/article/lifestyle−diseases−economic−burden−health−services.

23 Cheung, M. (2017). Health care reform: Learning from other major health care systems. Retrieved from https://pphr.princeton.edu/2017/12/02/unhealthy−health− care−a−cursory−overview−of−major−health−care−systems/.

24 MarketWatch (2018). Organic food & beverages market projected to grow at CAGR of 14.8 percent during 2018 to 2022. Retrieved from www.marketwatch.

com/press − release/organic − food − beverages − market − projected − to − grow − at − cagr − of − 148 − during − 2018 − to − 2022 − available − in − new − report − 2018 − 08 − 31.

25 Rushing, J., and Ruehle, J. (2013). Buying into the Local Food Movement. AT Kearney.

26 Laurence, E. (2018). Megacompanies are investing in small, healthy food brands: Are your indie favs selling out? Well and Good. Retrieved from www.welland good.com/good − food/healthy − food − investments − future − of − food/.

27 Technavio Research (2019). Global nutraceuticals market 2019-2023: Industry developments to augment growth. MarketWatch. Retrieved from www.market watch.com/press − release/global − nutraceuticals − market − 2019 − 2023 − industry − developments − to − augment − growth − technavio − 2019 − 01 − 10.

28 "Free from" products that give consideration to additives, ingredients, and components that customers are concerned about.

29 Givaudan (2017). Givaudan to acquire Nutrition Division of Centroflora Group: Strengthens global offering of natural extracts. Press release. Retrieved from www.givaudan.com/media/media − releases/2017/givaudan − to − acquire − centrofl ora − nutra.

킨(KEEN)

"우리는 단지 신발을 만드는 곳이 아니다"

킨(KEEN)은 창립 이래 "케어(care)"라는 개념에 중점을 두었다. 공동 창업자인 로리 퍼스트(Rory Fuerst)와 마틴 킨(Martin Keen)은 요트 타기에 필요한 편안함과 안전성을 제공하는 디자인이 거의 없다는 것을 깨닫고, 이러한 분야에서의 신발사업이 좋은기회가 된다는 것을 발견했다.

이들은 협업으로 첫 번째 킨(KEEN) 신발을 디자인했다. 협업 결과인 뉴포트 샌들(Newport Sandal)은 아웃도어 신발에 혁신적이고 새로운 디자인을 도입해 엄청난 성공을 거두었다.[1]

그런데 2004년 이러한 "케어(care)" 개념이 크게 확장되었다. 성공적인 출시와 함께 킨의 경영진은 그해 12월 인도양 지진과 쓰나미가 일어났을 때 100만 달러 비용을 들인 첫 광고를 준비하고 있었다. 킨의 창업자들은 신속하게 대응하여 회사가 앞으로 나아갈 길이 될 결정을 내렸다.

킨의 기업책임 담당자(Corporate Responsibility)이자 킨 효과 팀(KEEN Effect Team) 팀장인 크리스 엔로우(Chris Enlow)는 "광고 예산 전부 재난구호에 할당하겠다"고 말했다.

"먼저 50만 달러는 아메리케어(Americare)를 통해 쓰나미 구호에 사용했다. 나머지 50만 달러로 우리가 참여한 자체 기부 프로그램을 시작하고 조직했고, 이를 통해 아메리칸 화이트워터(American Whitewater), 자연에 인간의 흔적 남기지 않기(Leave No Trace) 및 환경보호연합(Conservation Alliance)과 같은 조직과 파트너십을 체결했다. 우리 회사가 추구하는 가치를 확고히 한 순간이었다."

이 시점부터 킨은 기업이자 동시에 브랜드로서 킨 효과 팀을 통해 제공하는 구호 지원과 보호 지원, 그리고 관련 정책 지지를 하는 것과 동의어가 되었다.

많은 미국 기업이 직장에서 공공연한 정치적 행동을 지양하는 시대에 킨은 모든 사람이 더 나은 세상을 만들 책임이 있다고 믿으며 상당히 다른 길을 택했다. 이러한 개념은 "행동하는 것이 더 좋다(Better Takes Action)"라는 캠페인에서 잘 드러난다.

그림 6.1 신발 디자인 혁신업체인 킨(KEEN)은 재난구호, 환경보호 지원 및 정치적 지지의
         대명사이기도 한다.

출처: 킨(KEEN)

이 캠페인의 인상적인 예로는 하원 및 상원의원에게 연락하는 방법을 알려주
는 정보와 지침을 제공하는 사내 행동촉구 전화 부스(Call to Action Phone
Booth)를 들 수 있다.

이 개념의 힘을 목격한 킨은 미국 전역의 무역박람회에서 전화부스를 선보이
며 의원들에게 의견을 전달하는 최상의 전략과 접근방식에 대한 지침을 온라
인으로 제공했다. 킨의 지속가능성에 기반을 둔 가치는 모든 비즈니스 활동
을 관통하는 연결고리다. 많은 다른 기업과 달리 킨 효과팀은 생산 과정 및
공급망 내에서 부정적인 영향 활동을 줄이려는 책임의식도 가지고 있으며,
주요 조치는 다음과 같다.

- 내구성 = 지속가능성: 킨은 "스마트 소매업(smart retailing)" 모델을 지양했
  다. 내구성은 킨 디자인의 핵심이며 오랜 기간 신발 수선 서비스 제공을 통해
  소비자를 지원한다. 킨은 내구성이 있는 신발을 만드는 것이 브랜드 정체성의
  핵심일 뿐만 아니라 회사가 지향하는 가치에 부합하는 것이기도 하다.
- 지속가능성 경영: 완전한 "생각과 행동의 일치"를 위해 지속가능성이 경영 모

델의 근간이 되어야 한다. 이를 달성하기 위해 킨은 모든 공장과 제조업체의 공장이 공급망 지속가능성에 대한 지속가능의류연합(Sustainable Apparel Coalition)의 히그지수(Higg Index) 인증을 받도록 하고 공급망 해독(불소화 화학물질[PFC] 100% 없음)과 같은 핵심 성과지표를 마련하고, 업계 표준 이상으로 모든 킨 신발에 대한 화학물질 및 제품 사양을 제공하는 이니셔티브를 중점에 뒀다.

- 혁신 동력으로써의 지속가능성: 때로는 초기 비용이 더 높고 개발 주기가 더 길어질 수도 있지만 킨은 사내 혁신 모델을 선택했다. 이를 통해 혁신이 킨이 추구하는 가치와 일치하도록 했다. 예를 들어 킨은 화학품 기반 솔루션에 의존하지 않고 밑창 냄새를 자연적으로 제거하는 프로바이오틱(probiotic) 기반 기술을 개발했다.

킨이 추구하는 가치 덕분에 킨은 신발 산업의 선두주자가 되었지만 여전히 더 많은 일을 하는 것이 목표다. 지속가능성과 관련하여 업계 전반에 걸쳐 더 큰 변화를 일으키고, 더 광범위한 정치적 행동을 가능하게 하며, 가상현실과 같은 환경 영향을 더욱 최소화하기 위해 기술 솔루션을 활용하고, 영향 측정에 대해 더 심도 깊이 파고든다. 킨은 신발업계와 세상을 더 나은 방향으로 변화시키겠다는 훨씬 더 높은 목표를 가지고 있다. 창립한 지 불과 15년이 되었지만 킨에게는 이제 시작일 뿐이다.

📑 **Notes**

1 Heath, T. (2015). Keen footwear founder works way up the body, tackling evils of bad posture. Washington Post. Retrieved from www.washingtonpost.com/business/economy/keen－footwear－founder－works－way－up－the－body－tackling－evils－of－bad－posture/2015/02/20/0caa09ae－b785－11e4－aa05－1ce812b3fdd2_story.html.

도약과 발전

지속가능성을 일상(business-as-usual)으로
구현하다.

지속가능하게 리드하라
Leading Sustainably

지속가능한 비즈니스 = 일상?

저자들은 목적과 이해관계자에 대한 책임에 관한 기업의 사고방식에 근본적인 패러다임 전환이 일어나고 있다고 본다. 최근 이 책을 쓰는 동안에도 놀라운 발전과 진화를 목격했고, 이러한 변화의 속도는 점점 빨라지고 있다. 하지만 비지니스를 지속가능하게 만드는 데 필요한 근본적인 변화를 이끌어내기에 과연 이것으로 충분한가?

2030년 "지속가능한 비지니스"가 "일상"으로 자리잡도록 하기 위해 기업이 이 프로세스를 가속화할 수 있는 방법에 대해 몇 가지 최종 의견으로 마무리해 보자.

이 책은 비지니스의 지속가능성이 어떻게 진화해왔는지, 현재 상황, 조직이 지속가능한 비지니스 모델을 어떻게 구현할 수 있는지, 이러한 혁신이 비지니스를 근본적으로 변화시킬 수 있는 분야 또는 산업 등에 대해 포괄적인 개요를 제공한다.

또한 5장의 10가지 권고사항을 통해 지속가능한 기업이 되는 데 있어 가장 큰 장애요소를 극복하는 방법을 제시하고 이를 이행하기 위한 실질적인 조치를 살펴보았다. 해당 내용에서 앞서 말했듯이 지속가능성을 향한 여정은 과감한 리더십에서 시작한다. 하지만 어떻게 조직 전체에서 이 여정을 시작하고 지속하게 할 수 있을까? 우리는 이 책에서 제공한 많은 제안 중 다음과 같은 세 가지 구체적인 제안을 내놓고자 한다. 이 제안사항은 우선 순위를 정하여 추진력을 유지하고 팀에 동기를 부여하며 비지니스를 발전시킨다.

1. 계획을 수립하고 SDG를 활용한다.

조직과 팀에 도움이 되고 지침이 될 수 있는 지속가능개발목표(Sustainable Development Goals, SDGs)의 힘을 인식한다. 기업의 사회적 책임(Corporate Social Responsibility, CSR)팀을 기업의 소식을 전달하는 데만 사용하는 것이 아니라 모든 직무 및 사업활동에 적용하도록 한다. 그런 다음 의사결정 및 전략 개발, 실행, 평가에 "반복적"(또는 "반복적이고 점진적") 프로세스를 지속적으로 적용하여

SDG와 연계된 지속가능한 비즈니스 모델을 채택하다. 아래에 소개된 SDG 행동 주기(SDG Action Cycle)는 이를 수행하는 명확한 방법을 제공한다(그림 7.1).

2. 지식 공백을 해소한다.

지속가능성 중심의 비즈니스 의사결정에 필요한 조직 내 전략적 지속가능성 지식 기반을 구축할 수 있는 기회를 최대한 많이 창출해 팀에 제공한다. 초기에 이를 통해 여정을 시작하고 정예팀을 구성하여, 조직 전체와 프로세스 전반에 걸쳐 완전한 일치를 달성하기 위한 노력을 하면서 각 팀에 대한 지원 및 교육을 계속한다.

3. 체계적으로 접근한다.

지속가능성을 비즈니스에 포함하는 데 있어 일관되고 엄밀해야 한다. SDG 행동 주기가 이런 면에서도 유용한 데, 특정 단계에서 취해야 할 조치를 알려주고 각 조치에 대해 무엇을 하고 어떻게 접근해야 하는지에 대한 상세한 질문을 하기 때문이다. 경쟁기업에 대한 가시성 확보, 활동범위 결정, 핵심 성과지표(key performance indicators, KPIs) 설정, 영향 평가 등 모든 단계에서 체계적인 접근방식을 취하여 SDGs 행동 주기에서 제시한 방식을 활용하도록 한다.

4. 다음과 같은 계획과 시스템을 도입한다.

우리는 SDGs만큼 지속가능성의 과제와 기회를 잘 구조화하는 모델은 거의 없다고 본다. SDGs는 당초 주로 기업을 염두에 두고 개발된 것은 아니지만, 기업이 조직과 산업 수준 모두에서 유의미하고 긍정적인 조치를 추진하기 위해 성공적으로 활용할 정도로 발전했다. 본질적으로 모두에게 무언가 제공하고, 모두에게 올바른 방향으로 한 걸음, 혹은 이상적으로는 여러 걸음 나아갈 수 있는 자신감을 준다. 우리는 이러한 프레임워크가 조직의 전략 및 운영에 지속가능성을 포함하기 위한 매우 건설적인 체계라고 생각한다. 그럼에도 불구하고 목표를 이루기 위해 일상에서 노력을 기울이는 것은 어려울 수 있다. SDGs를 특정 기업에 적합하게 하려면 SDGs를 기업 운영에 포함시키는 좀 더 구체적인 접근방식이 필요하다.

우리는 사업기획 및 운영을 지속가능성 원칙에 맞추고 지속가능한 비즈니스 모델을 달성하기 위한 6개의 "반복적인" 단계가 있다고 생각한다. SDGs 행동 주기는 이 6단계로 구성되어 있다(그림 7.1).

이해를 돕자면 2장과 5장에서 논의한 지속가능한 비즈니스 모델을 달성하는 5단계(Five Steps to a Sustainable Business Model)는 지속가능성을 프로세스에 통합하고 SDGs에 맞춰 조정하는 여정을 시작하는 기업의 일반적인 조직 진화 (organizational evolution)를 나타낸다.

SDG 행동 주기

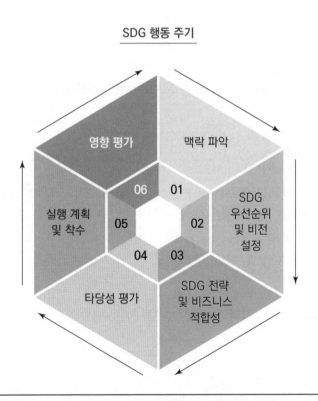

그림 7.1 SDG 행동 주기는 사업기획 및 운영을 지속가능성 원칙에 맞추고 지속가능한 비즈니스 모델을 달성하는 데에 있어서 유용한 6개의 "반복적인" 단계로 구성된다.

출처: 이미지 제공: 리드 디 에어(Read the Air)(www.readtheair.jp).

하지만 이는 시간이 지남에 따라 비즈니스가 어떻게 변화하는지 보여주는 거시적 관점이다. 이와는 대조적으로 SDGs 행동 주기는 기업이 경영을 할 때 SDG(또는 모든 지속가능성 중심 모델)에 맞춰 성공적으로 조정하기 위해 지속가능성 전략 개발에 적용해야 하는 정기적인 내부 프로세스다.

기업은 SDGs 또는 기타 지속가능한 실천과의 연계성을 만들고 유지하기 위해 정기적으로 SDGs 행동 주기 단계를 다시 진행한다. 시각화를 해보면 지속가능한 비즈니스 모델을 달성하는 5단계는 상향하는 직선, SDGs 행동 주기는 이 5단계 직선을 중심으로 회전할 때마다 6단계를 계속해서 순환하는 상승형 나선이다.

SDGs 지향 접근방식을 취할 때 각 단계에서 기본 질문에 답해야 한다. (사이드바(sidebar)에 있는 "SDGs 행동 주기 탐색을 위한 기본 질문(Fundamental questions for navigating the SDG Action Cycle)" 참조).

SDGs 행동 주기 탐색을 위한 기본 질문

1단계: 맥락을 이해한다.
1. 1.5-4°C의 세계에 대한 준비가 되어 있는가?
2. 경쟁기업이 SDGs 및 지속가능성을 다루는 방법에 대한 가시성을 확보하고 있는가?
3. 귀사가 SDGs 프레임워크 또는 핵심 지속가능성 전략으로부터 이익을 취할 수 있는 방법을 파악했는가?

2단계: SDGs 우선순위 및 비전 설정
1. 귀사의 지속가능성 비전은 무엇인가?
2. 무엇을 달성하고 싶은가?
3. 어떤 SDGs를 우선순위로 둘 것인가?
4. 전략의 핵심 요소를 파악하고 우선순위를 정하는 방법에 지속가능성 지향 기준을 포함했는가?

3단계: SDGs 전략 및 비즈니스 적합성
1. 무엇을 다르게 할 것인가?
2. 귀사의 사업활동이 귀사의 지속가능성 선택과 일치하는가? 그렇지 않다면 어떻게 수정할 것인가?

3. 사업활동 범위는 어떻게 할 것인가? 무엇을 우선순위로 둘 것인가?
4. 무엇을 시작할 것인가?
5. 무엇을 중단할 것인가?

4단계: 타당성 평가
1. 전략이 실행, 달성, 측정 가능한가?
2. 비전과 전략을 이행하기 위해 어떤 변화가 필요한가?
3. 회사 내 장애 및 지원 요소는 무엇인가?

5단계: 실행 계획 및 착수
1. 조직이 전략과 비전을 실행할 준비가 되도록 하기 위해 어떤 조치를 취할 것인가?
2. 어떤 내부 및 외부 이해 관계자가 참여해야 하는가?
3. 비즈니스 수준(예 재무, 시장 중심) 및 사회 수준(예 우선 순위 SDG에 따라-지구자원, 교육 등) 모두에서 어떤 KPI를 사용할 것인가?

6단계: 영향 평가
1. 귀사가 사회에 미치는 영향을 어떻게 측정할 것인가? 어떤 기준을 사용할 것인가?
2. 성과를 추적하고 평가하는 데 필요한 정보는 무엇인가?
3. 직원 평가

이 6단계는 SDG 연계 모델을 추구하든 다른 모델을 추구하든 관계없이 모든 지속가능성 기반 변화에 동일하게 적용된다. 우리는 이를 반복적이라고 평가하는데, 지속가능성을 달성하기 위한 여정에서 정기적으로 수행해야 한다고 보기 때문이다. 현장 상황이 변화하고, 달성 가능한 것에 대한 사회의 열망이 높아지며, 지속가능하다는 것이 무엇을 의미하는지에 대한 이해가 달라지기 때문에 어떤 조직도 지속가능한 비즈니스 모델을 단번에 구현하거나 유지할 수는 없다.

SDGs 행동 주기를 성공적으로 사용하기 위한 요건은 체계적인 접근방식이다. 기업이 (연간, 프로젝트 단위 또는 기타 기간에) 6단계를 체계적이고 지속적으로 진행한다면 기업의 지속가능성에 대한 고유한 비전에 계속 더 가까워질 것으로 기대할 수 있다. 프로세스는 SDGs에 맞춰 조정되고 지속가능성은 이행될 것이다. SDGs를 포함하는 것은 이해관계자가 기업에 기대하는 최상의 표준을 채택하고 있다는 것을 보장한다.

이 책을 집필하는 과정에서 클라이언트를 만나고 기업과 인터뷰하면서, 우리는 많은 선두기업이 SDGs 우선순위 및 비전 설정 단계(2)에 도달했지만, 대다수는 SDGs 전략 및 비즈니스 적합성을 결정하는 다음 단계로 이동하는 데 어려움을 겪고 있음을 알게 되었다. 이것은 하나의 과정이고 우리는 현재는 그 기업들도 이 과정을 성공적으로 통과했다는 것을 알고 있기 때문에(SDG 이니셔티브 등을 시작했다), 이에 대해서는 이론의 여지가 있을 수도 있다. 대신 다음과 같이 말할 수도 있겠다: 6개 단계를 모두 통과한 소수의 기업도 이런 주기를 반복하면서 계속 배우고 발전해 나간다.

제대로 된 교육

SDGs 행동 주기(및 지속가능한 비즈니스 모델을 달성하는 5단계) 진행의 핵심은 조직 내에서 지속가능성 지식을 확산하는 데 있다. 지속가능성 개념에 대한 최소한의 기본적인 이해 없이는 각 팀이 SDGs 행동 주기의 단계 진행에 있어 진전하는 것이 거의 불가능하다.

이러한 진전이 없다면, 기업은 지속가능한 비즈니스 모델을 달성하는 5단계를 성공적으로 수행하지 못할 것이다. 특히 처음에는 기초 수준의 이해를 확고히 한 다음, 이러한 이해를 활용해 정예팀을 구성하고, 높은 수준의 목표를 설정하고, 지속가능성을 중심으로 초기 선택을 하는데 어려움을 겪게 될 것이다. 기업은 이러한 첫 단계를 수행하기 위한 필수 지식이 조직 내에서 제고될 수 있도록 해야 한다. 일단 프로세스가 시작되면 리더십 계발 및 훈련을 통해 지속가능성 사고 역량 강화 및 조직 전체의 모든 직무에 지속가능성 사고 확산을 지속적으로 해야 한다. 이렇게 해야 기업은 강력하고 새로운 지속가능성 기조를 온전히 취하는 데 필요한 조직 간 합의(buy-in)를 만들 수 있다.

SDGs 행동 주기의 비전 설정 단계를 지나 실제 사업전략 수립 단계로 이행하고자 하는 기업에서 관찰되는 가장 큰 장애 요소는 기능팀에게 이러한 지식이 부족하다는 것이다. 우리가 아는 최대 규모의 지속가능성 팀은 직원 수 10만 명인 기업의 25명으로 구성된 팀이었다. 현재 많은 기업에서 이 주제에 대한 지식 수요를 충족할 전문 실무자가 부족한 실정이다(수가 증가하고 있기는 하다).

따라서 기업은 필수 전문지식을 조직의 다른 부분까지 확산할 수 있는 스마트한 방법을 모색해야 한다.

5장에서 논의한 다수 권고사항에서는 고위경영진의 과감한 리더십, 명확한 내부 커뮤니케이션, 의미있는 공언 약속, 정예팀 신설. 그리고 이러한 지식을 전달하는 방법을 제시했다. 실용적인 지식을 공유하는 또 다른 중요한 방법은 지속가능성이 일반적인 기업에 의미하는 바와 기업 내에서 개인의 역할에 대한 초기 교육 프로그램을 구축하는 것이다.

개인과 팀에 교육을 제공하면 보다 사회적이고 환경친화적인 운영 방식으로 조직 개편을 해야 하는 이유를 받아들이는 데 도움이 된다. 또한 직무상 의사결정에 도움이 될 일련의 핵심 지속가능성 역량을 기르는 데 도움이 되며, 이를 통해 비즈니스 혁신을 가속화 할 수 있다.

목표는 궁극적으로 해당 기업 내에서 각 팀 및 부서가 한 명의 지속가능성 담당자나 소규모 전문가팀 혹은 다양한 종류의 기술과 성향을 가진 사회적책임 전문가에게 더 이상 의존하지 않는 조직을 만드는 것이다. 대신 전사적으로 각자 맡은 직무를 수행함과 동시에 지속가능성 실천가로서 역할을 하는 수많은 지속가능성 지지자와 변화 주체를 확보하는 것이 목표다.

이 책의 머리말에 등장한 미래 경영인이 누구도 더 이상 지속가능성에 대해 이야기하지 않는다고 생각하는 것처럼, 이러한 사고방식의 실행과 원칙이 자리잡아 기업 구조의 자연스러운 일부가 되는 것이 가장 중요하다.

이케아(IKEA) 브랜드 소유주인 이케아 잉카 그룹(IKEA INGKA Group)은 30명의 이케아 현지법인 대표에게 현지 법인 최고 지속가능성 책임자(Chief Sustainability Officer, CSO) 역할을 추가로 맡겨 이러한 국면에 박차를 가했다.[1] 이는 해당 현지 법인 조직 전체에서 직원들에게 지속가능성의 중요성을 역설하는 데 있어 매우 효과적인 방법이다. 이러한 현지 법인 대표 겸 CSO는 실질적인 프로그램을 통해 지속가능 전략의 이행에 기여하기 위해 각 팀에게 역량을 기르도록 할 수 밖에 없다. 이로 인해 이케아는 전반적인 환경을 조성해 사업운영과 지속가능성 리더십에 있어 업계에서 선도적인 위치를 차지하고 있다.

이와 같은 방법은 지속가능성에 대한 과감한 리더십이 조직에 내재 되도록 한다. 그러나 지속가능한 비즈니스 원칙에 따라 결정할 필요가 없었던 개인과 팀에게도 리더십 개발과 훈련이 필수적이라는 점은 아무리 강조해도 지나치지 않다. 이들이 입사 전 받은 훈련과 입사 후 접한 것은 조직에서 현재 위치를 차지하게 된 데 도움이 되고 있다. 그러나 지속가능성에 대한 훈련은 거의 어김없이 주주가치 제고 또는 이윤 극대화에 집중하는 맥락에서만 제공되었다.

기업이 지속가능성을 지향하는 방향으로 전환하고 있지만, 이러한 이력이 있는 직원은 충분한 훈련과 개발 없이는 적응 준비가 되어있지 않을 것이다. 지속가능성에 대한 적절한 기초 교육을 통해 이들이 새로운 환경에서 회사를 발전시키고 조직 내에서 자신의 경력을 계속 발전시킬 수 있도록 해야 한다.

지속가능한 기업이 바로 스마트한 기업이다.

이제 전체를 마무리하면서 "왜?"라는 질문으로 돌아가보자. 왜 당신의 기업이, 나아가 왜 모든 기업이 지금 바로 지속가능성을 향한 여정을 시작해야 하는가?

지속가능성을 뒷받침하는 근거가 날로 분명해지고 있으며, 어느 기업이라도 SDGs가 명쾌하게 기술한 문제들을 간과하는 것은 이제 매우 위험한 일이 되었다. 그러나 이러한 측면보다 오히려 지속가능성이 기업과 사회 모두에 제공하는 기회들을 고려하는 것이 이 목표 달성을 위한 더욱 중요하고 큰 동기부여를 제공한다. 혁신 추진의 문제이건, 빠르게 진화하는 소비자층의 수요와 요구에 부응하는 문제이건, 또는 경쟁기업보다 앞서 나가기 위한 문제이건, 지속가능한 목적과 이윤을 일치시키는 것이 비즈니스적으로도 더 유리하다(그림 7.2 참조).

오늘날 지속가능한 기업은 스마트한 기업이며, 우리는 이제 곧 지속가능한 기업만이 유일한 생존형태가 될 것이라고 믿는다.

한동안 지속가능한 비즈니스 모델 사례를 찾기가 쉽지 않았지만 이제 상황이 다르다. 지속가능한 비즈니스 모델을 채택한 조직이 성공적 경영에 더 유리하다는 증거가 빠르게 늘어나고 있다.

특히 COVID-19 위기로 인해 이 점이 매우 명백해진 것 또한 사실이다. 향후 10년 그리고 예측컨대, 그 이후에도, 2030 의제(2030 Agenda)의 핵심 도구인 SDGs가 방향을 제시하게 될 것이다. 이러한 미래는 모든 이해관계자의 의견과 입장이 발언권을 가져야 한다는 국제적 합의를 통해 형성되어 나가는 단계다. 우리의 미래는 사회 각계각층의 의견을 통해 형성되고 있으며, 이들을 대표하는 시민사회단체가 그 방향을 안내하고 있다. 또한 의식있는 캐피탈 매니저들도 뒷받침하고 있다.

세계는 SDG와 함께하는 계획을 가지고 있고 기업도 그 계획의 일부를 이룬다. 그들이 이 계획을 사회가 기업에게 바라는 바를 보여주는 선물로 여길 때, SDGs는 기업이 이해관계자와 함께 모두의 발전을 위해 전진할 수 있는 강력한 방법이 된다.

21세기를 거치면서 지속가능한 비즈니스 모델을 도입하지 않는 기업은 아마도 22세기가 되기 전에 도태할 것이다. 지속가능한 비즈니스 모델을 채택하는 기업은 기업 모두가 추구하는 보상, 즉 목적의식 가운데 취하는 행동, 그 결과 발생하는 이윤, 그리고 이 두 가지 모두를 계속해서 성취할 수 있는 기회를 누릴 것이다.

⬛ Notes

1   IKEA (n.d.). Ingka Group takes the next step in putting sustainability at the core
    of its business. Retrieved from www.ikea.com/us/en/this−is−ikea/newsroom/ingka
    −group−takes−the−next−step−in−putting−sustainability−at−the−core−of
    −its−business−pub3273fb11.

옮긴이의 생각

　벌써 1년도 넘은 일이다. 그간 자주 개최되던 국제회의 등이 코로나19 감염병으로 인해 거의 멈춘 상황이었는데, 영국 경제지 이코노미스트의 서울 지국에서 연락이 왔다. 주한 유럽 대사관 및 여러 기업에 근무하는 분들이 모여 한국의 그린뉴딜과 ESG에 관해 조찬회의를 하는데 참석이 가능한지 묻는 요청이었다. 새로운 분들과의 만남이라 흔쾌히 수락하고 회의에 참석했다. 이코노미스트 일본 지국에 근무하는 기자가 사회를 보며 일본과 실시간으로 온라인 회의를 같이하는 형식이었다. 그중 일본에서는 관련 전문가로 Mr. Eubank가 참석했다. 줌 회의에서 Mr. Eubank를 처음 만났는데, 인상이 남아 그 후 이메일과 화상으로 여러 차례 교류를 했고, 그 과정에서 그가 ESG에 크게 도움될 만한 책을 집필한 것을 알게 되었다.

　나는 2021년 초부터 반기문재단, 연세대 등과 공동으로 반기문 ESG Academy를 준비하는 과정에서 Mr. Eubank에게 강의를 부탁했고, 그는 이를 흔쾌히 수락하여 우호적인 교류는 계속 이어졌다. Mr. Eubank는 아직 한국에서 익숙하지 않은 사회적 영향 투자(Social Impact Investment)를 비롯해, ESG의 다양한 측면에 관해 강의를 했고, 나는 Mr. Eubank가 동료와 공동으로 저술한 이 책을 열심히 읽게 되었다.

　한국은 SDGs를 직접 수립하고, 전 세계에 SDGs 알리기에 여념이 없는 반기문 제8대 유엔 사무총장을 배출한 국가지만, 정작 SDGs에 대해 관심이 많지 않은 것은 사실이다. 이 점을 안타깝게 생각하는 중에 나는 이 책이 SDGs가 만들어지는 과정과 SDGs를 기업 상황에 맞게 재해석한 것에 대해 ESG 정착을 적절히 설명한 것이 아닐까 하는 생각을 하게 되었다.

　때마침 한국에서도 ESG 열풍이 불고 모두가 그린뉴딜과 환경에 초점을 맞추고 있기 때문에 기업의 사회적 역할과 활동 범위를 넓힌다는 측면에서 ESG 중

특히 Social에 관한 논의가 더 있으면 좋겠다고 생각하였다. 나의 오랜 벗인 유연철 전 기후변화대사에게 이 책을 같이 번역하는 것을 제안하였다. 그리고 실제 기업을 대상으로 SDGs나 ESG 관련 자문을 많이 하고 있는 김정훈 대표께도 동참을 부탁했다. 이런 과정에서 예정보다 조금 늦어졌지만 ESG에 관한 국제적 흐름과 구체적 기업 사례를 포함하는 좋은 책을 한국에 번역하고 소개하게 되었다. 많은 기업과 독자들에게 좋은 지침서가 되기를 바란다.

정태용

이 책은 UN SDGs(유엔의 지속가능개발목표)와 ESG(환경·사회·지배구조)가 세상에 존재하는 수많은 기업과 모든 산업계에 오늘날 어떠한 영향을 주었는지, 그리고 그 기업들이 이러한 '지속가능성 이슈'를 어떻게 받아들이고, 사회에 다시 어떤 영향을 미치게 됐는지, 혹은 현재에서 미래까지 미치는 영향은 무엇인지 등을 자세히 살펴볼 수 있게 해준다.

유엔을 비롯한 '지속가능성'에 관계된 거의 모든 국제기구와 이 이슈에 연관된 개념에 대해 역사, 의미, 발전방향을 상세히 알려줌으로써 이 이슈에 대해 체계적으로 이해할 수 있게 도와준다. 이를 통해 전 세계에 걸쳐 최대 1천여 개가 넘게 나열된 각종 ESG 지표와 평가방법에 대해 연결해주고, 견해를 좁히고 의견이 일치되도록 돕고 있다.

이 책에서 중요한 부분은 '지속가능성'과 직접적으로 관계된 모든 이해관계자들의 생각을 보다 정교하게 다듬어 준다는 점이며, 이뿐 아니라 일반 시민들이 '지속가능성'이라는 이슈를 생각하고 참여할 수 있게 해준다는 점, 그리고 무엇보다 주목할 수 있는 부분은 현재와 미래 사회를 주도적으로 살아갈 Z세대가 지속가능성, 환경, 기후변화 대응, 그리고 이에 앞장서는 기업을 알아가도록 친절히 설명해준다는 점이다. 그동안 대부분의 경우 기업들이 나갈 방향과 기업의 생존에 큰 영향을 준 이들은 '주주'와 '기업 소유주'였다. 하지만 현재는 지속가능성과 기업의 성패를 가름 짓는 이들이 '이해관계자', 즉 직원, 규제기관, 투자자, 공급망 종사자라는 것을 설명해준다. 또한 현재와 미래의 소비자(Z세대 포함)

가 그중에서 매우 중요한 비중을 차지한다는 부분을 지적한다.

　기업이 SDGs와 ESG를 일반적인 경영에서 지속가능한 경영으로 전환하는 과정에서 문제가 생겼을 때 이를 대응하기 위한 '리스크 관리'로 바라보는 것이 아닌, 지구 환경과 사회 전체를 위해 필수적으로 담보해야 하는 동력이라는 것을 보여줌으로써 이 책을 읽는 모든 독자가 우리가 살아가는 지구 환경과 사회에 대해 조금 더 진지하게 접근할 수 있도록 도와준다.

　책의 원작자뿐 아니라, 이 책을 한국 독자와 기업, 리더, 사회 혁신가들에게 보다 더 적합하게, 그리고 정확한 의미로 전달되도록 번역한 옮긴이의 역할도 중요했다. 옮긴이 정태용 교수와 유연철 기후변화대사(現 유엔글로벌콤팩트한국협회 사무총장)는 기후, 경제, 환경, 국제문제에 있어 국내뿐 아니라 세계적으로도 주목하는 저명한 학자 및 외교관이다.

　앞서 옮긴이 소개에서 밝혔듯이 정태용 교수와 유연철 대사가 국제사회에서 직접 참여한 국제회의 관련 저서들은 가장 기념비적인 기후협상을 비롯해 여러 기후대응 회의 및 기후금융 등에 대해 집필한 과학적 보고서이며, 국제기금과 자본을 움직이고 정책을 리드한 경험들이다. 옮긴이는 현재도 학자로서 기후변화 전도사로서 깊이 있는 의견을 견지하고 발표하며 한국뿐 아니라 미국, 유럽(EU), UN 등 주요국과 국제기구에서 여전히 큰 역할을 하고 있다. 함께 번역한 김정훈 대표는 SDGs와 ESG 영역의 글로벌 금융, 사회문제 전문가로서 EU를 비롯해 국제금융기관과 유엔의 위원으로 활발히 참여하며, 국내외 기업의 지속가능경영 자문에 깊이 참여해왔다.

　따라서 원작에 더해 옮긴이들이 언론에 직접 기고하거나 인터뷰한 내용을 게재하여 독자들의 깊은 호기심과 생각의 지평을 넓히는 데 일조하고자 한다. 몇 가지 내용을 다음과 같이 소개한다. 아울러 양서를 발간할 수 있도록 물심양면 아낌없이 도움주신 박영사의 안종만 회장과 안상준 대표, 그리고 독자들과의 소통을 도와준 장규식 차장과 정성스럽게 편집해준 탁종민 대리께도 감사말씀을 전한다.

정태용 · 유연철 · 김정훈 배

—

국제적인 기후·경제학자 정태용 교수의 인터뷰·기고문 인용

2022년 1월 27일 이데일리 인터뷰

"국가주도 에너지정책 필패···'자발적 감축' 패러다임 짜야"

기후대응 국가주도는 21세기 트렌드와 역방향
큰 그림 그릴 거버넌스 체계 변화 필요
에너지정책 정치화해선 안돼···탈원전 국내현실 미반영

[이데일리 김경은 기자] "한국의 기후에너지 정책은 탈원전 정책으로 정치화됐고, 국가주도의 일방적 발표로 국민의식과 괴리되는 등 정반대로 가고 있습니다"

에너지·환경 분야의 대표적 친시장주의자 정태용 연세대 국제학대학원 교수는 최근 서울 서대문구 연세대 새천년관에서 가진 인터뷰에서 "21세기의 메가트렌드는 4D(디지털·탈탄소화·탈중앙집중화·인구구성변화)로, 이런 흐름에 맞춰 기후위기 대응의 효과적 해결방안을 모색해야 한다"고 강조했다.

정 교수는 30년 이상 기후변화라는 한 우물을 판 경제학자다. 아시아개발은행(ADB), 글로벌 녹색성장연구소(GGGI), 세계은행(IBRD) 등 국제기구에서 잔뼈가 굵었고 국내에서는 한국개발연구원(KDI) 국제정책대학원 교수 등을 지냈다. 21권의 저서와 40건의 연구보고서, 380건 이상의 연구논문과 발표자료를 펴냈다.

정 교수는 이날 인터뷰에서 에너지정책의 초점은 탄소중립을 위한 원자력 발전의 효율적 활용이라고 밝혔다. 그는 기후위기 대응이라는 큰 대응 과제에 기민하게 대응하고 이를 집행할 수 있는 거버넌스 체계의 변화, 시민 참여를 통한 의사결정 구조를 구축해야 한다고 강조했다.

그는 특히 기후위기 대응전략과 관련, "얼마를 줄이라고 강제하는 방식의 교토의정서는 실패로 끝났다. 자발적 감축 패러다임을 지향하는 파리협약식 바텀업(Bottom-up) 방식이 추세로 자리잡고 있다"며 국가주도 방식의 탄소중립정책에 회의론을 펼쳤다.

그는 "기후위기 대응은 결국 국민이 하는 것이다. 수용성을 높이는 것이 가장 낮은 전환비용으로 탄소중립을 이룰 수 있는 방식"이라며 "국민들이 체감하는 탄소중립정책이 눈에 보이지 않는다"고 비판했다.

Q 환경부가 최근 발표한 K택소노미(녹색분류체계)는 어떻게 평가하고 있나

A 유럽연합(EU) 30여개 국가가 집단지성을 통해 원자력을 넣을지 여부를 결정하는데 반해 우리는 한 부처가 정한다. 그러면서 원자력을 빼고 액화천연가스(LNG)를 넣는 정말 잘못된 결정을 내버렸다. 가장 큰 문제는 결정 과정의 투명성이 떨어진다는 점이다. LNG는 화석연료다. 녹색이라고 보기 어렵다. 여기에 탈원전 정책을 정치적 공약으로 내걸면서 원전이 정치적으로 배제되고 있다. 정권이 바뀌는 5년마다 정치적 고려에 따라 탈원전정책을 결정할지 우려되는 지점이다.

Q 탄소중립을 위해 원자력 활용방안은

A 국제적 변화, 국내 사정에 따라 고려해야할 사안이다. 탈원전 정책의 대표적인 나라인 독일과 비교하는데, 한국과 사정이 다르다는 점을 간과한 측면이 있다. 독일은 우리보다 지리적으로 신재생 잠재력이 많다. 또 독일이 탈원전이 가능한 건 프랑스 때문이다. 유럽의 전기시장은 모두 연계돼있다. 프랑스는 원자력이 주력이며, 유럽은 전력을 사고파는게 가능하다. 유럽 전력시장을 보면 프랑스가 거의 전력수출 1위를 차지한다. 프랑스의 원자력이 없으면 독일이 신재생 에너지 정책을 펼치기 어려울 것이다. 반면 전력면에서 섬에 가까운 한국이 원전 없이 탄소중립이 가능한지에 대해선 근본 문제로 놓고 따져봐야 한다.

Q 한국형 에너지믹스는 어떻게 가는게 옳은가

A 그 누구도 기술발전이 어떤 방향으로 어떻게 일어날지 예측할 수 없다. 앞으로 당장 5~10년 안에 재생에너지가 훨씬 싸질 것인지, 원자력 핵폐기물 위험이 낮은 차세대 원전들이 더 빨리 나올지는 누구도 알 수 없다. 기술을 한방향으로 정해놓고 예단하는 건 말이 안된다. 물론 청사진을 제시하는건 좋지만 현실을 감안해야한다. 한국의 에너지 상황을 보면 수입이 95%를 차지한다. 요소수 사태처럼 석유, 석탄, 천연가스를 다 수입에 의존하는데 에너지 안보 문제가 터지면 어떻게 대응할지 우려된다. 에너지 밀도도 고려해야 할 부분이다. 땅이 제한적인 한국이 에너지 밀도가 낮은 태양광과 풍력을 늘린다는 건 현실을 고려하지 않은 것이다.

Q 2030년 NDC 40%가 과도하다는 지적이 있는데

A 우리나라가 기후악당이라는 오명을 쓴 건 이명박 정부가 녹색성장 전략을 발표한 이후에도 온실가스를 꾸준히 늘려 말과 행동이 배치됐기 때문이다. NDC 목표를 얼마에서 얼마로 올린다고 해서 국제사회가 인정해주는 게 아니다. 줄여나가는 걸 실제 보여주는 게 중요하다. 전략적으로 보면 지금은 정권말이다. 국제사회에서 양치기 소년이 되지 않으려면 다음 정부가 계획을 세워나가도록 여력을 남겨 주는게 바람직하다.

Q 우리사회가 막대한 전환비용을 감내할 수 있을까

A 기후위기 대응에서 가장 중요한 것은 원칙을 세우는 것이다. 이는 수용성과 관계가 있다. 기후대응은 효용 최대화보다는 비용 최소화로 가야한다. 그러려면 우리사회가 수긍할 수 있는 원칙을 세워야 한다. 기후대응은 결국 국민이 해야될 일이기 때문이다. 디지털 양방향 소통이 가능해진 시대, 가치소비가 기업을 바꾸고 있다. 소비행태를 바꾸는 것이 온실가스를 줄이는 가장 좋은 방식이다. 전기차를 타면 환경친화적이라고 생각할 수 있지만, 그보다 좋은 건 전철을 타고 다니는 것이다. 우리나라 환경교육이 거의 전무하다. 시민에 대한 환경교육이 필요한데 정부는 관심이 없다.

Q 기후위기정책의 지속성을 담보하기 위한 거버넌스 체계는

A 우리나라는 셀 수 없이 많은 위원회가 있고, 그 위원회는 집행력이 없는 자문기구에 그친다. 이런 거버넌스 시스템은 달라진 상황이나 기술적 변화를 반영하기 쉽지 않다. 탄소중립이든 디지털 전환이든 코로나 대응이든 여러 당면 과제나 문제는 상당히 복합적이다. 한개 부처가 주도할게 아니라 관련 부처들이 융합적으로 접근하는 방식이 필요하다.

부처간 중첩된 문제를 교통정리를 해주는 곳이 없다. 이 때문에 큰 덩어리로 묶어서 의사결정시스템을 만드는 거버넌스의 변화는 꼭 필요하다. 각 지자체의 역할도 정말 중요하다. 바텀업 방식의 참여형 기후변화 대응방식이 시민의식을 바꿀 수도 있다.

> "우리 사회에는 친환경을 실천하는 사람이 많아 보이지만, 자세히 보면 무조건 외우고 반복하는 주입식 교육의 교실 현장과 닮아 있다. 기후위기에 어떤 행동을 해야하는지 정확하게 아는 사람은 거의 없어 보인다." 동탄국제고 3학년 김이현

쉽지만 따끔한 문장으로 기성세대의 무지와 무책임을 꼬집은 셈이다. 미래세대에게 기후위기의 절박감은 기성세대가 느끼는 수준과는 다르다.

정태용 연세대 국제학대학원 교수는 인터뷰에서 기후위기대응에 직접 당사자가 될 미래세대의 참여 필요성을 역설하면서 그가 엮어낸 '기후위기 시대, 12가지 쟁점'의 가장 첫번째 챕터인 김이현 학생의 글을 "12명 저자들의 글 가운데 가장 인상적"이라고 소개했다.

김이현 학생은 '내가 하고 있는 분리배출이 실제 재활용으로 쓰이는지', '내가 한 행동이 온실가스를 얼마나 줄였는지' 궁금하지만 대답을 선뜻 찾지못했다고 했다. 그럼에도 적극적으로 탐색하고 나름의 기준을 세우며 행동을 바꿔 나간다.

기후금융, 에너지, 물, 산림 등 국내 대표 전문가들이 쓴 글보다 고3 학생의 글을 가장 먼저 실은 것은 이같은 생활습관의 변화가 기후대응의 첫걸음이라는 그의 철학과 맞닿아 있기 때문이다.

정 교수는 "2050년을 이야기하면서 지금 의사결정권자에게 모든 것을 맡겨선 곤란하다"고 강조했다.

그는 "스웨덴의 환경운동가 그레타 툰베리의 '내 미래를 왜 지금 세대가 결정하는가'라는 지적을 외면해선 안된다"며 "기후대응 논의에는 미래세대가 참여해야 하고, 소비자들이 있어야 한다"고 강조했다.

이대로 온실가스를 배출하다 21세기 후반으로 가면 우리나라는 일년 중 석달은 폭염에 시달려야하고, 태풍과 장마·홍수 등 기상재해도 훨씬 빈번해진다. 고스란히 미래세대 몫이다.

정 교수는 "기후변화 대응 담론의 대부분은 온실가스를 어떻게 줄일지에 쏠려있다. 하지만 1.5도든 2도든 기온이 올라가면 기후변화에 따른 심각한 후폭풍이 불가피하다"며 "이에 대한 정치권의 대책은 거의 보이지 않는다"고 비판했다.

정 교수는 "소비자가 기업을 바꾸고, 기업이 트렌드에 맞춰 사업구조를 변화시키면 정부와 언론, 교육부문은 친환경적인 소비에 대한 소통을 강화할 수 있다"며 "생활 밀착형으로 기후변화 대응체제가 마련돼야 한다"고 강조했다.

"바이든의 녹색신호… 한국 경제, 산업 체질개선으로 시장 선점해야"

"탄소국경세 도입 · 금융 가치평가 변화 등 '녹색신호' 켜져"
"한국이 선점하려면 친환경 대하는 조직문화 개선 필요"
"녹색 마라톤 결승점 도달하려면 미래 주역 차세대 목소리 들어야"

[에너지경제신문 오세영 기자] "바이든이 보내는 녹색신호에 우리 경제 주체들이 발 빠르게 움직여 글로벌 산업과 금융시장을 선점해야 합니다. 다양한 입장들의 의견을 듣고 미래 지구의 주인들인 젊은 세대들의 목소리를 반영해야 합니다."

정태용 연세대 국제학대학원 교수는 지난 21일 에너지경제신문과 인터뷰를 갖고 이같이 밝혔다. 정 교수는 이번 인터뷰에서 바이든 새 미국 행정부의 최근 공식 출범에 따른 세계 경제 재편 방향을 전망하고 우리나라 대응방안에 대해서도 조언을 아끼지 않았다.

글로벌 기후환경 대표 전문가로 꼽히는 정 교수는 △세계은행(IBRD) △아시아개발은행(ADB) △지구환경전략연구기관(IGES) △글로벌녹색성장기구(GGGI) 등 4곳의 국제기구에서 활동했다. 특히 IGES 설립에 참여해 온실가스 감축 국제협약 '교토의정서' 발효에 중심 역할을 했다. 또 GGGI 부소장으로 활동할 당시 정 교수는 새로 설립된 녹색기후기금(GCF) 사무국 유치 자문단으로 일하면서 인천 송도 유치에 도움을 줬다.

정 교수는 "조 바이든 미국 새 행정부가 공식 출범하면서 전 세계 산업과 경제에 '녹색 신호'가 켜졌다"고 말했다. 바이든 대통령이 기후위기 대응과 친환경 정책을 주요 선거 공약으로 제시했기 때문이다. 이제 친환경은 더 이상 선택적 요소가 아닌 전 세계가 나서야 하는 의무로 꼽힌다.

바이든 대통령의 첫 번째 임무는 '파리 기후협약' 복귀다. 도널드 트럼프 전 대통령이 결정한 파리기후협약 탈퇴를 다시 되돌리겠다는 의지다.

이달부터 적용되는 '파리 기후협약'은 산업화 이전 수준보다 지구 평균온도가 2℃ 이상 상승하지 않도록 온실가스 배출량을 단계적으로 감축하는 내용을 담고 있다. 협약을 맺은 국가들은 개별적으로 자발적 감축목표(INDC)를 제시할 수 있지만 5년마다 상향된 목표를 제출해야 한다.

이를 위해 바이든 대통령은 관련 인사를 단행했다. 전 국무장관인 존 케리를 '기후특사'로 임명했다. 케리는 앞으로 정부 부처의 기후변화 대응 정책을 조율하는 업무를 맡는다.

또 백악관 기후변화 정책보좌관에는 오바마 정부 당시 환경보호청 수장을 역임했던 지나 멕카티(Gina McCarthy)가 지명됐다. 에너지부 장관에 내정된 제니퍼 그랜홈름(Jennifer Granholm)은 미시간 주지사 재임 당시 시행한 전기차·재생에너지 사업에서 성과를 낸 인물이다.

이처럼 미국이 적극적으로 보내는 '녹색 신호'에 전 세계 산업 체질과 금융 기준이 바뀌고 있다. 개별 기업과 금융기관들에 탈탄소와 기후변화 대응 등 친환경과 관련된 행동이 요구되고 있다.

신재생E 제조업체들 미국 시장 진출기회 열려

정 교수는 "바이든 대통령이 친환경 정책을 본격적으로 펼치기 시작하면 신재생 에너지와 관련된 기술을 개발하고 장비를 생산하는 제조업 업체들이 미국 시장에 더 많이 진출할 수 있는 기회가 생긴다"고 전망했다.

실제로 탄소 배출과 관련해 새로운 통상 질서가 세워지고 있다. 바이든 대통령은 미국과 교역하는 당사국들에 오는 2025년까지 '탄소국경세'를 도입하겠다는 입장을 밝혔다. 탄소국경세란 온실가스 배출량이 많은 국가에서 들어오는 수입품에 관세를 부과하는 제도다. 즉 온실가스가 수출입 시장의 새로운 질서를 구축하는 셈이다.

탄소국경세가 도입되면 국내 주요 수출업종들의 부담감은 커진다. 국내 기업들은 탄소 배출을 줄이기 위한 기술을 당장 도입할 수 없는 경우가 많다.

한국의 탄소 배출량 저감은 시급한 문제로 떠오른다. 경제협력개발기구(OECD)의 지난 2018년 통계에 따르면 2017년까지 이전 10년 동안 OECD 국가 전체의 탄소 배출량은 8.7% 줄었지만 반대로 한국은 24.6%가 늘었다.

특히 탄소 배출량이 높은 제조업 기반으로 산업이 발달하다 보니 탄소 국경세가 도입됐을 때 국내 기업들의 부담도 만만치 않다. 그린피스 서울사무소의 분석에 따르면 오는 2023년 유럽연합과 미국, 중국 등에서 탄소국경세를 도입할 경우 국내 철강·석유·자동차 등 주요 업종은 연간 6000억 원 정도를 지불해야 한다. 오는 2030년에는 1조 8700억 원까지 늘어날 수 있다는 분석도 나온다.

국내 기업들은 수출에 의존해야 하는 상황인 만큼 주요 동맹국들의 정책 흐름에 발 맞춰 산업 체질을 개선해야 한다. 한화큐셀이나 LG에너지솔루션, SK이노베이션 등 에너지저장장치(ESS) 생산업체들이 미국에 공장을 세워 현지 진출에 나선 것도 이런 흐름에 뒤쳐지지 않기 위해서다.

정 교수는 "정부가 그린뉴딜이나 탄소중립 등 정책을 펼치고 있지만 국내 시장은 미국이나 중국에 비해 규모가 작다"며 "그렇기 때문에 국내 기업들이 친환경 사업을 성장시키려면 해외 시장에서도 선점해야 한다"고 강조했다.

'녹색 경영', 글로벌 금융 심장부의 가치평가 新기준

정 교수의 설명에 따르면 바이든 미국 대통령의 친환경 정책에 따라 산업과 금융에 대한 국제 금융 심장부의 가치 평가 기준이 바뀔 전망이다.

바이든 대통령 당선 소식에 미국 증시가 움직였다. 바이든 대통령에 대한 기대감이 주가에 반영되면서 미국 뉴욕증시의 3대 지수는 사상 최고치를 기록했다.

미국 의회가 조 바이든 대통령 당선인의 대선 승리를 최종 인증한 지난 7일 (현지시각) 다우존스30 산업평균지수는 3만1041.13에 거래를 마쳤다. 스탠더드앤드푸어스(S&P)500 지수는 3803.79에, 기술주 중심의 나스닥 지수는 1만3067.48에 각각 장을 마감했다.

바이든 대통령이 펼칠 친환경 정책에 대한 기대감으로 국제 금융권 움직임에도 변화가 나타날 것으로 예상된다. 국제결제은행(BIS)과 국제통화기금(IMF) 등 국제 금융 기구는 기후위기와 환경오염이 심각한 금융 위기를 초래할 수 있다고 강조했다.

정 교수는 "바이든 대통령이 본격적으로 친환경 정책을 펼치기 시작하면 미국 정부의 결정에 따라 월스트리트에서도 이와 관련된 금융상품을 만들 수밖에 없다"고 설명했다.

그러면서 "녹색 펀드나 녹색 채권, 녹색 보증 등 여러 가지 다양한 관련 금융상품들이 미국에 생긴다면 이는 한국의 녹색 금융 시장을 활성화하는 데에도 긍정적인 요인으로 작용한다"고 바라봤다.

기업들도 금융권 흐름에 따라간다. 친환경을 산업과 금융의 가치 평가에 반영하는 분위기가 강해지면서 기업에서도 환경·사회·지배구조(ESG)경영을 내세우고 있다.

실제로 지난해 미국 시장의 ESG 펀드 수익률이 선방하는 모습을 보이기도 했다. 환경에 유해한 화석연료 생산 기업에 대한 투자를 최소화하고 환경 오염을 일으키지 않는 IT기업에 대한 투자를 늘리면서다. 금융권에서는 앞으로도 ESG가 기업들의 경영에 중대한 영향을 미친다고 분석했다.

정 교수는 "정부뿐 아니라 민간부문 등에서도 움직임을 보인다. 바이든 대통령 취임과 상관없이 SK나 롯데, 현대제철 등 국내 기업들에 ESG 펀드나 채권 등이 많이 도입되고 있다. 이는 정부가 의무를 부여하지 않았지만 민간이 알아서 자금 조달을 하는 경우"라고 설명했다.

친환경은 '마라톤', 다양한 목소리 들어야

정 교수는 "전 세계가 금융과 산업의 중심인 미국에서 보내는 강력한 '녹색 신호'를 감지하고 있다"며 "앞으로 더 세분화되고 정밀해질 미국의 이 신호에 한국이 얼마나 빠르게 감지하고 대응하느냐가 관건이다"라고 강조했다.

미국은 금융과 경제, 국가안보 등 다양한 측면에서 중요하다. 정 교수는 "아직 바이든 정부가 친환경 정책에 대해 구체적인 방안을 내놓지는 않았지만 앞으로의 미국의 움직임에 빠르게 대응해 경제나 산업 등 모든 측면에서 한국이 선점해야 한다"고 말했다.

이를 위해서는 모든 세대가 친환경 정책에 목소리를 내고 움직여야 한다고 제안했다.

정 교수는 "정부의 그린뉴딜이나 탄소중립 등 방향성은 너무 좋다. 그러나 그린뉴딜이나 탄소중립 등은 단기간이 아닌 50년, 100년 등 장기간에 걸쳐 진행되는 것"이라며 "마라톤을 달린다는 생각으로 모든 세대가 동참해야 한다"고 말했다.

특히 전반적인 조직 문화가 개선되는 게 중요하다고 강조했다. 환경문제는 지금 당장의 문제가 아닌 30년, 50년 뒤에 닥칠 현실이다. 현재의 의사 결정이 미래를 좌우하기 때문에 30년 뒤 당사자가 되는 젊은 세대들의 이야기를 많이 듣고 반영해야 한다.

정 교수는 "정부나 기업, 언론 등이 의사결정을 주도하는 탑다운(Top-Down) 방식이 아니라 각자 입장에서 목소리를 낼 수 있는 바텀업(Bottom-Up) 방식으로 발전시켜 나가야 한다"고 제안했다.

친환경이란 현세대와 차세대가 함께 지켜나가야 것인 만큼 기성세대 뿐 아니라 미래 주역이 될 차세대 국민들의 의견을 들을 수 있도록 여러 가지 소통의 장을 마련해야 한다는 설명이다.

정 교수는 "4차 산업혁명 시대에 맞게 각각의 입장에서 자유롭게 의견을 나눌 수 있는 플랫폼, 소수 정예가 아닌 다양한 나이대와 직업의 사람들이 참여할 수 있는 위원회 등을 마련하는 것도 일종의 방법이 될 수 있다"며 "'녹색 마라톤' 결승점에 도달하기 위한 사회 구석구석의 목소리를 반영하는 시스템이 필요하다"고 강조했다.

"탄소중립 달성 가능한 정책부터 다시 짜야"

정책제언 세미나서 '정책 방향' 발표, 원자력에너지 빼고선 목표 달성 못해
온실가스 배출 목표 충분한 논의 없어, "또 한 번 국제 신뢰 잃을까 걱정" 지적

[박양수 기자] "기후위기에 대응한 탄소중립 목표만 있지 달성할 수단이나 대응이 준비돼 있지 못해요. 이로 인해 차기 정부가 국제사회에 발표한 약속을 이행키 어려운 부담을 지게 될 것 같습니다."

경제학자이자 기후변화 전문가인 정태용 연세대 국제학대학원 교수는 지난 26일 안민정책포럼(이사장 박병원) 주최 정책제언 세미나에서 '탄소중립과 에너지전환 정책 방향'이란 주제 발표를 통해 이같이 말했다.

정 교수는 "최근 영국 글래스고 제26차 기후변화협약 총회에 제출한 한국의 온실가스 배출 목표가 전문가나 이해당사자 간 논의를 통해 이뤄진 결과가 아니어서 또 한 번 국제적 신뢰를 잃게 되지나 않을지 매우 걱정된다"고 했다.

그는 당장 내년 이집트 회의에 제출해야 하는 장기 저탄소발전전략(LEDS)계획과 글래스고 회의에서 약속한 '2030년까지 2018년 대비 40% 온실가스 감축계획'은 차기정부의 정책이행과정에서 큰 부담으로 작용해 결국엔 LEDS의 변경이 불가피할 것으로 내다봤다.

안민정책포럼 회장을 역임한 정 교수는 30년 이상 기후변화에 대해 한 우물을 판 경제학자다. 아시아개발은행(ADB) 주임 기후전문가, 글로벌 녹색성장연구소(GGGI) 부소장, 세계은행(IBRD) 선임에너지이코노미스트, 한국에너지경제연구원 연구위원, 한국개발연구원(KDI) 국제정책대학원 교수 등을 지냈다.

정 교수는 "한국이 그동안 국제사회에서 온실가스 배출계획 약속을 지키지 못해 중국, 인도 등과 함께 '기후 악당'이란 오명을 쓰고 있는데, 말이 중요한 게 아니라 실천계획"이라며 "실천을 위해선 기업과 소비자 등 민간부문이 자발적으로 참여할 리더십을 정부가 발휘하는 게 중요하다"고 강조했다.

정 교수는 우선 탈탄소 시스템 구축에 앞서 석유·자동자·철강·시멘트·조선 등 좌초산업의 대응과 이 분야에서 퇴출될 인력들의 재교육이나 재배치 등

지원정책이 전혀 준비돼 있지 못한 점을 지적했다.

그는 "최근 정치인들이 탄소세를 거둬 기본소득 재원을 사용하겠다는 공약을 하는 것을 매우 이해하기 어렵다"며 "세금을 걷기보다는 시장을 활용해 이 문제를 해결해 나가야 한다"고 말했다.

이와 관련, 그는 "최근 글래스고 회의의 업적 중 하나는 파리협약의 'Rule Book'에 합의한 것"이라며 "이는 그동안 막혀 있던 탄소배출권의 국제거래 활성화 길이 열렸다는 것을 의미하며, 앞으로 이 시장을 적극 활용해야 한다"고 충고했다.

정 교수는 "탄소중립에 따른 에너지전환정책은 결코 원자력에너지를 빼고선 달성할 수 없다"고 잘라 말했다. 우리나라는 에너지의 95%를 수입에 의존하고 있는 데다 화석연료가 에너지의 80%를 차지하고 있고, 1인 가구 증가로 가정용·빌딩용 에너지수요가 늘고 있어 재생에너지만으로 감당하기 어렵다는 것이다. 원전 활용에 대한 우려로 원전 폐기물 문제를 들고 있지만 원전을 도외시 해선 탄소중립을 달성키 어렵다고 했다.

정 교수는 "기후변화 관련 우리나라의 외교력도 사실상 점수를 주기 어렵다"며 "이젠 선진국과 개도국의 가교역할이 아니라 의제를 주도하는 선진국의 역할을 해야 하는데 늘 따라가기 바쁜 상황"이라고 꼬집었다.

정 교수는 "이제는 기후변화가 아니라 기후위기, 기후재앙 더 나아가 기후 제노사이드(인종말살)라는 용어를 국제사회가 사용한다"며 각 국가나 국제사회가 해결하기 어려운 문제이자 인류가 처음 직면한 최대의 도전이라고 규정했다. 따라서 이 문제를 탑다운 방식이 아인 보텀업으로 장기적으로 접근해야 하며, 모든 구성원들이 자발적으로 참여할 환경을 만들고 투명한 절차를 통해 합의해 가는 과정이 중요하다고 강조했다.

"原電 폐기하면 안돼… 그린수소 만드는 소형원자로 형태로 업그레이드를"

새해 벽두부터 에너지 문제가 심상치 않다. 점점 격화되는 미국과 중국 간의 패권경쟁은 톱니바퀴처럼 맞물려 돌아가는 세계 경제의 흐름을 원활하지 못하게 하는 요인이 되고 있다. 우크라이나 문제로 고조되고 있는 러시아와 서방세계와의 긴장은 천연가스의 공급문제로 유럽의 겨울을 더욱 춥게 만들고, 세계시장에서 천연가스의 가격을 계속 올리고 있다. 세계 각 지역에서 우리와 관계없이 일어나는 일들이 한국의 에너지 안보 여건을 악화시키고 있다.

우리나라 경제는 생산에 필요한 자원과 에너지를 수입하여 물건을 잘 만들어 해외에 수출하는 무역에 기반을 두고 있다, 이러한 경제발전 모델로 세계 10위의 경제 규모를 달성하고 이 순위를 계속 유지하고 있다. 그러나 한국 경제의 생산과 소비, 수출에 필요한 1차에너지의 90% 이상을 수입에 의존하고 있다.

우리나라도 지난해 '2050년 탄소중립'을 선언하였지만 현재는 우리가 사용하는 에너지의 80% 이상은 화석연료인 석탄, 석유, 천연가스에 의존하는 것이 현실이다. 우크라이나에서 긴장이 고조되거나, 중동에서 변고가 생기거나, 호주나 브라질에서 석탄 공급에 문제가 발생하면 우리나라의 에너지 공급을 위협하는 상황이 되고 만다. 작년에 에너지 문제는 아니었지만 요소수 부족사태로 물류를 포함하여 경제활동에 큰 위협이 될 수도 있었던 상황도 경험하였다. 새해에는 더욱 불확실해지는 국제 정치와 경제 상황에 따라 한국의 취약한 에너지 및 자원 안보문제가 심각할 수 있다.

국내 상황도 에너지 문제의 불확실성을 키우고 있다. 당장 오는 3월초에 있을 대통령 선거에 모든 관심이 집중되어 있다. 올 하반기부터는 새 정부의 에너지 정책 방향에 따라 세부적인 에너지 각 부문의 정책 기조, 정책의 우선순위, 정책의 완급 등이 달라질 수 있다. 현 정부는 지난달 해외 요인으로 연료비 상승 압박이 있음에도 물가상승을 이유로 공공요금인 전기요금, 가스요금의 인상을 유보한다고 발표하였다. 그러나 얼마 가서 못해서 올해 2분기, 3분기에 나누어서 인상한다고 발표하였다. 분기별로 에너지 요금을 올리는 것은 경제적 여파를 줄인다는 것이 목적이라고 한다. 그러나 누가 보아도 에너지 가격 인상에 따른 정치적 부담을 다음 정부로 넘기려는 의도가 있어 보인다.

그동안 국내 또는 국외의 요인으로 전기요금이나 가스요금이 인상될 수밖에 없는 상황에서 정부는 늘 물가안정과 서민 보호를 앞세워 에너지 가격 상승을 억제하면서 그 부담을 에너지 공기업에 전가하는 정책을 시행하여 왔다. 다분히 정치적인 의도로 요금인상 압박을 뒤로 계속 미루는 것으로 밖에는 이해하기 힘든 상황을 만들어 왔다. 반대로 에너지 가격의 인하가 예상되는 상황에서도 탄력적인 에너지 가격 인하 정책을 사용하는 경우는 거의 없었다. 에너지 가격정책에서 정부의 비탄력적 대응, 정치적 고려 등의 이유로 에너지 사용의 고비용, 비효율의 구조를 만들어 사회적 비용을 높이는 결과를 초래하곤 하였다.

더 큰 도전은 온실가스 감축을 어떻게 할 것인가 하는 문제이다. 세계 10위 이내의 온실가스 배출국, 국제사회와의 신뢰와 기여 등 기후변화 문제에 대한 국제적인 흐름에 동참하고 더 나아가서 이문제 해결에 국제적 리더십도 발휘해야 하는 상황에서 2050년 탄소중립과 2030년까지 과감한 온실가스 감축 목표를 국제사회에 천명한 상태이다. 이러한 장기적인 목표의 설정과 방향성에 반대할 사람과 집단은 없을 것이다.

기후·외교현장 최전선 누빈 유연철 대사의 인터뷰·기고문 인용

2021년 5월 27일 이데일리 인터뷰

"韓, 탄소배출 목표치 BAU→절대량으로 바꾼 유일한 국가"

유연철 P4G정상회의 준비기획단장 겸 기후변화대사
시민사회 여러 비판 이해하지만
구속력 있고 실행가능한 목표 위해 스탭바이스탭
그린 대세론 핵심은 탄소가격 내제화…준비하지 않으면 뒤처질 것

[이데일리 정다슬 기자] "기다려주십시오. 우리는 스탭바이스탭(Step by step)으로 탄소중립에 대한 우리의 약속을 증명할 것입니다"

유인철 P4G정상회의 준비기획단장은 최근 서울 종로구 P4G정상회의준비단 사무실에서 가진 본지와의 인터뷰에서 한국이 올해 P4G 정상회의 등 기후변화 대응 선도국가로 변모하려는 노력에도 불구하고 정작 2030 국가 온실가스 감축 목표(NDC)에 대해서는 미온적이지 않느냐는 질의에 "비판의 목소리를 인정한다"면서도 이같이 말했다. 그는 그간 우리 정보의 온실가스 감축 노력에 대해 "목표연도가 없다", "목표치를 상향 조정하지 않은 채 기준을 바꾼 것이 무슨 의미냐"는 등 많은 비판을 받았다고 설명했다.

기후환경 대응에 있어 우리나라는 '딜레마'에 빠져 있다. 이미 한국의 경제력은 세계 10위권으로 올라왔지만 제조업 기반인 우리나라 산업구조상 탄소 의존도가 크기 때문이다. 세계 선도 국가로서 국격에 걸맞게 행동해야 할 책임과 당장 우리 경제가 돌아가게 해야 한다는 두 가지 상충된 과제 속에서 해법을 찾아내는 것이 급선무다.

다음은 유 단장과의 일문일답.

Q **올해부터 파리 기후변화협정이 본격적으로 이행된다.**

A 파리 기후변화협정이 구속력이 없다고 비판하는 이도 있지만, 역설적으로 자율적으로 각국이 목표를 설정할 수 있었기 때문에 파리 협정이 이뤄질 수 있었다고 생각한다. 국제법적으로는 법적 구속력이 없지만, 국내적으로 법제화를 통해 구속력을 부여하는 것이 바람직하다. 우리나라 역시 국제사회에 한 약속을 지키기 위해 구속력을 부여하고 있다.

Q **우리나라가 P4G 정상회담 등을 개최하며 적극적으로 나서고 있지만, 막상 우리가 제출하는 NDC는 소극적이라는 비판이 나온다.**

A 2019년 유엔(UN)에 제출한 NDC를 기존 '배출전망치'(BAU · Business As Usual)에서 '절대량' 방식으로 바꾼 것은 구속력을 부여하기 위한 선언이었다. 온실가스 감축을 위한 인위적인 조치를 취하지 않을 경우 배출이 예상되는 온실가스 총량을 의미하는 BAU는 전망시점과 가정을 어떻게 하느냐에 따라 얼마든지 달라질수 있기 때문이다. 이 때문에 파리협정은 NDC를 절대량 기준으로 설정하도록 선진국에는 의무화를, 그 외 국가에는 권고하고 있다. 우리나라의 경우 선진국으로는 분류되지 않아 절대량 수치를 제시할 필요는 없지만, 국제사회에 대한 기여 측면에서 이번에 산정방식을 바꿔 제출했다.
우리나라는 NDC를 BAU에서 절대량으로 바꾼 처음이자 유일한 국가이다. 또 2015년 제출안보다 국내 감축 비중을 확대한 것 역시 평가받을 만하다고 생각한다. 연내 다시 한 번 NDC를 상향 조정해 제출할 예정이다. 이번에 나오는 NDC는 전문가들의 분석을 통해 2050년 탄소 중립 목표를 달성하기 위한 경로를 면밀히 검토한 후 설정될 것이다.

Q **최근 ESG 투자, 녹색성장, 기후변화 대응 등이 화두가 되고 있다. 단순히 지구를 지켜야 한다는 당위론적인 주장이 아니라, 우리는 왜 이 문제에 집중해야 할까**

A 먼저 시장을 보자. 글로벌 투자자들의 가장 큰 목적은 기업의 자산가치가 커지는 것이다. 그런데 최근 10년간 석탄 가치가 10년간 74% 하락하더라. 왜 그런가 살펴보니 소비자들이 더 이상 기후변화에 나쁜 영향을 미치는 제품을 사지 않는다는 것이었다. 기업의 자산가치가 커지기 위해서는 소비 트랜드를 읽어야 하는데 소비자들

이 녹색 제품을 선호하니, 투자자들 역시 기업에 요구하기 시작한다. 주주들의 요구에 기업은 너나 할 것 없이 '친환경 선언'을 발표했다. 그런데 시민사회가 그게 무엇이 친환경이냐고 비판하기 시작한 것이다. 기업이 혼란에 빠지고 정부에 질문을 한다. 무엇이 친환경이냐고.

Q 거기에 정부가 화답을 한 것인가.

A 제일 먼저 답한 것이 바로 유럽연합(EU)이다. 철강 1톤(t)을 생산하는데 1.3t 이하의 이산화탄소를 배출하면 친환경, 그 이상을 배출하면 친환경이 아니다라고 기준을 준 것이다.

최근 도입이 논의되고 있는 탄소국경조정세 역시 기준이 어떻게 설정되는지가 관건이다. 배출되는 탄소 전체에 관세가 매겨지는 것이 아니라, 기준을 정하고 그 기준을 초과하는 부분에 대해서 세금이 부과될 것이다. 만약 준비가 돼 있지 않다면 도입과 동시에 큰 부담으로 작용할 수밖에 없다. 우리는 배출권 거래제 시범 사업을 통해 이같은 변화에 준비하고 있다.

Q 기후변화 대응은 결국 기업 경쟁력이라는 말로 들린다.

A 그렇다. 메가트랜드는 그린대세론, 그린대세론의 핵심은 탄소가격의 내재화다. 이제 제품의 가격에 탄소가격이 포함되는 시대가 온 것이다. 일례로 볼보가 스톡홀름 시청 공무원에게 전기버스를 팔려고 했는데 너무 비싸더라. 그래서 이걸 어떻게 팔까 고민하다가 탄소가격을 생각하게 된 것이다. 그 결과 전기버스 자체는 일반버스보다 비싸지만, 이로 인해 절감되는 이산화탄소 배출권 비용을 보면 전기버스가 일반버스보다 일 년에 5만 유로 싸다는 것을 증명하고 판매에 성공한다. 준비하지 않으면 살아남을 수 없다. 말 그대로 그린 서바이벌 시대다.

"기후위기 대응은 110m 허들경기…속도전뿐 아니라 장애물도 넘어서야"

[에너지경제신문 오세영 기자] "기후위기 대응의 종목은 110m 허들경기입니다. 이젠 100m 단거리 경주에서 종목이 바뀌었으니 속도전만 잘 해서는 이길 수 없습니다. 장애물도 잘 넘어야 합니다."

유연철 외교부 기후변화대사는 29일 에너지경제신문과의 인터뷰를 통해 기후위기 대응을 위한 국가 및 기업의 경쟁 패러다임 변화를 이같이 알기 쉽게 표현했다. 기후변화 대응시대에 경제·산업발전을 이루기 위해서는 그간 속도만 빠르면 됐던 100m 단거리 경기 때와 달리 경기 종목이 바뀐 만큼 속도 뿐 아니라 각종 장애물을 극복할 수 있는 실력도 갖춰야 한다는 뜻이다.

유 대사는 '2021 P4G 서울 정상회의' 준비기획단장을 맡아 요즘 분주하다. 이 정상회의는 당초 지난해 열릴 예정이었으나 코로나19로 1년 연기돼 오는 30일부터 이틀간 열린다. 준비기획단은 개최방식이 최근 갑작기 비대면으로 변경돼 행사 준비에 한창이다. 유 대사는 정상회의 개최 두 달을 앞두고 바쁜 틈을 내 서울 종로구 적선동 적선현대빌딩 사무실에서 에너지경제신문과 인터뷰를 가졌다.

다음은 유 대사와 일문일답.

Q '2021 P4G 서울 정상회의' 개최가 두 달 남았다. 준비기획단장으로서 소감과 포부는.

A 우리나라에서 개최되는 최초 환경분야 정상회의라는 데 의미가 크다. 올해는 파리협정이 이행되는 첫 해이자 2050 탄소중립 포문을 여는 해이기도 하다. 같은 연도에 P4G가 한국에서 개최된다는 건 의미가 남다르지 않은가. 개인적으로는 환경분야에 입문한지 딱 30주년이 되는 해이기도 하다. 1991년도부터 환경분야에 발을 들이기 시작했는데 30년 되는 해에 한국 최초 환경분야 정상회의를 개최한다니 감개무량하다.

Q '2021 P4G 서울 정상회의' 준비상황은.

A 원래 지난해 열릴 계획이었지만 코로나19 때문에 올해로 미뤄졌다. 올해에는 대면 형식으로 직접 초청도 하고 얼굴을 맞대며 기후환경에 대한 논의를 나눌 수 있을 것이라 기대했는데, 코로나19 확산세가 사그라 들지 않아 비대면 형식으로 진행할 계획이다. 비대면 형식으로 진행한다는 데에 3가지 특징에 주안점을 두고 있다. 참여의 폭을 넓힐 수 있다는 점과 다양한 프로그램을 준비할 수 있다는 점, 4차 산업혁명 시대에 걸맞은 회의 방식이라는 점이다.

Q P4G 정상회의를 잘 모르는 사람들이 많다.

A P4G는 정부뿐 아니라 기업과 시민사회까지 참여하는 21세기 융합형 조직이다. 여태까지 정부가 주도하는 형식으로 기후변화 대응이 이뤄졌다면 민관이 행동으로 실천하는 협력이라는 형식의 플랫폼으로 보면 된다. P4G의 가장 중요한 키워드는 협업과 융화다. 참여 국가들도 선진국과 개도국의 가교역할을 할 수 있는 중견 국가들로 구성돼 있다.

Q 이번 정상회의에 회원국은 물론 환경분야의 주요국가 정상 및 국제기구 수장과 함께 기업, 시민단체 등도 초청된다고 하는데 국내외 어떤 기업과 단체들이 참여하는지. 또 이들의 참여로 기대하는 효과는.

A 우리나라의 경우 SK가 P4G의 이사로 활동하고 있다. 환경·사회·지배구조 등 비재무적 요소를 중시하는 ESG(Environmental, Social and Governance) 경영에 집중하고 탄소중립을 선도하는 그룹인 만큼 이들의 활약이 기대된다. 또 한화 등 현재 친환경에 관심이 많은 국내 그룹사들의 활동도 기대하고 있다. 다수 글로벌 기업도 초청해 답을 기다리는 중이다. 앞으로 얼마나 많은 기업과 단체들이 참여할 지 지켜봐달라.

Q P4G 정상회의에 기대하는 바가 있다면.

A P4G 정상회의를 거쳐 우리나라가 기후변화 대응 선도국가로 도약하기 위한 목표를 상향을 해야 한다고 생각한다. 탄소중립 목표에 다 함께 노력해야 한다. 지원의 책임은 선진국에 있다. 개도국을 포용하면서 기후변화 대응의 선도국으로서 책임감을 느껴야 한다. 정부는 2050 탄소중립을, 기업은 사용전력 100%를 재생에너지로 쓰겠다는 캠페인 'RE100'(Renewable Energy 100%)을, 시민단체는 쓰레기를 만들지 않는 웨이스트제로 운동 등을 통해 함께 움직여야 한다.

Q 정부는 지난해 '2050 탄소중립선언'을 발표하고 인천 송도에 사무국이 위치한 녹색기후기금(GCF) 재원 기여금을 1억불에서 2억불 상향 조정했다. 이번 제2차 P4G 정상회의 서울 개최는 환경 분야에서 한국의 위상을 한층 높이는 계기가 될 것 같다.

A 전 세계 국가들이 한국에 바라는 기대가 크다. 한국은 원조를 받던 국가에서 원조를 주는 국가로 변모한 유일한 국가다. 한국의 활동은 개도국의 지표가 된다. 즉 한국은 개도국들의 미래 지표 역할을 할 수 있다는 말이다. 그래서 선진국도 우리나라가 기후 환경 관련 활동을 더욱 열심히 해주기를 바라는 기대가 있다. 우리나라 역시 국제 사회 기대에 부응하기 위해 여러 노력을 하고 있다. GCF 기여금도 원래 내야 할 의무가 있는 건 아니었다. 우리나라가 자발적으로 1억불에서 2억불까지 상향했다. 이를 계기로 많은 국가들의 참여를 이끌어낼 수 있었다.

Q 기후위기에 대응하기 위한 전 세계 국가들의 노력 못지 않게 우리나라도 다양한 활동을 펼치고 있다. 전 세계 기후위기 대응의 선도 혹은 주요 국가로 자리잡기 위한 방법이 있다면.

A 2050 탄소중립이나 IPCC(유엔 산하 기후변화 정부간 협의체) 1.5도 특별보고서 내용을 얼마나 빨리 기준에 맞춰 전환하느냐가 기후위기 대응의 승자다.
1.5도 특별보고서는 2100년까지 지구의 평균 온도 상승 폭을 1.5도 이하로 제한하자는 내용을 담고 있다. 지금까지의 경제 · 산업 발전은 100m 단거리 경주, 즉 속도전이다. 그러나 종목이 기후위기 대응으로 바뀌는 순간 110m 허들경기가 된다. 속도도 중요하지만 장애물도 잘 넘어야 하고 더 멀리 가기도 해야 한다.
경제 · 산업 발전에서 기후위기 대응으로 종목이 바뀌었으니 훈련 방식도 그에 맞춰야 한다. 속도만 올리는 데 집중할 게 아닌 장애물을 뛰어넘는 전략을 준비해야 한다. 기후위기 대응에 적응한다는 게 국가와 기업의 경쟁력이자 생존력이다.

Q 기후위기 대응 외교는 양자보다 다자외교로 구현될 수 있을텐데 이를 위한 우리나라의 외교 전략은.

A 우리나라는 수출 등 대외 의존력이 높다. 그래서 양자체제가 아닌 멀티네트워킹 방식을 추진해야 한다. 국내 기업들이 수출을 많이 하는 나라여서 상대 국가가 유리한 방향으로 협의를 할 수 밖에 없다. 우리의 외교 전략 첫 번째는 다자주의 지지다. 여기서 중요한 부분은 단기간의 목표가 아닌 지속가능한 점을 추구해야 한다는 점이다. 지속가능 발전 전략을 국제협력으로 이뤄내야 한다.

Q 기후나 환경 분야는 통상 정부가 주도하는 대책이라는 성격이 강하다.

A 지금까지는 친환경 시대였다. 자발적으로 친환경 활동을 하면 박수를 받고 하지 않아도 패널티가 없었다. 지금부터는 필(必)환경이다. 그린 서바이벌이다.

단순히 환경친화적인 활동을 장려하는 걸 넘어서 탄소를 줄이지 않으면 패널티가 발생한다. 전 세계와 투자자, 미래세대가 원하고 있다. 글로벌 투자자들은 '녹색 채권을 사라' 혹은 '녹색 제품을 만들어라'고 요구한다. 그렇지 않으면 기업의 자산 가치가 떨어지기 때문이다.

미래세대는 녹색기업이 아니면 취업하려고 하지 않는다. 소비자들은 녹색 제품을 찾는다. 기업들이 우수한 인재들을 채용하고 소비자들의 선택을 받으려면 녹색기업으로 변할 수 밖에 없다. 이렇듯 시장이 먼저 움직이고 있다.

Q 시장이 먼저 움직이는데 정부의 역할은 무엇인가.

A 먼저 변하는 시장에 맞춰 정부가 해야 할 일은 공정한 전환에 따른 비용 투자다. 기존 에너지 자원 구조에서 벗어날 수 있는 기회라고 봐야 한다. 우리는 원전이나 자원을 가진 국가가 아니다. 에너지 전환을 다르게 해석해보면 석유나 다른 자원에 종속하지 않아도 된다는 이야기다. 석유·가스 등 자원 글로벌 패권으로부터 벗어날 수 있는 기회다. 방향은 맞지만 기존 관련 산업 종사자들에 대해선 특별 배려를 해야 한다. 그래서 공정한 전환에 따른 비용 투자가 중요한 것이다.

Q 우리나라 주력산업이 제조업 중심의 에너지 다소비 구조로 짜여져 있는 만큼 탄소중립과 양립하기 어려운 점이 있다. 선순환할 수 있는 묘안이 있는가.

A 성장과 환경, 두 마리 토끼를 모두 잡으려면 탄소 배출권 거래를 통해 형성되는 탄소 가격의 내재화 방법이 있다. 탄소 가격을 포함하지 않으면 판매 자체가 되지 않는 시대가 오고 있다. 탄소 가격을 제품에 반영하려면 탄소배출을 줄이는 기술을 개발할 수 밖에 없다. 이제는 소비자들이 단순히 구매가격의 숫자만 고려하는 게 아니라 탄소 가격 포함 여부로 구매를 결정하는 시대가 왔다. 즉 기업의 입장에서는 탄소를 적게 배출하는 게 돈이 되기 때문에 탄소 가격 내재화가 선순환 작용을 일으킬 것이라고 본다.

Q 정부의 에너지전환 정책이 취지의 공감에도 속도 문제에 있어서도 많은 반발을 사고 있다. 정부의 탈원전·탈석탄 정책 속 신재생에너지 공급 확대 추진은 전력공백을 초래할 수 있다는 우려가 나온다. 이 역시 정부의 의욕과잉이 갈등과 부작용을 낳는다는 비판도 제기되는데.

A 10년 전을 생각해보자. 우리가 지금 2050 탄소중립이라는 계획을 세우고 행동할 것이라 예측한 사람은 아무도 없었다. 앞으로의 10년도 마찬가지다. 상상도 못 할 만큼 세상이 발전하고 아젠다가 바뀔 것이다. 큰 방향을 잡고 나가다 보면 좋은 기술들이 개발될 것이라고 생각한다. 우리나라 정보통신기술만 봐도 그러하다.

우리는 기술 개발 속도가 엄청 빠르다. 2050 탄소중립을 두고 단순히 한다, 못한다로 이야기를 나누는 건 바람직하지 않다. 탄소중립 목표를 향해 가면서 노력하다 보면 여러 방안과 대안들이 마련된다고 본다. 물론 달성하지 못하면 미래 세대에 엄청난 빚을 지게 된다. 지금 세대는 기후위기에 대응할 수 있는 마지막 세대다. 목표를 세우고 그 의지를 밝히는 게 우선이다. 미약하더라도 하지 않았을 때보다 성과가 있는 게 중요하다. 그 의지를 결집하기 좋은 수단이 이번 P4G 정상회의가 아니겠는가.

Q 외무고시를 통해 공직을 시작한 공무원으로서 어떻게 기후환경 전문 외교관으로 자리매김했나.

A 외교관은 제너럴리스트(Generalist)이자 스페셜리스트(Specialist)여야 한다. 후배 외교관들에게 스페셜리스트로서 지역과 직무 등 두가지 분야의 전문성을 가져야 한다고 강조한다. 제가 이런 철학을 가지고 그간 살아온 게 그런 평가를 얻게 된 것 같다.

그러나 이 과정이 결코 순탄한 것만은 아니었다. 국내 기후환경 중요성에 대한 인식이 높지 않았던 30년 전 1991년 외교부에 지구환경과장 직제가 처음 만들어지고 이 자리를 맡았을 때 총무과장이 밥을 사며 장관의 뜻이라고 위로했다. 당시 국내 상황은 불모지나 다름 없었지만 외교부가 도전적 실험을 한 것이다. 그게 인연이 돼 개방형으로 바뀐 환경부 국제협력관, 공모직이 된 기후변화대사 등에 잇따라 도전했던 게 지금 이 자리에 있게 된 것 아닌가 생각한다. 모두 주변의 배려 덕분이다. 기후환경 문제로 대한민국의 국가 위상을 높이는데 기여하고 있다는 점에 개인적으로 뿌듯하고 자랑스럽다.

Q P4G 정상회의란?

A '녹색성장과 글로벌 목표 2030을 위한 연대'라는 뜻의 'Partnering for Green Growth and the Global Goals 2030' 약자다.

현재 미국의 워싱턴 D.C.에 사무국을 두고 있으며 12개국 정부(한국 · 덴마크 · 네덜란드 · 멕시코 · 베트남 · 에티오피아 · 칠레 · 케냐 · 콜롬비아 · 방글라데시 · 인도네시아 · 남아공 등)와 세계도시기후정상회의(C40), 글로벌녹색성장연구소(GGGI), 세계경제포럼(WEF), 세계자원연구소(WRI) 등 국제기구 · 협의체와 민간기업, 시민사회가 참여하고 있다.

개도국 중심으로 각국이 기후변화에 대한 대응을 적절히 하면서 지속가능한 발전을 하도록 지원한다. 특히 기후변화 대응과 긴밀한 관련이 있는 식량, 물, 에너지, 도시, 순환경제 등 5개 분야에 대한 해결책을 개발해 개도국에 제공하는 것을 목표로 삼고 있다. 이번 정상회의는 지난 2018년 덴마크에서 열린 제1차 정상회의에 이어 두 번째다.

"Climate outlook 2022: Making climate action matter"

By Yoo Yeon─chul

The new year has come. The first global event of this year was the Consumer Electronics Show (CES) 2022, held from Jan. 5 to 7 in Las Vegas. As the world's largest electronics show, CES showcases technologies that signal important overarching themes for the future.

The show's 2,300 exhibitors, including more than 800 startups, demonstrated technologies that will drive the way we live, work and do business in the future. Along with themes revolving around the metaverse, cars and wellness, a large focus of this year's CES was on eco─friendly technology.

More than 400 exhibitors from Korea have participated in CES 2022. They showcased new technologies in line with the global drive to cut carbon emissions so as to ultimately adapt to the new normal of net zero emissions.

Most Korean companies' Artificial Intelligence (AI) solutions and Virtual Reality (VR)─inspired mobility solutions showed ways to reduce carbon footprints. In this context, 2022 CES could be called the Consumer "Environment" Show. There is no doubt that cost─competitive electrification is a climate solution which helps reduce the need for fossil fuel. It can be said that decarbonization and electrification will be the dominant themes of the coming decade.

"Climate Outlook 2022: Making climate action matter," was the main theme of CES 2022.

At the 2021 Glasgow Climate Change Conference last November, most countries set out ambitious targets of mitigating their own emissions. Not only countries but also companies are expected to make net─zero targets the norm and this trend will continue through 2022.

Now is the time to move from target — setting to integrating climate action into strategy. The world will no longer want to hear about net — zero plans in isolation, and will want proof that countries and companies are taking climate action.

2022 will be an important year for climate action as the world picks up the pace against climate change and moves forward from the 2021 Glasgow Climate Change Conference. There will be a wide range of significant global events and agendas in 2022 for climate change and sustainable development.

First, starting from February to September, three consecutive sessions of the Intergovernmental Panel on Climate Change (IPCC) will be held. The IPCC will eventually launch its first comprehensive report, called the 6th Assessment Report (AR6), since the adoption of the Paris Agreement in 2015. The AR6 is expected to contribute to climate action by providing ways and means for net zero emissions to be achieved.

Secondly, three main U.N. Environment Conferences of Parties (COPs) are planned throughout 2022. In April, the U.N. Conference on Biodiversity (CBD) will take place in Kunming, China. In May, the U.N. Conference on Combating Desertification (UNCCD) will be held in Cote d'Ivoire. In November, Egypt will host the 27th Conference of Parties (COP27) on Climate Change in Sharm El — Sheikh.

Thirdly, the U.N. Ocean Conference will be convened in Lisbon, Portugal, at the end of June, in an effort to address the climate emergency. Our oceans generate 50 percent of the oxygen we need and absorb 25 percent of all carbon dioxide, which is a vital buffer against the impacts of climate change. In addition, the 15th World Forest Congress will take place in early May in Seoul under the theme of "Building a Green, Healthy and Resilient Future with Forests."

Finally, 2022 is an important anniversary year for global environmental conferences, which paved the way for climate debates and sustainable development. 2022 marks the 50th anniversary of the U.N. Conference on Human Environment in Stockholm, which resulted in the establishment of the U.N. Environment Programme (UNEP). These anniversaries will be celebrated in April and June.

This year also marks the 30th anniversary of the U.N. Conference on Environment and Development (UNCED) in Rio de Janeiro. This anniversary is expected to be celebrated around September, with the initiative of the U.N. Secretary General who made the proposal of "Our Common Agenda." This agenda is a set of 90 ways to realize a "greener, safer, better" future.

Through these celebrated conferences, we can examine how global environmental governance has evolved and where we stand heading into the next 50 years. In this way, 2022 will bring us twice as many meetings of environmental treaty governing bodies as we would expect during non-COVID times. Indeed, 2022 will matter for climate action.

—

UN SDGs 협회 김정훈 사무대표 기고문 인용

2021년 11월 8일 세계일보 기고

"기업 탄소중립·에너지 대전환, ESG 금융으로 해결하자"

지난 1일 영국 글래스고의 스코틀랜드 이벤트 캠퍼스(SEC)에서 열린 26차 유엔기후변화협약 당사국총회(COP26) 정상회의에서 우리정부는 기조연설을 통해 "한국은 2030년 국가온실가스감축목표(NDC)를 상향해 2018년 대비 40% 이상 감축하겠다"고 선언했다. 이어 "종전 목표보다 14%포인트가량 상향한 과감한 목표로, 짧은 기간 가파르게 온실가스를 감축해야 하는 매우 도전적 과제"라고 강조했다. 목표에 대한 기대와 우려를 함께 표명한 셈이다.

정부가 발표한 NDC는 앞서 2015년 합의된 파리협정(COP21)에 따라 국제법상 구속력을 가지는데, 오는 2023년부터는 5년 단위로 이행 점검을 받는다. 일차 산업과 에너지 부문을 포함한 탄소 배출의 최대 주체인 재계는 이에 대한 기대보다 우려가 큰 입장이다. 이번에 발표된 NDC를 맞추려면 앞으로 연평균 4.17%의 온실가스를 감축해야 하는 만큼 산업 및 경제 구조의 급격한 변화를 동반하게 된다.

산업계는 당장 탄소 배출량을 줄일 방법을 고안해내야 하는 상황이다. 이를 위해서는 크게 두가지가 제시된다. 먼저 녹색기술을 활용하는 방안이 있을 것이고, 녹색 금융 또는 전환금융을 통해서도 탄소 배출을 저감할 수 있다.

생산 단계에서부터 탄소를 줄이는 자연기반해결책(Natural Climate Solution·NCS)도 있지만, 이 방안은 농업과 수산업 등 일차 산업에서만 고려해볼 수 있으며 아직은 과학적 연구가 더 필요하다.

화학과 철강, 자동차, 반도체 등 탄소 과배출 산업에서는 수소 에너지와 연료전지, 탄소 포집·활용·저장(CCUS) 기술 등을 주목하고 있다. 역시 아직은 연구·개발(R&D)이 더 이뤄져야 하며, 관련 비용을 줄이는 것도 주요 과제다.

이런 점에서 산업계는 현실적인 대안으로 전환금융과 녹색금융에 참여하는 방안을 적극 강구해볼 필요가 있다. 전환금융을 통해 사회적 경기 부양을 위해 조성된 자금 중 일부를 녹색기술에 투자할 수도 있고, 반대로 녹색기술 투자를 위해 조성된 자금 중 일부를 에너지 전환으로 일자리를 잃거나 사회적 약자로 전락할 차상위층을 지원해줄 수도 있다.

신종 코로나바이러스 감염증(코로나19) 사태 후 전 세계는 사회적 문제 해결과 경기 부양을 위해 막대한 자금 조달에 나섰는데, 지난해 7월 유럽연합(EU) 27개 회원국은 코로나19 대응 경기 회복을 위해 보조금 3900억 유로(약 533조 원)와 대출금 3600억 유로(약 493조 원) 마련에 합의한 바 있다. 또 7500억 유로(약 1023조 원) 규모의 '차세대(Next Generation) EU' 경기회복기금을 조성한다고 발표한 바 있다. 미국 역시 지난 6일 하원의 승인으로 도로와 교량, 수자원 공급, 인터넷 통신망 등 낙후된 시설의 개선과 일자리 창출을 위한 1조 2000억 달러(약 1423조 원) 규모의 인프라 예산을 통과시켰다. 조 바이든 미국 대통령은 이와 함께 1조 8500억 달러(약 2195조 원) 규모의 사회복지성 예산안도 추진할 예정이다.

EU가 조성하는 경제회복기금과 관련해 지난 1월 유럽 의회는 이 중 2650억 유로(약 362조 원)는 녹색경제에 투입하겠다고 발표했다. 그린 에너지 전환 및 녹색비용 부담으로 가속화된 에너지 빈곤층 증가와 일자리 손실(탄소 과배출 산업의 구조조정 및 고용 감소)을 막겠다는 의도에서다. 유럽 의회는 아울러 이 기금의 약 30%인 2500억 유로(340조 원)를 녹색채권으로 조달할 방침이라고도 밝혔다.

이처럼 사회적 양극화 대응과 경기 부양을 위해 막대한 자금이 조성돼 이를 녹색산업에 전환하여 사용하는 한편 녹색채권을 통해 다시 자금을 만드는 전환금융 체계는 앞으로 다른 지역으로 확대돼 보편화될 것으로 전망된다.

기업의 대응도 이와 마찬가지다. 지속가능투자, 녹색채권, 사회적 채권, 지속가능채권, 지속가능연계채권, 녹색·사회적 대출, 임팩트 펀드 등 지속가능금융에 참여하여 녹색기술과 탄소저감 인프라에 소요되는 대규모 자금을 조달하고, 또 이 자금을 통해 기업의 사회적 경제를 활성화해야 한다. 실제 ESG(Environment 환경·Social 사회·Governance 지배구조) 채권인 그린본드나 소셜본드를 통한 자금 조달은 기업이 직접 그린 에너지로 전환하는데 매우 유용하게 쓰인다.

전 세계 글로벌 지속가능(그린) 투자의 시장 규모는 2012년 말 13조 2000억 달러(약 1경 5000조 원)에서 지난해 말 35조 3000억 달러(약 4경 400조 원)로 크게 늘어났으며, 이들 자금은 주식 51%, 채권 36%, 부동산 3%, PE·VC(사모펀드·벤처캐피탈) 3% 등으로 구성되어 있다.

글로벌 ESG 채권과 대출을 합친 규모는 2017년 2395억 달러(약 284조 원)에서 작년 7898억 달러(약 937조 원)로 확대됐으며, 국내에도 165개 기업이 지난 3년간 약 160조 원 이상의 ESG 채권을 발행하고 그 자금을 통해 녹색투자, 사회적 투자를 이행했다.

ESG 채권의 발행은 국제 무대에서 투자를 유치하기 위한 주요한 평가 기준이 되기도 한다. 글로벌 주요 투자은행(IB) 및 자산운용사는 녹색 및 사회적 특수목적의 ESG 채권 발행 기업을 크게 주목한다. 이들 채권은 전 세계 최소 70개국 이상에서 통용되는 ICMA(국제자본시장협회)의 원칙인 GBP · SBP · SLBP에 의해 발행돼 글로벌 지속가능 기준으로 평가받기 때문이다.

지난 4월 결성된 '탄소중립 글래스고 금융연합'(GFANZ) 역시 향후 이러한 기업에 주목하겠다고 밝힌 바 있다. GFANZ는 450곳의 금융기관 및 IB가 약 130조 달러(15경 4115조 원)의 자산을 움직이는 금융 연합체로, 탄소 감축과 청정 에너지 기술 개발을 위한 투자에 자금을 집행할 계획이다.

미국을 제외한 전 세계의 회계기준을 만드는 국제회계기준재단(IFRS) 역시 이번 COP26에서 국제지속가능성표준위원회(ISSB · International Sustainability Standards Board) 발족 계획을 발표하고, 기후 및 일반 프로토타입 보고서를 공개했다. IFRS는 이르면 내년 ESG 요소를 측정하는 비재무 공시 표준을 발표할 계획이며, 이 기준에는 온실 가스 배출량과 기후변화 관련 수익, 관련 자산 및 자금 조달과 지출, 투자금액도 포함될 예정이다. 녹색금융과 사회적 금융이 글로벌 경영의 필수 요소로 자리잡게 될 가능성이 높은 상황인 셈이다.

UN SDGs 협회는 그간 국내 기업의 ESG 금융 진출을 지원해왔다. 'ESG — SDGs(지속가능개발목표) 연계 우수기업 추천 리스트(SRC · Statement list of Recommendation ESG Global Corporate Excellence through SDGs · 사진)'를 비롯한 ESG 금융 관련 지표 발표와 ICMA 채권 그룹 및 EU 택소노미(분류체계), 정부의 포용금융 · ESG 관련 자문 활동을 통해 노하우를 쌓아왔다. 지속가능한 금융과 녹색금융, 그리고 전환금융은 곧 도래할 탄소중립 시대를 맞아 사회적 경제 활성화를 위한 가장 합리적인 대안으로 부상할 것으로 전망되는 만큼 협회는 전방위 지원에 나설 계획이다.

"기업 탄소중립·에너지 대전환, ESG 금융으로 해결하자"

UN SDGs 협회는 국내외 탄소 중립·그린 에너지 전환 상황을 상세히 알리기 위해 전 세계의 기후대응을 이끄는 유럽연합(EU)의 정책을 소개하고자 한다. 특히 2019년 수립된 EU 기후대응 체계인 그린 딜 및 관련 용어를 국내에 소개하여 향후 국내외에서 ESG(Environment 환경·Social 사회·Governance 지배구조) 활동에 나설 기업과 공공기관의 지속가능정책 수립을 지원하고자 한다. 협회는 EU집행위원회 유럽기후협약대사 기관 및 전 세계 ESG 채권의 95% 이상이 채택하는 ICMA(국제자본시장협회) 채권원칙 위원기관으로, 현재 EU 소셜 택소노미(분류체계) 제정에 자문하고 있다.

탄소 국경조정 메커니즘(CBAM·Carbon Border Adjustment Mechanism)과 EU 온실가스배출권거래제(ETS·Emission Trading Scheme)

EU로 수입되는 제품과 산업 중 이산화탄소 배출이 많은 국가의 제품을 제한하고, EU의 환경기준을 따르는 유로존 내 기업을 보호하기 위해 도입되는 그린 딜 전략의 하나로 유럽기후법안의 온실가스 감축 의무 달성을 위한 유로존 정책 패키지 'Fit for 55(피포 55)'에 포함된 내용이다. 2019년 12월 그린 딜 전략에서 최초 제안되어 지난해 3월 10일 유럽의회에서 채택되었고, 같은 해 7월 14일 발표되었다. 내년부터 시행할 계획으로 법안 형태는 규정(Regulation)이 아닌 지침(Directive)으로 제정될 예정이다.

먼저 탄소 국경조정(CBAM)의 취지는 유럽 산업계의 비용 부담을 덜어주고, 그 외 지역 기업과는 공정한 경쟁의 장(level playing field)을 조성한다는 것으로, 유럽 의회는 관련 장치를 입법화하고 있다. 구체적으로 ▲EU 외 국가에서 제품 제조 시 발생하는 탄소량에 따라 비용을 부과하며 ▲탄소세(EU 지역 외 제품에 모두 과세) ▲2005년부터 시행해온 EU 온실가스 배출권거래제(ETS)의 확대(EU에 수출하는 기업의 배출권 구매 의무화 등) ▲탄소 관세(수입상품에 관세 부과) 등을 도입할 계획이다.

시행 초기에는 그 대상이 시멘트와 철강, 해운업 등 과탄소 배출 산업 위주가 될 것으로 보이며 알루미늄과 정유, 제지, 유리, 비료 등도 포함될 가능성이 크다. ETS 확대로 EU에 수출하는 기업에 대한 매입·제출 의무를 부과하는 배출권 조정 조치를 진행하여 향후 항공업계와 운송부문, 건물(건축) 등도 영향을 받을 것으로 알려졌다. 특히 항공업계는 무료 할당 폐지 및 국제항공 탄소상쇄·감축제도(CORSIA)에 부합해야 하는데, CORSIA는 2050년까지 업계의 탄소 순 배출량 '제로' 즉 중립이라는 장기목표 달성을 돕는 핵심 수단이기도 하다.

유럽 의회는 "세계무역기구(WTO) 규율과 EU의 자유무역협정(FTA)과 부합한다는 전제로 도입을 지지한다"고 밝혔지만, 향후 EU 외 국가에는 큰 부담으로 작용할 전망이다. EU는 CBAM의 도입으로 연간 50억~140억 유로 규모의 세수를 확보하고, 이를 다시 그린 딜에 투자한다는 방침이다.

공급망 실사 제도(Due Diligence)

2020년 9월 유럽의회 법무위원회가 발표한 지속가능한 기업 거버넌스(Sustainable corporate governance)를 기반으로 작년 1월 유럽 의회가 기후대응과 노동, 인권 보호 등 기업의 환경·사회 실사 책임을 규제화한 공급망 실사 의무화 법안을 입법 권고하고 채택했으며, 7월 EU 집행위원회와 유럽 대외관계청(EEAS)에서 발표했다. '대기업 – 중견기업 – 중소기업'에 이르기까지 기업 활동을 하는 모든 이해 관계자들에게 ESG 의무를 부과하겠다는 취지로, 기업 공급망 전 과정에서 환경과 노동, 인권침해 여부를 확인하고 보고토록 하고 개선해야 하는 의무를 부여하는 게 그 골자다. 이러한 과정에서 위험요인 발생 시 사실관계 조사 및 대책 마련, 벌금 부과 및 피해 보상 의무 등을 마련할 계획이다. 확인(identify)과 평가(assess), 처리(address), 시정(remedy) 및 예방(prevent) 등의 과정을 거치게 되며, 특히 EU 지역 외 기업과 공급망에서 발생한 사안에 대해서도 EU 사법기관(Court of Justice of the European Communities)에 제소할 수 있는 방안도 고려 중이다.

공급망 실사 제도는 UN의 지속가능개발목표(SDGs)와 파리 협정에 기반한 지속가능금융 실행계획(Action Plan for Financing Sustainable Growth) 및 EU 그린 딜(Green Deal)을 적극적으로 추진하기 위한 발판으로 평가된다. 그동안 지속가능금융 실행계획인 '액션(Action) 3' 조항에 있는 환경과 인권 실사 내용은 구속력이 약하고 국가 대상 강제적 이행 수단이 없었던 탓에 이를 법제화시키기 위한 수단이기도 하다. 현재 관련 제도는 영국과 프랑스 등에서 이미 시행 중이고 독일 역시 곧 추진한다는 계획이다.

공급망 실사 제도에서 주목할 점은 현재 EU가 내놓은 지속가능 공시 규정, 비재무 정보보고 지침, 그린 및 소셜 택소노미 규정 등이 향후 거래하는 모든 국가에 직·간접적으로 적용될 가능성이 크다는 사실이다. 지난해 10월 대한상공회의소는 국내 대·중소기업 193개사를 대상으로 '공급망 ESG'에 대한 인식 및 협력 현황을 조사한 결과 협력이 중요하다고 응답한 기업이 78.8%(매우 중요 27.5%, 비교적 중요 51.3%)였다고 밝힌 바 있다.

추천사

"이 책은 지속가능성에 대한 비즈니스상의 결정을 책임지는 고위 관리자들을 위한 훌륭한 자료이자 실용적인 안내서이며, 특히 5장에서 논의한 '커뮤니케이션의 힘'에 이러한 부분이 잘 나타나 있다. – "때로는 어떤 행동이나 벤치마크와 비교한 성과보다 커뮤니케이션이 중요한 차이를 불러올 때가 있다."

Mahadevan(Mack) Ramachandran, Futures Inc., 공동 설립자

"비즈니스 및 지속가능개발위원회 (Business & Sustainable Development Commission) 에서 발행한 '더 나은 비즈니스, 더 나은 세상(Better Business Better World)'에서는 지속가능개발목표 (SDGs)가 혁신과 경제 성장을 주도하여 지속가능한 농업 생산, 지속가능한 도시, 에너지 자원, 건강 및 웰빙을 포함한 경제의 4가지 측면을 달성한다고 언급한다. 이러한 달성을 통해 비용을 절감하고 기업에 12조 달러의 시장 가치를 추가로 창출할 수 있으므로, 이 4가지 측면은 SDG 달성의 핵심이 될 것으로 예상된다. 또한 2030년까지 총 3억 8천만 개의 새로운 일자리가 창출될 것이다. SDGs는 앞으로 다가올 미래에 경제, 사회 및 환경에 전 지구적 강력한 영향을 미칠 것이다. 저자 Trista Bridges와 Donald Eubank는 이 책에서 SDGs 달성을 진전시키기 위한 실용적인 비즈니스 모델과 절차를 소개했으며, 이는 모두가 읽어봐야 할 내용으로 강력히 추천한다."

Dr. P.C. Wang, 대만 지속가능에너지 연구소(TAISE) 및
기업 지속가능성 센터(CCS) 사무부총장

"저자 Bridges와 Eubank는 최신 접근법 소개, 사례 연구 및 효과적인 관리기법 등을 활용하여 지속가능성에 대한 비즈니스 리더의 대응이 오늘날 어떻게 진화하고 있는지에 대해 유용한 입문서를 제공한다. 중요한 것은 이 책의 내용과 글이 신선하며 기업 경영진, 투자 관리자, 연구 기관 모두에게 훌륭한 접근성을 지니고 있다는 점이다."

William J. Swinton, 템플 대학교(Temple University) 이사

"기업은 기후변화 및 사회변화에 대응해야 한다. 이러한 문제를 해결하고 사회를 개선하는 것을 목표로 하는 것이 비즈니스 성공의 비결이다. 이 책은 이런 목표를 위한 중요한 행동과 취해야 할 단계적 절차들을 이해하는 데 도움이 된다."

Kenichi Ishida, 일본 세키스이 하우스(Sekisui House), 환경개선부 책임자

‘Leading Sustainably’는 지속가능성의 의미, 그 중요성의 이유, 민간 기업의 역할과 이윤 추구 및 가치추구의 목적이 21세기에 부합하는 새로운 비즈니스 방식을 개발하기 위해 어떻게 결합될 수 있는지 다루는 책이다. 이 책은 이러한 변화의 심각한 복잡성을 파악하기 위해 고군분투하는 가운데 새로운 환경에 대응하기 위해 비즈니스와 조직의 방향을 맞추어 결정해야 하는 비즈니스 리더를 위한 훌륭한 입문서이자, 안내서이다. 환경 악화, 기후변화, 불평등 및 사회 격차 확대 문제에 대한 대중적인 불안이 고조되는 상황에서 ‘Leading Sustainably’는 행동에 대한 강력한 촉구를 담고 있다. 이 책의 기본 주제는 냉소, 무대응, 무관심이 더 이상 선택사항이 아니라는 것이다. 개인의 경우도 그렇지만 조직의 경우는 더욱 그렇다. 비즈니스 모델, 프로세스와 비즈니스 관행의 토대를 변경하고 재검토하지 않으면 기업들(대기업 및 소규모 기업 모두)은 시장이 축소되고 고객이 계속 이동하며 가치가 파괴되는 결과를 보게 될 것이다. 이 모든 것이 다소 어렵게 느껴질 수 있는 이들을 위해 5장에 ‘지속가능성 달성: 도달하는 방법’이라는 제목으로 10가지 단계가 명확하게 설명되어 있다. 이 책은 훌륭한 짜임새를 갖추어, 변화하는 세계에 걸맞게 변화에 성공한 기업들의 강력한 이야기로 구성되어 있다.

특히 기업사례연구편은 인상적이다. 이 예시들은 불확실한 시기에 놀라운 변화에 대한 신선하고 활력을 주는 이야기들을 담고 있다. 이 사례들을 읽어 보고 책 전체를 읽기를 권한다. 후회 없는 시간을 보낼 것이다."

Shantanu Bhagwat, VC 펀드 및 임팩트 투자 선임 고문, 영국 정부 국제무역부(DIT) 선임고문

"이 책은 UN의 SDG(지속가능개발목표)와 지속가능성을 비즈니스에 접목하려는 기업을 위한 안내서이다. 지속가능성을 비즈니스의 핵심에 두는 방법에 대한 귀중한 통찰력과 실천적 행동단계들을 제공한다."

Jin Montesano, LIXIL그룹, 홍보 이사

"'Leading Sustainably'는 임팩트를 측정하고 관리하는 방법에 대한 심층 분석 및 논의를 제공한다. 기업이 사람과 지구에 미치는 비재무적 영향과 SDG에 대한 기여를 관리할 수 있는 실천적 방법들을 보여준다."

Karl Richter, EngagedX, 대표 및 공동 설립자

"이 책은 비즈니스를 위한 지속가능성 개발의 완전한 이해를 한눈에 보여준다. 저자들은 구체적인 단계, 실용적인 제안 및 진행과정 중에 직면할 수 있는 질문들을 제공한다. 기업이 지속가능성 계획을 시작하는 데 도움이 되는 참고 자료이며 지속가능성 목표 달성을 위한 여정에 있는 기업들에게 유용한 체크리스트 역할을 한다."

Sharon Lin, 대만 신공금융지주(Shin Kong Financial Holding), CSR 프로젝트 관리자

지속가능하게 리드하라(Leading Sustainably)

초판 발행   2022년 3월 25일
초판2쇄 발행 2022년 10월 20일

지은이   Trista Bridges, Donald Eubank
옮긴이   정태용, 유연철, 김정훈
펴낸이   안종만·안상준

편 집   탁종민
기획/마케팅   장규식
표지디자인   조준행
제 작   고철민·조영환

펴낸곳   (주) 박영사
             서울특별시 금천구 가산디지털2로 53, 210호(가산동, 한라시그마밸리)
             등록 1959. 3. 11. 제300-1959-1호(倫)
전 화   02)733-6771
f a x   02)736-4818
e-mail   pys@pybook.co.kr
homepage   www.pybook.co.kr
ISBN   979-11-303-1534-8   93320

* 파본은 구입하신 곳에서 교환해 드립니다. 본서의 무단복제행위를 금합니다.
* 역자와 협의하여 인지첩부를 생략합니다.

정 가   18,000원